应用型本科金融学专业精品系列教材

证券投资理论与实务

主 编 彭十一 邓正华 王 冰
副主编 李 毅 余柳仪 邹 云 张 厚

北京理工大学出版社
BEIJING INSTITUTE OF TECHNOLOGY PRESS

内容简介

本书按证券从业人员考试内容的要求编写而成,全书既紧扣基本理论知识,又突出实践操作技能,共分为七章,前三章主要讲证券投资的基础知识——证券投资概述、证券市场、证券市场投资工具。第四章讲证券投资理论,是全书的重点,详细讲解了证券投资组合理论、资本资产定价模型、套利定价理论、有效市场理论等内容。第五章至第七章主要讲证券投资分析,注重理论与实践结合,从宏观(宏观经济分析)、中观(行业分析)、微观(公司分析)的视角对证券投资进行分析。本书内容丰富、实用性强,既可作为高等院校证券投资学课程的教材,也可作为证券从业人员和广大证券投资者系统学习理论知识的参考用书。

版权专有 侵权必究

图书在版编目(CIP)数据

证券投资理论与实务/彭十一,邓正华,王冰主编. —北京:北京理工大学出版社,2021.10(2021.11重印)
ISBN 978-7-5763-0531-9

Ⅰ.①证⋯ Ⅱ.①彭⋯ ②邓⋯ ③王⋯ Ⅲ.①证券投资-研究 Ⅳ.①F830.91

中国版本图书馆 CIP 数据核字(2021)第 213162 号

出版发行 /	北京理工大学出版社有限责任公司
社　　址 /	北京市海淀区中关村南大街 5 号
邮　　编 /	100081
电　　话 /	(010)68914775(总编室)
	(010)82562903(教材售后服务热线)
	(010)68944723(其他图书服务热线)
网　　址 /	http://www.bitpress.com.cn
经　　销 /	全国各地新华书店
印　　刷 /	涿州市新华印刷有限公司
开　　本 /	787 毫米 × 1092 毫米　1/16
印　　张 /	16
字　　数 /	374 千字
版　　次 /	2021 年 10 月第 1 版　2021 年 11 月第 2 次印刷
定　　价 /	45.00 元

责任编辑 / 王晓莉
文案编辑 / 王晓莉
责任校对 / 周瑞红
责任印制 / 李志强

图书出现印装质量问题,请拨打售后服务热线,本社负责调换

前　言

随着我国高等教育理念的变化，以社会需求为导向，注重对学生实践应用能力的训练，培养高层次应用型人才的模式，正得到越来越多学者的认可。本书正是基于这一理念，在作者多年从事证券投资学专业课程教学及在证券市场上投资的经验基础上，以实用性为原则，从证券投资实践这个角度出发，编写大纲，组织相关领域专业教师编写而成的。本书的特色主要体现在以下几个方面。

（1）以就业为导向，重构教学内容。本书在教学内容编制上，充分考虑市场需求，依据证券行业岗位的工作内容编制相应教学内容，注重学生校内学习与实际工作的一致性。

（2）理论与实践结合，注重学生实践应用能力的培养。证券投资学是一门对理论性与实践性要求都很高的专业课程，因此，作者在编写本书的过程中，尤其注重理论与市场实践相结合，突出了可操作性。力求学生在学完本书后，可以独立地进行证券投资分析和证券交易。

（3）深入浅出，具有可读性。作者在编写本书的过程中，力求语言简明扼要，通俗易懂，文字简练，易学好教。

本书是教育部 2018 年第二批产学合作协同育人项目——"互联网+"背景下"证券投资学"实训课程教学内容与学习模式研究（项目编号 201802056003）阶段性成果，全书既紧扣基本理论知识，又突出实践操作技能。本书中的证券投资方面的知识是根据中国证券业协会组织的"证券从业人员考试"的要求编写的，涵盖了该考试的相关内容。

在本书的编写过程中，作者得到了湖南理工学院证券投资教学团队的帮助，并且参考了大量公开出版的教材、专著以及在学术期刊上公开发表的论文，限于篇幅，不能一一列出，在此，向有关作者表示诚挚的感谢！同时本书的出版，得到了湖南理工学院领导及北京理工大学出版社的领导和编辑的大力支持，在此一并表示衷心的感谢！

由于时间仓促，加之作者水平有限，书中难免存在不妥之处，恳请广大读者批评指正。

作　者
2021 年 3 月 6 日

目录

第一章 证券投资概述 ··· (1)
  第一节 证券与有价证券 ··· (1)
  第二节 证券投资概述 ··· (3)

第二章 证券市场 ·· (13)
  第一节 证券市场概述 ··· (13)
  第二节 证券市场的产生与发展 ······································ (18)
  第三节 证券发行市场 ··· (27)
  第四节 证券交易市场 ··· (35)
  第五节 证券价格指数 ··· (52)

第三章 证券市场投资工具 ··· (59)
  第一节 股票 ··· (59)
  第二节 债券 ··· (72)
  第三节 证券投资基金 ··· (84)
  第四节 金融衍生工具 ··· (94)

第四章 证券投资理论分析 ··· (109)
  第一节 证券投资组合理论 ·· (109)
  第二节 资本资产定价模型 ·· (118)
  第三节 套利定价理论 ··· (123)
  第四节 有效市场理论 ··· (130)
  第五节 证券投资组合业绩的评估 ·································· (136)

第五章 证券投资基本分析 ··· (141)
  第一节 证券投资分析概述 ·· (141)
  第二节 宏观经济分析 ··· (145)
  第三节 行业分析 ·· (154)
  第四节 公司分析 ·· (163)

第六章 证券投资技术分析 ··· (182)
  第一节 技术分析概述 ··· (182)
  第二节 技术分析基础理论 ·· (185)
  第三节 K线分析 ·· (196)
  第四节 切线理论分析 ··· (200)
  第五节 形态理论分析 ··· (206)
  第六节 常见的整理形态 ··· (213)

  第七节 主要技术指标 …………………………………………………（217）
第七章 证券投资策略分析 ………………………………………………（227）
  第一节 证券投资者的类型 ………………………………………………（227）
  第二节 证券投资者的群体心理效应 ……………………………………（228）
  第三节 证券投资者的个性心理弱点 ……………………………………（231）
  第四节 证券投资的策略 …………………………………………………（235）
参考文献 ……………………………………………………………………………（246）

第一章 证券投资概述

第一节 证券与有价证券

一、证券概述

证券是各类财产所有权或债权权益凭证的总称。它是用以证明持有人有权依其所持凭证记载的内容而取得应有权益的法律凭证。它有广义和狭义之分。广义证券包括商品证券、货币证券、资本证券和其他证券。商品证券是证明持有人拥有商品所有权或使用权的凭证,取得这种证券就等于取得这种商品的所有权,持有人对这种证券代表的商品的所有权受法律保护,属于商品证券的有提货单、运货单、仓库栈单等;货币证券是指本身能使持有人或第三者取得货币索取权的有价证券,主要包括商业证券(如商业本票、汇票)及银行证券(如银行汇票、本票和支票);资本证券则是能按期从发行者处领取收益的权益性证券,它代表资本所有权或债权,并能给持有者带来收益,如股票、债券等;除此之外的有价证券,如土地、房产所有权证等,则属于其他证券。狭义的证券指资本证券。本书所使用的证券概念基本上是狭义的。

一般来说,证券具有两个方面的基本特征:法律特征和书面特征。前者指证券所反映的某种法律行为的结果,其出现、存在、使用以及所包含的特定内容都由法律规定并受法律保护;后者指证券一般采用的书面形式,应具有一定的格式。

证券的票面要素包括四个方面内容:第一,持有人,即证券为谁所有;第二,证券的标的物,即证券票面上所载明的特定的具体内容,它表明持有人权利所指向的特定对象;第三,标的物的价值,即证券所载明的标的物的价值大小;第四,权利,即持有人持有该证券所拥有的权利。

证券按其性质可分为凭证证券和有价证券两种。凭证证券又称无价证券,是指本身不能使持有人或第三者取得一定收入的证券,如借据、购物券、供应证等一般不具有市场流通性;而有价证券则是表示一定财产权的证明,具有市场流通性。

二、有价证券的类型

有价证券是指标有票面金额,用于证明持有人或该证券指定的特定主体对特定财产拥有所有权或债权的凭证。这类证券本身没有价值,但由于它代表着一定量的财产权利,持有人可凭该证券直接取得一定量的商品、货币,或取得利息、股息等收入,因而可以在证券市场上买卖和流通,客观上具有了交易价格。

有价证券有广义与狭义之分,狭义的有价证券指资本证券,广义的有价证券包括商品证券、货币证券和资本证券。

有价证券的种类多种多样,可以从不同的角度按不同的标准进行分类。

(一) 按证券发行主体分类

按证券发行主体分类,有价证券可分为政府证券、政府机构证券和公司证券。

政府证券通常是指由中央政府或地方政府发行的债券。中央政府债券也称国债,通常由一国财政部门发行。地方政府债券由地方政府发行,以地方税或其他收入偿还。我国目前尚不允许除特别行政区以外的各级地方政府发行债券。

政府机构证券是指由经批准的政府机构发行的证券。我国目前也不允许政府机构发行债券。

公司证券是公司为筹措资金而发行的有价证券。公司证券包括的范围比较广泛,有股票、公司债券及商业票据等。此外,在公司证券中,通常将银行及非银行金融机构发行的证券称为金融证券,其中金融债券尤为常见。

(二) 按是否在证券交易所挂牌交易

按是否在证券交易所挂牌交易,有价证券可分为上市证券与非上市证券。

上市证券是指经证券主管机关核准发行,并经证券交易所依法审核同意,允许在证券交易所内公开买卖的证券。

非上市证券是指未申请上市或不符合证券交易所挂牌交易条件的证券。非上市证券不允许在证券交易所内交易,但可以在其他证券交易市场发行和交易。凭证式国债、电子式储蓄国债、普通开放式基金份额和非上市公众公司的股票属于非上市证券。

(三) 按募集方式分类

按募集方式分类,有价证券可以分为公募证券和私募证券。

公募证券是指发行人向不特定的社会公众投资者公开发行的证券。公募证券审核较严格,并采取公示制度。

私募证券是指向少数特定的投资者发行的证券,其审查条件相对宽松,投资者也较少,不采取公示制度。目前,我国信托投资公司发行的信托计划以及商业银行和证券公司发行的理财计划均属私募证券,上市公司采取定向增发方式发行的有价证券也属于私募证券。

(四) 按证券所代表的权利性质分类

按证券所代表的权利性质分类,有价证券可以分为股票、债券和其他证券三类。股票和债券是证券市场中的两个最基本和最主要的品种;其他证券包括基金证券、证券衍生产品等,如金融期货、可转换证券、权证等。

三、有价证券的特征

(一)产权性

产权性是指有价证券记载着权利人的财产权内容,代表着一定的财产所有权,拥有证券就意味着享有财产的占有、使用、收益和处置的权利。在现代经济社会里,证券已成为财产权利的一般形式。虽然证券持有人并不实际占有财产,但可以通过持有证券,拥有有关财产的所有权或债权。

(二)收益性

证券代表的是对一定数额的某种特定资产的所有权或债权,投资者持有证券也就同时拥有取得这部分资产增值收益的权利,因而证券本身具有收益性。有价证券的收益表现为利息收入、红利收入和买卖证券的差价。收益的多少通常取决于该资产增值数额的多少和证券市场的供求状况。

(三)流动性

流动性是指有价证券变现的难易程度。流动性是证券的生命力所在,流动性不但可以使证券持有人随时把证券转变为现金,而且还使持有人能够根据自己的偏好选择持有证券的种类。证券的流动性是通过到期兑付、承兑、贴现、转让等方式实现的。不同证券的流动性是不同的。

(四)风险性

证券的风险性是指实际收益与预期收益的背离,或者说是证券收益的不确定性。从整体上说,证券的风险与收益成正比。通常情况下,风险越大的证券,投资者要求的预期收益越高;风险越小的证券,其预期收益越低。

(五)期限性

债券一般有明确的还本付息期限,以满足不同筹资者和投资者对融资期限以及与此相关的收益率需求。债券的期限具有法律约束力,是对融资双方权益的保护。股票没有期限,可以视为无期证券。

第二节 证券投资概述

一、证券投资的内涵

证券投资是指投资者(法人或自然人)购买股票、债券、基金等有价证券以及这些有价证券的衍生品以获取红利、利息及资本利得的投资行为和投资过程。证券投资活动与其他投资活动相比，表现出以下几方面的特征。

（一）证券投资的对象是各式各样的有价证券及其衍生品

按照投资对象的不同，投资活动可以分为两大类：实物投资和金融投资。实物投资的投资对象是实际资产，金融投资的投资对象是金融资产。根据金融资产的种类不同，还可以将金融投资进一步细分。以有价证券及其衍生品为投资对象是区别证券投资与其他投资活动的主要标志。

（二）证券投资是在特定市场环境中进行的投资活动

证券投资特定的市场环境指的是证券市场，也就是说，证券投资活动都发生在证券市场上。有证券投资交易才有证券市场，证券市场的形成和发展有赖于大量的、经常性的证券交易活动；反过来，证券市场的运作及管理（包括对证券交易活动的组织及管理、监督），又对证券投资活动产生重要的影响。

（三）证券投资的收益主要来自利息、股息、红利、交易差价等

证券投资以有价证券及其衍生品为投资对象，投资人可以凭借所持有的有价证券及其衍生品要求得到主要以利息、股息或红利等形式表现的应得收益，也可以在其升值时从"低买高卖"中得到差价收益。

（四）证券投资的收益与其所承担的投资风险正相关

风险是投资过程中不可避免的，投资者进行证券投资，要承担相应的投资风险，因而要求取得相应的收益作为承担风险的报酬。一般来讲，承担的风险高，要求得到的报酬也高。从这个意义上讲，收益与风险正相关。但高风险并不一定会给投资者带来高收益，追求额外的风险并不一定有额外的收益，相同的风险也不一定有相同的收益。

二、证券投资的种类

证券投资按一定的划分标准可以分为不同的种类，各种不同的证券投资的性质、目的和运行过程不尽相同。

（一）按投资的对象分类

证券投资按投资的对象不同可以分为股权证券投资与债权证券投资。股权证券投资的对象是股权证券，债权证券投资的对象是债权证券。股权投资者是发行股票企业的所有者，可以享受企业的股利收益，当然也要承担企业经营的风险。股票投资在企业存续期内不能直接从企业退出，但可以通过在股票市场上进行交易而实现投资的回流并获得差价收益。债权投资不能获得发行企业的所有权，发行企业必须按预先的约定如期还本付息，因而不承担企业的经营风险，但可能遭受发行企业违约的风险。

（二）按投资的方式分类

证券投资按投资的方式不同可以分为直接证券投资与间接证券投资。直接证券投资是指

投资者直接到证券市场上去购买证券。间接证券投资是指投资者购买金融机构本身所发行的证券，而这种金融机构是专门从事证券交易以谋利的。

（三）按投资的期限分类

证券投资按投资的期限长短可以分为长期投资与短期投资。长期投资是指购买长期债券或股票，并长期持有。短期投资是指购买短期债券或购买长期债券、股票但短期内又转手卖出。长期投资的目的主要在于获取债券按期支付债息的收入，或股票按期支付股息的收入。短期投资的目的主要在于获取因所持证券价格的升降所带来的当初购买证券本金的升值或减值。一般以一年为界，一年以上的投资为长期投资，一年以内的投资为短期投资。

三、证券投资要素

（一）证券投资主体

证券投资主体是指进入证券市场进行证券买卖的各类投资者，包括机构投资者和个人投资者两类。

机构投资者主要有政府部门、金融机构和企事业单位等。机构投资者的资金来源、投资方向、投资目的各不相同，但一般具有投资的资金量大、收集和分析信息的能力强等特点，可进行有效的资产组合来分散投资风险，注重资产的安全性及投资活动对市场的影响。

个人投资者是指以个人的名义从事证券投资的投资者，其投资资金的主要来源是储蓄。个人投资者的主要投资目的是在风险一定的情况下追求最大可能的收益。单个投资者受资本和投资能力的限制，非常注重本金的安全和资产的流动性。由于众多个人投资者的投资总额非常可观，所以不能忽视个人投资者对证券市场的稳定与发展的影响力。

（二）证券投资客体

证券投资客体即证券投资对象，主要包括股票、债券、证券投资基金、可转换债券、期货、认股权证、存托凭证等，相关内容在后面章节中呈现。

（三）证券中介机构

证券中介机构是指为证券市场参与者提供相关服务的专职机构，一般可以分为证券经营机构和证券服务机构两大类。

证券经营机构是由证券主管机关依法批准设立的在证券市场上经营证券业务的金融机构，主要办理证券承销、证券经纪、证券自营业务和其他业务。

证券服务机构是在证券市场上提供专业性服务的机构，包括会计师事务所、律师事务所、资产评估机构、证券评级机构、证券投资咨询机构等。各类证券中介机构各司其职、相互协作，是保证证券市场正常运行必不可少的要素。

四、证券投资目的

不同的证券投资主体有不同的投资目的，同一投资者在不同的时期也可能有不同的目的。就非政府投资主体而言，从事证券投资的目的主要有以下几方面。

（一）获取利润

使证券投资的利润尽可能最大化，是证券投资者普遍的、基本的目的。利润越大，证券投资者的积极性越高；相反，若不能获利，理性的证券投资者就会停止投资。

（二）获取控制权

通过证券投资获得证券发行公司经营管理的控制权，是部分法人投资者从事股份投资的目的。这类投资者获取证券发行企业的控制权，出发点大体有这样几种情况：一是要让证券发行企业与投资企业形成公司集团，开展纵向一体化或横向一体化的经营；二是获得可靠的资金供给（对金融机构控股）、原材料供给、技术供给或产品销售市场；三是取得董事职务及企业的领导权，避免投资因经营管理不当而受损。

（三）分散风险

分散风险指通过证券投资将资金投资于多种证券，实现资产多元化，以规避投资风险或将投资风险控制在一定限度内。在证券市场上，各种证券的收益和风险程度是不同的，投资于不同的证券，收益高的证券可以弥补另一部分证券可能出现的亏损，这样便可以达到分散风险的目的。

（四）保持资产的流动性

资产的流动性是指资产的变现能力。流动性最强的资产是现金及活期存款，但手持现金不能获利，活期存款的利息率很低。实业投资则具有不可逆性，所形成的资产变现能力差。证券资产的变现能力介于存款与实业资产之间，证券持有者一旦遇到较高收益的投资机会，就可以立即出售所持证券，进行新的投资；同时也可以将所持证券转换为现金，以备急需，避免因持有大量现金或低息存款而减少获利。

五、证券投资的风险

股票、债券、基金等资本证券可以为持有者带来收益。如持有股票可获得股息、红利和资本利得等收益，持有债券可获得持有期内稳定的利息收入和二级市场上债券买卖的资本收益。然而证券的收益性是与风险性并存的。经济学中的"风险"，不是指损失的概率，而是指收益的不确定性。不同的投资方式会带来不同的投资风险，风险产生的原因和程度也不尽相同，总体上按风险产生的原因可将风险分为以下几大类。

（一）市场风险

市场风险是金融投资中最普遍、最常见的风险，无论投资于股票、债券、期货、期权、票据、外币、基金等有价证券，还是投资于房地产、贵重金属、国际贸易等有形资产，或是其他实体项目，几乎所有投资者都必须承受这种风险。市场风险来自买卖双方供求不平衡引起的价格波动，这种波动使投资者在投资到期时可能得不到投资决策时所预期的收益。

（二）通货膨胀风险

投资收益可分为名义收益和实际收益，投资者一般更为关注实际收益。名义收益和实际收益的差别通过通货膨胀来反映。通货膨胀可分为期望型和意外型，前者是投资者根据以往的数据资料对未来通货膨胀的预计，也是他们对未来投资索求补偿的依据和基础；而后者则是他们始料不及的，也不可能得到任何补偿。短期债券和具有浮动利率的中长期债券由于考虑了通货膨胀补偿，可以降低期望型通货膨胀风险；股票、期权和期货以及固定利率的长期债券的投资者则同时承受这两种风险，期限越长，通货膨胀风险越大。

（三）利率风险

利率提高，债券的机会成本增加，债券的价格与利率成反方向变动。从对利率变化的敏感度讲，长期债券要大于短期债券，无息债券要大于有息债券，低息债券要大于高息债券，一次性付息债券要大于分期付息债券。当利率变化引起公司债券价格变动时，一方面反映出利率变化本身的影响，另一方面还反映利率变化对公司自身经营状况的影响。通常债券的期限越长，利率风险也会相应越大。

（四）汇率风险

任何从事国际投资、对外贸易或外汇交易的投资者都会承担这种风险。外汇汇率由于受制于各国政府货币政策、财政政策、外贸政策以及国际市场上供给与需求平衡而频繁变动，因此当投资者投资以外币为面值发行的有价证券时，他们除了要承担与其他证券相同的风险外，还要承担货币兑换的额外风险。

（五）政治风险

各国的金融市场都与其国家的政治局面、经济运行、财政状况、外贸交往、投资气候等息息相关，因此投资于外国有价证券时，投资者除了承担汇率风险外还面临政治风险。一般对于政局不稳的小国，投资者往往预期它有较高的政治风险。

（六）偶然事件风险

偶然事件风险是一种突发性风险，其剧烈程度和时效性因事而异。自然灾害、异常气候、战争的出现可能影响期货的价格，法律诉讼、专利申请、高层改组、兼并谈判、产品未获批准、信用等级下降等意外事件的发生可能引起股票、债券价格的急剧变化，这些都是投资者在进行投资决策时无法预料的。每个投资者都有可能遇到这类偶然事件导致的风险。

（七）流动性风险

流动性风险是股票、债券所必须面对的另一种风险，它通常与偶然事件风险紧密相连。有关公司的坏消息进入市场后，有时会引起轩然大波，投资者争先恐后地抛售其股票，致使私人投资者无法及时脱手手中的股票。

（八）违约风险

违约风险是指证券交易中的一方向另一方承诺，在未来一段时间内按照有关契约履行义务向其支付一定金额，然而当一方现金周转不灵、财务出现危机甚至故意违约不履行支付义务时，这种事先的承诺就可能无法兑现，从而使对方蒙受损失。这也是证券投资者普遍面临的一种风险。

（九）破产风险

破产风险是股票、公司债券特别是中小型或新创公司的投资者必须面对的风险。当有限公司由于经营管理不善、操作运转不良或其他原因而负债累累、难以维持时，它可能会申请法律保护、策划公司重组，甚至宣布倒闭。因此当破产风险表现为公司破产时，投资者可能血本无归。投资于政府债券则一般不会有破产风险。

以上风险从来源上可分为两类。

第一类风险是与市场的整体运动相关联的，通常表现为某个领域、某个金融市场或某个行业部门的整体变化。它的断裂层大，涉及面广，往往使整个一类或一组证券产生价格波动。这类风险因其来源于宏观因素变化对市场整体的影响，因而亦称为宏观风险。前面提及的市场风险、通货膨胀风险、利率风险、汇率风险和政治风险均属此类，我们称之为系统风险。

第二类风险则基本上只同某个具体的股票、债券相关联而与其他有价证券无关，也就同整个市场无关。这种风险来自企业内部的微观因素，因而亦称为微观风险。前面提到的偶然事件风险、流动性风险、违约风险、破产风险均属此类，我们称之为非系统风险。对任一投资，在数量上，总风险等于系统风险和非系统风险之和。

六、证券投资与证券投机

投机是与投资相伴的一种活动。一般认为，证券投机是指在证券市场上，以赚取买卖差价为目的，在短期内买进或卖出证券的经济行为。投机者可以买空，也可以卖空，其目的是获得短期的价差利润。

（一）证券投机活动的积极作用和消极作用

1. 积极作用

证券投机活动具有一定的积极作用，主要表现在以下两个方面。

（1）证券投机活动具有价格平衡作用。投机者的目的在于通过价格波动获取利润，总是在寻找不同品种证券、不同时间、不同市场之间的套利机会，一旦发现有利可图，即会采取行动，低价买进，高价卖出。因而，投机者贱买贵卖的活动，使不同时间、不同市场、不同品种的价格趋于平衡，适应了正常的供求状况。

（2）证券投机有利于增强证券的流动性，有利于证券交易顺利进行。由于投机者主要在交易中牟取差价，只要有利可图，就会频繁地买卖。这样，当投资者要买卖某种证券时，不会因为交易清淡而无人交易。投机活动的存在，既能使交易正常延续，又能增强证券的流动性。

2. 消极作用

当然，证券投机活动也有消极作用。过度的投机会造成价格的剧烈波动，损害一般投资者的利益，不利于市场的健康发展。

（二）证券投资与证券投机的区别

1. 从对待风险的态度来看

投资者回避风险，希望能够将风险降到最低限度。投资者的投资策略通常是：要么在相同的收益水平下选择风险最低的证券，要么在相同的风险水平下购买收益最高的证券。而投机者总是希望从价格的涨跌中谋取厚利，认为价格波动越剧烈，越是投机的好时机。可以说，投机者常常是风险的喜爱者，往往买高风险的证券。

2. 从市场表现来看

投资行为一般比较稳健，着眼于投资的长远利益，买入证券往往长期持有，按期收入利息、股息或红利。投机者则热衷于交易的快速周转，从买卖中获取差价收益，因而在市场上表现得比较活跃。

3. 从分析方法来看

投资者注重对证券内在价值的分析和评价，并以此为选择投资对象的重要标准，常用基本分析法。投机者不注重对证券本身的评估，而是关心投资对象的市场表现，多用技术分析法。

区别投资与投机的关键，在于投资具有时间和收益的可预测性，而投机则带有很大的不确定性。但在金融市场特别是证券市场的实际工作中，投资和投机是一对"孪生兄弟"，往往相互交叉，很难从根本上把两者严格地区分开来。比如，投机者虽然敢于冒风险，但在收益与风险的比较中，也会在追求高收益的同时，尽可能地避免较大的风险，而且，风险的大小程度与界限往往难以划分。总的来说，投资是稳妥的投机，投机是冒险的投资。从这一层意义上来讲，本书谈到投资的时候，也经常把投机包含在内，没有把投机的概念单独分开。

七、证券投资步骤

（一）筹措投资资金

投资的先决条件是筹措一笔投资资金，其数额与如何进行投资、如何选择投资对象有很大关系。就个人投资者而言，应根据收入情况，以闲置结余资金进行证券投资，避免借贷。

（二）确定投资政策

证券投资的目标是获取收益，但是收益和风险是形影相随的，收益以风险为代价，风险用收益为补偿。投资者应根据自己的年龄、健康状况、性格、心理素质、家庭情况、财力情况等条件确定自己具体的投资目标以及对风险的态度。投资者对风险的态度可分为风险喜爱型和风险厌恶型，投资者应先衡量自己能承受多大的风险，然后再决定投入多少资金，以及确定在最终的投资组合中可能选择的金融资产种类。

（三）全面了解金融资产特征和金融市场结构

投资对象的种类有很多，其性质、期限、有无担保、收益高低、支付情况、风险大小及包含内容各不相同，投资者只有在全面了解后才能正确选择。另外，证券交易大都通过证券经纪商进行，所以要进一步了解证券市场的组织和机制、经纪商的职能和作用、买卖证券的程序和手续、管理证券交易的法律条例、证券的交易方式和费用等,否则将无法进行交易或蒙受不应有的损失。

(四) 分析投资对象

投资者在对证券本身及证券市场情况有了全面了解后,还要对可能选择的各类金融资产中的一些具体证券的真实价值、上市价格以及价格涨跌趋势进行深入分析,才能确定购买何种证券以及买卖的时机。证券的质量取决于其真实价值,价值表现为市场价格,但市场价格受多种因素影响而经常变动,并不能完全反映其真实价值,因此需要深入、细致地分析后才能正确选择。

投资者要进行深入分析,必须充分利用有关信息,并运用基本分析法、技术分析法和证券组合理论。相关理论和方法将在后面分章节介绍。

(五) 构建和管理投资组合

投资组合的建构包括确认欲投资的资产类型以及决定每种资产投入的资金数额。在此必须注意证券的选择(选股策略)、市场时机的选择(择时策略)及分散化观念问题。证券选择是利用基本分析法与技术分析法,针对各个投资标的价格进行预测,选择最具上涨潜力或价格被低估的标的,所以证券选择与个体预测息息相关。择时策略是指投资人以其对未来市场的预估与判断,来决定证券买进或卖出的时机,并借此调整投资组合的内容,来配合当时的市场状况,以获得更高的报酬率。若投资人采取较积极的择时策略,将会经常依据其对未来市场状况的预测而调整其投资组合。投资人对市场组合的预期报酬率越乐观,越会把更多的资金投入市场,当然择时策略是否成功仍需视预测的品质而定。较为消极的择时策略,则是在某段期间将投资组合中各资产的投资比例保持固定不变,投资策略不受暂时性市场变动的影响,所以消极的投资人不常调整投资组合。至于分散化观念,是指能够在某些限制之下,使投资组合的风险通过增加资产种类而降低。

(六) 投资组合的调整

投资组合的调整是前面五个步骤的周期性重复,也就是说随着时间的推移,投资人可能会改变投资目标。投资目标的改变意味着现在的投资组合已不是最适当的,投资人可能卖出某些证券,并买进组合中所没有的证券,以取代现有的投资组合。另外,某些证券价格的改变,使原先很有吸引力的证券变得不值得投资,或原本不受注意的证券变得具有吸引力。基于这种情况,投资人可能减少前者而增加后者的比重。但是调整这种投资组合时,还应考虑调整过程中所产生的交易成本及调整后投资组合的风险变化,如交易成本过高影响调整投资组合。

(七) 投资组合绩效的评估

投资的目的当然是要达成投资人原先设定的投资目标,而投资目标是否达成,则有赖于投资人对自己投资的表现进行的评估、衡量,此即投资决策流程中的最后一个步骤——投资组合绩效的评估。如现有投资组合的表现不如预期,则须依据前述步骤调整投资组合的内容。进行绩效评估时,除了检视投资组合的报酬率外,还需衡量投资风险,所以投资人必须具备同时衡量报酬率与风险的能力。

八、证券投资的哲学观

每一件事都有其成功之道,证券投资理财也不例外,成功的证券投资在于以所承受的风险程度换取合理的报酬。有些人常将证券投资的目标定为追求高报酬,而将闲置资金全数投入高报酬的投资工具,殊不知高报酬的背后隐含着高风险。要免于此现象的产生,除了有闲钱以外,还需要投资人投入心力,培养自己投资的实力。然而要成功,光靠闲钱与实力是不够的,机会的掌握也是相当重要的因素,天才也需要拥有九分的实力再加上一分的运气才有成功的机会。因此,在客观上创造对自己有利的条件,充实自己的专业技能以累积实力,再配合适当的投资机会,才能为投资人带来合理的收益。有鉴于此,在了解本书所介绍的证券投资学知识之前,我们尝试从哲学的观点来培养读者正确的证券投资观念。

(一) 实力的培养

1. 自我的评估

常言道:"知己知彼,百战百胜。"因此在投资理财时,必须先了解自己有多少筹码、哪些是自己熟悉的领域、自己能够承担的风险程度怎样、自己的需要是什么……在深入了解自己的需求后,方能衡量自己的能力,制订合理的投资目标,从熟悉的领域出发,"积小胜为大胜",从而累积更多的财富。

2. 努力耕耘

"农夫的技艺是稻谷成长的要因。"从春耕、夏耘到秋收、冬藏,每粒稻米都是农夫辛苦的结晶。因此不管品种有多好,土壤有多肥沃,如果没有农夫的心血,依旧无法结成饱满的稻穗。同样地,投资人也需投入时间,仔细搜集资料加以分析,随时研究市场的变化。至于投资工具的选择,投资人需对整体市场状况、产业现状、个别企业的营运与财务状况有基本的了解,如此不但有利于进一步探索影响获利的因素,而且有助于判断价格的未来走势。

3. 善用财务杠杆

高明的投资在于利用别人的资金,来赚取自己的报酬。财务杠杆的运用就像太极拳一样,能产生四两拨千斤的效果,以小博大。投资人善于利用财务杠杆,则其报酬率将可达到更高的水准。有些人可能认为,既然财务杠杆能使报酬率提高,那么干脆所有投资的资金都以举债的方式进行。这种说法虽然没错,但越高的财务杠杆,所需承受的风险越大,太高的财务杠杆一旦失手,会造成惨重的损失。

4. 建立分散投资的理念

分散投资理念简单地说就是"不要将所有的鸡蛋放在同一个篮子里"。一般而言,投资越多元化,风险降低的程度也越高。分散投资理念就是希望投资人能建立一个有效降低风险的投资组合,然而投资组合的建构,并不如想象中那么简单。

(二) 机会的掌握

1. 培养投资的敏感度

常错失投资机会,具备了资金与实力也是枉然。要把握住机会,先要培养自己的敏感度。如果事事都在别人做了之后,自己才开始,便永远没有成功的机会。至于投资敏感度如何培养，则视投资人的用心程度。一件事情的发生，有些人没有感觉，有些人却知道会造成哪些影响。例如，有一美国塑料大厂发生爆炸，有些人认为在美国发生的事情与我国不相干，而不改变持股的状况；但用心的投资人则会认为，美国塑料大厂爆炸将对全球塑料原料的供给造成影响，未来可能使塑料原料价格上涨，间接地，我国塑料原料价格也会跟着上涨。于是这些投资人决定增加塑料类的持股。如果事实真如预期那样发生，则其将因为掌握时机而大赚一笔。所以，投资人平常对市场上所发生的事件，必须随时保持敏感度，用心地推测，这对机会的掌握将会有所帮助。

2. 保持投资的机动性

机会稍纵即逝，为了避免与大好时机擦肩而过，投资人应尽量保持随时出击的状态，例如，可将部分资金投资于短期债券或票券，甚至银行的活期存款，当机会来临时，能实时转换成现金进行投资，以免错失机会。

【复习思考题】

1. 证券的票面要素有哪些？
2. 有价证券的特征是什么？
3. 证券投资的基本特征是什么？
4. 证券投资要素有哪些？
5. 证券投资的风险有哪些？
6. 证券投资与证券投机的联系与区别有哪些？
7. 简述证券投资的基本步骤。
8. 简述证券投资的目的。
9. 请分别说明"不要将所有的鸡蛋放在同一个篮子里"及"财务杠杆、以小博大"的观念。
10. 目前我国参与股票投资的人愈来愈多，有些人因为投资收益而一夜致富。在获利的背后，常隐含着投资人的投资哲学。若您是一位投资人，您认为自己的投资哲学是什么？

【实训任务】

1. 查看证券交易软件，搜集相关证券的信息。
2. 浏览财经网站（证券公司网站），搜集相关证券网上的信息，并收藏相关的资讯网站。
3. 收听（看）广播电视财经节目，搜集相关证券的信息。
4. 阅读财经类报纸杂志，搜集相关证券的信息。
5. 搜集美国沃伦·巴菲特、赫蒂·格林等投资家的投资哲学，并整理成一篇论文。

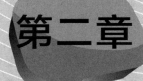

第二章 证券市场

第一节 证券市场概述

一、证券市场的内涵

证券市场是股票、债券、投资基金等有价证券发行和交易的场所。证券市场是市场经济发展到一定阶段的产物,其以证券发行与交易的方式实现了筹资与投资的对接,有效化解了资本的供求矛盾和解决了资本结构调整的难题。

(一)证券市场的特征

证券市场具有以下三个显著特征。

1. 证券市场是价值直接交换的场所

虽然证券交易的对象是各种各样的有价证券,但由于它们是价值的直接表现形式,所以证券市场本质上是价值直接交换的场所。

2. 证券市场是财产权利直接交换的场所

证券市场上的交易对象是作为经济权益凭证的股票、债券、投资基金等有价证券,它们本身是一定量财产权利的代表,代表着对一定数额财产的所有权或债权以及相关的收益权。

3. 证券市场是风险直接交换的场所

有价证券的交易代表着在转让出一定收益权的同时,也把该证券所特有的风险转让出去了。所以,从风险的角度分析,证券市场也是风险直接交换的场所。

(二)证券市场与一般商品市场的区别

证券市场与一般商品市场的区别主要表现在以下几个方面。

1. 交易对象不同

一般商品市场的交易对象是各种具有不同使用价值、能满足人们某种特定需要的商品,而证券市场的交易对象是作为经济权益凭证的股票、债券、投资基金等有价证券。

2. 交易目的不同

证券交易的目的是实现投资收益或筹集资金，而购买商品的目的主要是满足某种消费的需要。

3. 交易对象的价格决定不同

商品市场的价格，其实质是商品价值的货币表现，取决于生产商品所需的社会必要劳动时间；而证券市场的证券价格实质是利润的分割，是预期收益的市场表现，与市场利率的关系密切。

4. 市场风险不同

一般商品市场由于实行的是等价交换原则，价格波动较小，市场前景的可预测性较强，因而风险较小；而证券市场的影响因素复杂多变，价格波动性大且有不可预测性，投资者的投资能否取得预期收益具有较大的不确定性，所以风险较大。

5. 交易关系不同

商品市场上的交易过程简单，货币与商品两讫后买卖关系就结束。而在证券市场上，如果出售者不是发行者，则交易后双方的关系结束，但发行者与证券购买者的关系也就随之确立；如果证券出售者是发行人，则交易后双方关系并未结束，出售者还需要按期向购买者支付股利或利息。

二、证券投资市场的结构

证券投资市场的结构是指证券投资市场的构成及其各部分之间的量比关系。证券投资市场的结构有许多种，其中较为重要的有以下几种。

（一）层次结构

层次结构是一种按证券进入市场的顺序而形成的结构关系。按这种顺序关系划分，证券市场的构成可分为发行市场和交易市场。证券发行市场是流通市场的基础和前提，有了发行市场的证券供应，才有流通市场的证券交易，证券发行的种类、数量和发行方式决定着流通市场的规模和运行。流通市场是证券得以持续扩大发行的必要条件，为证券的转让提供市场条件，使发行市场充满活力。此外，流通市场的交易价格制约和影响着证券的发行价格，是证券发行时需要考虑的重要因素。

（二）品种结构

品种结构是依有价证券的品种而形成的结构关系。这种结构关系的构成主要有股票市场、债券市场、基金市场等。股票市场是股票发行和买卖交易的场所，债券市场是债券发行和买卖交易的场所，基金市场是基金份额发行和流通的市场。

（三）交易场所结构

按交易活动是否在固定场所进行，证券市场可分为有形市场和无形市场。有形市场又称场内市场，是指有固定场所的证券交易所市场。该市场是有组织、制度化了的市场。无形市场又称场外市场，是指没有固定交易场所的市场。目前场内市场与场外市场之间的截然划分已经不复存在，出现了多层次的证券市场结构。很多传统意义上的场外市场由于报价商和电子撮合系统的出现而具有了集中交易特征，而证券交易所市场也开始推出兼容场外交易的交易组织形式。

（四）交易方式结构

按照证券交易方式划分，证券市场可以分为现货交易市场、信用交易市场、期货交易市场、期权交易市场等。

1. 现货交易

现货交易是指证券买卖成交后，在当日或规定的时间内（一般是1~3天）进行钱货两清的交易方式。按照惯例，现货交易市场的交易一般是当天成交，当天结算交割。

2. 信用交易

信用交易又叫垫头交易。当投资者想要购买某种证券但又资金不足时，可以向证券经纪人融资，投资者只需要支付部分价款，其余不足部分由经纪人垫付，投资者对借入的资金要支付利息，这是融资交易方式；当投资者想要卖出某种证券但又缺少证券时，可以从经纪人处借入证券卖出，这是融券交易方式。

3. 期货市场

期货市场是指买卖双方就交易合约达成协议，规定交易证券的种类、数量、价格和交割的期限，到期履行交易合约的一种交易方式。期货交易成立时并不发生价款的支付，而是在约定日期实行交割。

4. 期权交易

期权交易又称选择权交易，是指证券买卖双方签订协议，约定在一定时期内，购买者有权按双方协定的价格买入或卖出一定数量的某种证券。如果预期价格上涨，就买入"买权"，即"看涨期权"，如果经过一段时间后，市场价格高于协议价格，购买者以低于市价的协定价格买进证券，可取得收益；如果预期价格下跌，就买入"卖权"，即"看跌期权"，如果经过一段时间后，市场价格低于协议价格，购买者以高于市场价格的协定价卖出证券，可获得收益。

三、证券市场的基本功能

证券市场综合反映国民经济运行的各个维度，被称为国民经济的"晴雨表"，客观上为观察和监控经济运行提供了直观的指标，它的基本功能包括以下几个。

（一）筹资与投资功能

筹资是证券市场最基本、最重要的功能。筹资者通过证券市场发行各种证券达到筹资的目的，投资者也通过证券市场找到合适的投资对象，两者通过证券市场买卖证券达到资金供求的平衡，从而维持和推动社会经济的正常运行。

（二）资本价格发现功能

在证券市场上，证券的发行价格和交易价格是通过证券供给者和需求者的竞争形成的。证券发行价格通常是由证券发行人和证券承销商在对该证券的市场供求情况进行调查研究和分析预测的基础上，通过协商、投标或在证券交易网络由投资者竞价而产生的。因此，证发行市场具有资本价格发现功能。同样,证券交易价格是在证券交易市场上形成的,证券买卖双方在同一市场上公开竞价,直到价格双方都满意、认为合理,买卖才能成交。所以,证券交易市场也具有发现和确认证券价格的功能。证券市场的价格发现功能为社会资金的合理流向和资源的优化配置起到了导向作用。

(三) 资本配置功能

证券市场的资本配置功能是指通过证券价格引导资本的流动从而实现资本合理配置的功能。在证券市场上,证券价格是由该证券所能提供的预期报酬率来决定的。证券的预期报酬率高,其市场价格相应也高,从而筹资能力就强。这样,证券市场就引导资本流向能产生高报酬的企业或行业,从而使资本产生尽可能高的效率,进而实现资本的合理配置。

(四) 转换机制

企业如果要通过证券市场筹集资金,就必须改制成股份有限公司,按照股份公司的机制来运作,形成三级授权关系:股东组成股东大会,通过股东大会选举董事会,董事会决定经理人选,经理具体负责企业正常运转。股份公司的这种组织形式,成功地适当分离了所有权和经营权,使公司的组织体制走上了科学化、民主化、制度化和规范化的轨道。

(五) 宏观调控

证券市场是国民经济的晴雨表,它能够灵敏地反映社会政治、经济发展的动向,为经济分析和宏观调控提供依据。政府利用证券市场进行宏观调控的手段主要是运用货币政策的三大工具:法定存款准备金率、再贴现率和公开市场业务。这三大工具之中的公开市场业务,需要完全依托证券市场来运作,通过证券的买入、卖出调节货币的供给,影响和控制商业银行的经营,进而实现调节和控制整个国民经济运行的目的。

(六) 分散风险

证券市场在给投资者和融资者提供投融资渠道的同时,也提供了分散风险的途径。从资金需求者来看,通过发行股票筹集了资金,同时将其经营风险部分地转移和分散给投资者,实现了风险的社会化。证券作为流动性和收益性都相对较好的资产形式,可以有效满足投资者的需要。投资者还可以选择不同性质、不同期限、不同风险和收益的证券构建证券组合,分散证券投资的风险。

四、证券市场参与者

证券市场的参与者包括证券发行人、证券投资者、证券市场中介机构、证券行业自律性组织和证券监管机构。

(一) 证券发行人

证券发行人是指为筹措资金而发行股票和债券的政府机构、金融机构、公司和企业单位,是证券发行的主体。

(二) 证券投资者

证券投资者是指通过买入证券而进行投资的各类机构法人和自然人。相应地，证券投资者可分为机构投资者和个人投资者两大类。

1. 机构投资者

机构投资者根据机构性质、资金来源、投资目的和投资方向的不同，可分为以下几种类型。

（1）政府机构投资者。政府机构投资者投资的主要目的不是取得利息、股息等投资收益，而是调剂资金余缺和对国家宏观经济进行调控。如，各国中央银行作为国家金融监管机构，承担着发展经济、稳定币值的重要职责，它通过在证券市场买卖有价证券来控制货币供应量，进而实现经济增长和稳定币值、稳定物价的目标。

（2）企业和事业单位投资者。企业用自己闲置的短期资金或累积资金进行股票投资，既可以赚取股票收益，也可以控股或参股其他企业，实现企业规模的低成本扩张。我国现行的规定是，各类企业可参与股票配售，也可投资于股票二级市场；事业法人可用自有资金和有权自行支配的预算外资金进行证券投资。

（3）金融机构。参与证券投资的金融机构包括证券经营机构、银行业金融机构、保险公司以及其他金融机构。证券经营机构是证券市场上最活跃的投资者，以其自有资本、营运资金和受托投资资金进行证券投资。

（4）各类基金。基金性质的机构投资者包括证券投资基金、社保基金、企业年金和社会公益基金。

2. 个人投资者

个人投资者是指从事证券投资的社会自然人。他们是证券市场上数量最多的投资者。个人投资者进行证券投资需要具备一定的条件，这些条件包括：符合国家有关法律、法规关于个人投资资格的规定，必须具备一定的经济实力等。

(三) 证券市场中介机构

证券市场中介机构是指为证券的发行与交易提供服务的各类机构。证券市场依靠中介机构沟通证券供应者和需求者之间的联系，故而中介机构起到证券投资者与筹资者的桥梁作用。证券市场中介机构不仅保证了证券的发行和交易活动的正常进行，而且发挥了维持证券市场秩序的作用。证券市场中介机构由证券经营机构和证券服务机构两类机构组成。

1. 证券经营机构

证券市场上的证券经营机构即证券公司。证券公司又称证券商，是依法设立，可从事证券业务的具有法人资格的金融机构。证券公司除用自己的资金买进卖出证券、从中赚取收益，并独立承担风险外，还在证券市场上充当承销商、经纪商等角色。作为承销商，证券公司为证券发行人代理发行公司股票、国债、金融债券、公司债券等有价证券，通过自身的宣传、公关等活动，寻找合适的投资公众，为发行人募集所需的资金；作为经纪商，证券公司接受客户的委托，代理客户买卖证券，为投资者开立账户，办理过户、保管、清算、交割，以及为投资者提供信息咨询服务等。

2. 证券服务机构

证券服务机构是指依法设立的从事证券服务的法人机构，它是证券市场上的中介性组织。证券服务机构主要包括证券登记结算公司、证券投资咨询公司、律师事务所、证券信用评级机构、资产评估机构、会计师事务所、证券信息公司等。

(四) 证券行业自律性组织

自律性组织是指通过自愿组织的行会、协会等形式，制定共同遵守的行业规则和管理制度，自我约束会员行为的一种管理组织。我国证券行业自律性组织有中国证券业协会、证券交易所和证券登记结算机构。

1. 中国证券业协会

中国证券业协会是具有社团法人资格的证券业自律性组织，证券公司均应加入。中国证券业协会的主要职责是：协助证券监督管理机构组织会员执行国家法律、法规；维护会员的合法权益，为会员提供信息服务；制定行业规则，监督检查会员行为；开展调查研究，调解纠纷；组织开展培训和业务交流等。

2. 证券交易所

证券交易所是提供证券集中竞价的交易场所，是不以营利为目的的独立法人。证券交易所主要职责是：为投资者提供交易场所与设施；制定交易规则，公布交易行情；监督在该交易所上市的证券以及会员单位交易行为的合规性、合法性，确保交易的公平、公正和公开。

3. 证券登记结算机构

证券登记结算机构主要是指中国证券登记结算有限责任公司。中国证券登记结算有限责任公司是为证券交易提供集中登记、存管与结算服务，不以营利为目的的法人。

(五) 证券监管机构

证券监管机构是证券市场不可缺少的组成部分。它的主要职能是对证券发行、交易和证券经营机构实施全面监管，以保护投资者的利益。各国的证券监管机构主要有两种形式：独立机构监管和行政机构监管。

独立机构监管是由隶属于立法机构的国家证券监管机构对证券市场进行集中统一监管的模式，美国的证券监管机构——美国联邦证券交易委员会（隶属于美国国会）就属于这种模式。

行政机构监管是由隶属于政府的行政机构对证券市场进行统一监管。我国证券监管机构——中国证券监督管理委员会就属于这种类型，其是隶属于国务院的证券监管机构，主要职责是：负责行业法规的起草，负责监督有关法律法规的执行，负责保护投资者的合法权益，对全国的证券发行、证券交易、中介机构的行为等实行全面监管，维护证券市场的有序运行。

第二节 证券市场的产生与发展

一、证券市场的产生

人类曾经历了一个长期没有证券市场的时代，证券市场从无到有，主要归因于以下三点。

(一) 证券市场是商品经济和社会化大生产的产物

随着生产力的逐步发展和商品经济日益社会化，商品生产者依靠自身的积累和银行借贷资本已不能满足资本扩张的需要，客观上需要一种新的筹资方式，以适应社会进一步发展的需要。在这种情况下，证券和证券市场应运而生。

(二) 股份公司的建立为证券市场的形成提供了必要的条件

股份公司通过发行股票、债券等形式向社会公众筹集资金，实现资本的积聚与集中，满足了企业扩大再生产对资金急剧增长的需要。所以股份公司的建立和公司股票、债券的发行，是证券市场形成和发展的社会基础。

(三) 社会信用制度的发展促进了证券市场的形成与发展

现代信用制度的发展促进了信用形式的多样化，信用工具的种类也越来越多，需要越来越多的货币收入通过证券市场转化为投资资本，这就使证券市场的产生成为必然。

二、证券市场的发展

纵观世界范围内证券市场的发展历史，其进程可分为五个阶段。

(一) 萌芽阶段 (15—19 世纪末)

在资本主义发展初期的原始积累阶段，西欧就已有证券的发行与交易。15 世纪的意大利商业城市中的证券交易，主要是商业票据的买卖。16 世纪的里昂、安特卫普已经有了证券交易所，当时进行交易的是国家债券。1602 年，在荷兰的阿姆斯特丹成立了世界上第一个股票交易所。1698 年，在英国已有大量的证券经纪人，伦敦柴思胡同的乔纳森咖啡馆就因有众多经纪人在此交易而出名。1773 年，英国的第一家证券交易所即在该咖啡馆成立。到 19 世纪中叶，一些地方性证券市场也在英国兴起，铁路股票盛行。

(二) 初步发展阶段 (20 世纪初—1929 年)

20 世纪初，资本主义由自由竞争发展到垄断阶段，客观上要求资本的积聚和集中。证券市场以其独特的功能适应了资本主义经济发展的需要，有效地发挥了资本积聚和集中的促进作用。同时，证券市场本身也获得了快速发展。其主要表现有三。一是股份公司数量剧增。以英国为例，到 1920 年，英国 90% 的资本在股份公司的控制之下。二是随着股份公司数量的增加，股票、债权等有价证券的发行数量猛增。到 1930 年，全世界有价证券发行总量已达 6 000 亿法郎，比 19 世纪末增加近 5 倍。三是有价证券的结构发生变化。股票和公司债券开始取代商业票据和政府债券，在证券市场交易中占据主导地位。

(三) 停滞阶段 (1929—1945 年)

1929—1933 年，资本主义国家爆发了第一次世界性的经济危机，危机的前兆就是股市行情的暴跌。1929 年 10 月 28 日，星期一，纽约股票交易所的全部股票平均下降了 50 个点。这一跌就一发不可收拾，以一种可怕的力量摧毁着一切能够摧毁的事物，这就是历史上著名的"黑色星期一"。股票市场的大崩溃一直持续到 1933 年年初。这场金融危机迅速波及其他经济领域,发展成一次规模空前的世界性经济危机。危机过后相当长的时间内,证券市场仍处于停滞状态。

(四) 恢复阶段 (1945—1970 年)

第二次世界大战以后至 20 世纪 60 年代,西方国家进入相对稳定的经济发展时期,各国经济的增长极大地促进了证券市场的恢复和发展,证券发行和交易日趋活跃。同时,国际贸易和国际资本的流动,加快了证券市场国际化的进程。但由于人们对经济危机和金融危机心存顾虑,以及许多国家面临资本短缺和通货膨胀等多方面的压力,对资本的国际流动实行严格管制,证券市场呈缓慢发展趋势。

(五) 快速发展时期 (1970 年至今)

20 世纪 70 年代以后,证券市场出现高度繁荣的发展景象。主要表现是:证券市场规模越来越大,其中的一个重要标志就是反映证券市场容量的主要指标——证券化率(证券市值/GDP)不断提高,许多发达国家的证券化率已超过 100%;证券交易也越来越活跃。同时,证券市场的运行机制、交易品种、筹资技术和操作手段等都出现了很多新的变化。

1. 融资方式证券化

20 世纪 70 年代以来,在整个金融市场中,证券融资方式所占的比重急剧上升,而且在有价证券发行中,公司股票和债券的比率越来越大。与此同时,随着人们收入水平的提高,居民的储蓄结构也开始出现证券化倾向,由银行储蓄存款转向证券投资。到了最近十年,资产证券化、融资方式证券化更是呈加速发展的趋势。

2. 证券市场多样化

证券市场多样化主要表现为证券交易品种、证券交易方式和证券投资者多元化。交易品种多元化是当代证券市场发展的重要标志之一。证券交易品种的增加也促进了证券交易方式的变化,出现了信用交易、期货交易、期权交易等各种交易类型。同时证券投资者也从过去主要是金融机构,扩大到各行各业各类群体,不仅有机构投资者,还有个人投资者。其中法人投资的比例越来越大,在各国证券上市交易中占 50% 左右,这也是当今证券市场的一个显著特征。

3. 证券市场交易网络化

1970 年年初,伦敦证券交易所开设全国证券商协会自动报价系统,使各个交易所各种股票的价格和成交量在荧屏上显示,经纪人和投资者可在任何一个证券交易所进行直接的证券交易。到目前为止,世界上各主要债券交易所都已经实现计算机网络报价和交易,极大地提高了证券市场的运行效率。

4. 证券市场一体化

证券市场一体化具体表现在以下几个方面。

(1) 从证券发行人或筹资者层面看,异地上市、海外上市以及多个市场同时上市的公司数量和发行规模日益扩大,海外发行主权债务工具的规模也非常大。

(2) 从投资者层面看,随着资本管制的放松,全球资产配置成为流行趋势,个人投资者可以借助互联网轻松实现跨境投资,以全球基金、国际基金为代表的机构投资者大量投资境外证券，主权国家和地区出于外汇储备管理的需要，也形成对外国高等级证券的巨大需求。

（3）从市场组织结构层面看，交易所之间跨国合并或跨国合作的案例层出不穷，场外市场在跨国购并等交易活动的驱动下也渐趋融合。

（4）从证券市场运行层面看，全球资本市场之间的相关性显著增强。此外，从产品设计与创新、投资理念、监管制度等角度看，全球化趋势也非常明显。

5. 金融风险复杂化

随着金融创新和金融交易的快速发展，各国（地区）金融相关度进一步提高，竞争的加剧、汇率的波动、国际短期资本的流动以及经济发展战略的失误都可能直接引发一国（地区）甚至多国（地区）的金融危机，而一国（地区）的金融风险可能立即传递给周边国家（地区），甚至影响国际金融市场正常运行。

6. 金融监管合作化

频繁发生的金融风险给各国（地区）以深刻的教训，为此，各国（地区）更加注重健全金融体系，推行金融改革；加强和改善金融监管，建立和完善保护投资者权益和信心的制度；完善宏观经济管理，保持国际收支基本平衡。鉴于金融危机的国际传递趋势，各国更注重加强国际金融合作与协调，运用国际资源提升防范国际金融危机的能力，防范和化解国际金融风险。

三、我国证券市场发展情况

（一）新中国成立之前的证券市场

证券在我国属于舶来品，最早出现的股票是外商股票，最早出现的证券交易机构也是由外商开办的上海股份公所，上市证券主要是外国公司股票和债券。从19世纪70年代开始，清政府洋务派在我国兴办工业，公司债券和证券市场便应运而生。1872年设立的轮船招商局是我国第一家股份制企业。1914年北洋政府颁布的《证券交易所法》推动了证券交易所的建立。1917年，北洋政府批准上海证券交易所开设证券经营业务。1918年夏天成立的北平证券交易所是中国人自己创办的第一家证券交易所。1920年7月，上海证券物品交易所成立，是当时规模最大的证券交易所。此后，相继出现了上海华商证券交易所、青岛市物品证券交易所、天津市企业交易所等，逐渐形成了当时的证券市场。

（二）新中国的证券市场

新中国的证券市场大致可以分为以下两个阶段。

1. 中华人民共和国成立初期至改革开放前的证券市场

中华人民共和国成立初期，鉴于证券市场仍有其一定的存在基础，政府先后在接收官僚资本的基础上，于1949年6月1日成立了天津证券交易所，1950年2月1日成立了北京证券交易所。至1952年，因两家证券交易所交易量极度萎缩，经纪人亏损严重，天津证券交易所不得不并入天津市投资公司，北京证券交易所不得不宣告停业。

改革开放前，鉴于经济建设的需要，政府利用国债市场筹措了一定数量的财政资金。在此期间又大体上分为两个阶段。第一阶段是1950—1958年，发行了人民胜利折实公债和国家经济建设公债；第二阶段是1959—1978年，全国性的公债停止发行，但允许省、自治区、直辖市在必要的时候发行地方建设公债。

2. 改革开放后的证券市场

（1）探索起步时期（1978—1990年）。我国内地证券市场是在20世纪70年代末确立改革开放政策后重新恢复和起步的。这一阶段证券市场的特征有4个：①国库券是证券市场的主要品种；②股票发行和股份制的发展具有一定的自发性，20世纪80年代初期，部分企业以股份形式集资开发项目或组建新企业，并开始出现股份制企业。与此同时，全国各地逐步建立了30多家证券公司，有近400家信托投资公司在证券市场上设立了证券交易柜台；③股份制和证券市场的发展具有一定的波动性，1984年，我国经济发展出现投资和消费双膨胀局面，为避免紧缩政策下的资金紧张，企业选择发行股票筹集资金，股份制企业纷纷成立，至1989年下半年，由于政治原因和治理整顿的深入，理论界开始反思股份制性质，股份制发展处于相对降温状态，1991年年底开始，我国重新加快了改革步伐，股份制改革和证券市场的发展又重新热起来；④股票公开发行，但尚不规范，在这一时期的初期，股票的认购对象主要是内部职工和部分法人单位，此后，开始有企业向社会公开发行部分股票，后期股票规范化程度有所提高，强调了股票的不可偿还性，但股票的其他特征仍难以体现，企业的股份制改造也不够规范。

（2）全国性资本市场的形成和初步发展时期（1991—1997年）。1990年12月5日，我国第一个全国性的证券交易自动报价系统投入运行，使投资者可通过电脑同步交易网络参与沪深两地的交易，证券交易品种也由过去的以债券为主转为以股票为主。1990年12月19日和1991年7月3日，上海证券交易所（简称"上交所"）和深圳证券交易所（简称"深交所"）分别正式营运，标志着中国证券集中交易市场的形成。

1991年以后，中央政府没有设立专门的全国性证券监管机构，对证券市场的监管由证券交易所和地方政府承担。1992年10月，国务院证券管理委员会和中国证监会成立，标志着中国资本市场开始逐步纳入全国统一监管框架，区域性试点推向全国，全国性市场由此开始发展。1997年11月，中国金融体系进一步确定了银行业、证券业、保险业分业经营、分业管理的原则。1998年4月，国务院证券管理委员会撤销，中国证监会成为全国证券、期货市场的监管部门，建立了集中统一的证券、期货市场监管体制。

（3）资本市场的进一步规范和发展（1998—2007年）。1998年12月，我国第一部规范证券发行与交易行为的法律——《中华人民共和国证券法》（简称《证券法》）正式颁布并于1999年7月1日起实施，同时证券监管机构也制定了一系列的法规和政策措施，以促进证券市场规范发展。

第一，完善上市公司治理结构。2003年针对上市公司治理结构及大股东侵蚀中小股东利益等方面存在的缺陷，中国证监会制定了一系列法规，并在上市公司建立了独立董事制度。2004年12月7日，中国证监会又发布了《关于加强社会公众股股东权益保护的若干规定》，创造性地引入了公司重大事项社会公众股股东表决制度。一系列法规和制度的出台，规范了上市公司的治理结构，引导上市公司合法合规运作，有利于证券市场的健康发展。

第二，大力培育机构投资者。1997年11月，国务院颁布《证券投资基金管理暂行办法》。1998年3月，首批证券投资基金正式运作。2001年12月13日，财政部、劳动保障部（今已与人事部合并为人力资源和社会保障部）发布《全国社会保障基金投资管理暂行办法》。2002年11月5日，中国证监会、中国人民银行发布《合格境外机构投资者境内证券投资管理暂行办法》。2003年10月28日，全国人大常委会通过《中华人民共和国证券投资基金法》（简称《证券投资基金法》）。2004年10月，中国保监会（当时尚未撤销）和中国证监会共同制定了《保险机构投资者股票投资管理暂行办法》。2005年2月，中国保监会（当时尚未撤销）分别与中国银监会（当时尚未撤销）、中国证监会联合发布了与该办法配套的一系列文件，允许保险公司在规定限度内直接投资境内股市。这些积极培育和发展机构投资者的政策，有力地促进了机构投资者队伍的发展，改善了投资者结构，倡导了价值投资理念，有利于证券市场的健康发展。

第三，改革完善股票发行制度。我国早期的股票发行制度是行政审批制。2000年3月，中国证监会发布并实施了证券发行上市核准制度。2003年12月，中国证监会又对发审委制度实施重大改革，发布证券发行上市保荐人制度。2004年12月，中国证监会出台了有关新股首次公开发行实行询价制的有关规定，进一步完善了我国股票发行制度。

第四，规范扶持证券经营机构、鼓励创新。中国证监会先后发布了《证券公司治理准则（试行）》《关于加强证券公司营业部内部控制若干措施的意见》《证券公司客户资产管理业务试行办法》《证券公司债券登记结算业务办理规则》等一系列法规，为证券经营机构健全内部制度、开拓新业务、增加融资渠道、更好地服务证券市场提供了制度保证。

（三）我国证券市场的开放

我国证券市场对外开放主要是围绕以下几个方面来展开的。

1. 在国际资本市场募集资金

我国股票市场融资国际化是以B股、H股、N股等股权融资为突破口的。我国自1992年起开始在上海证券交易所、深圳证券交易所发行境内上市外资股（B股），在利用股票市场筹资的同时，也越来越重视依赖国际债券市场筹集中长期建设资金。

2. 开放国内资本市场

在利用股票和债券在国际资本市场筹资的同时，我国也逐步放开境外券商在华设立并参与中国股票市场业务、境内券商到海外设立分支机构、成立中外合资投资银行等方面的限制。

3. 有条件地开放境内企业和个人投资境外资本市场

随着中国经济实力的提高和外汇储备的快速增长，2005年开始对人民币汇率形成机制进行改革，并对资本项目管理的改革进行了探索。2006年，证券监管部门会同中国银监会（当时尚未撤销）、中国保监会（当时尚未撤销）及外汇管理部门，进一步深化体制改革，在对外金融投资和个人外汇管理方面取得新突破。对个人购汇实行年度总额管理，提高购汇限额，首次明确个人可以从事的资本项目交易，更加规范和便利个人外汇收支。同时，支持银行、证券、基金和保险机构对外进行金融投资。

4. 对我国香港特别行政区和澳门特别行政区的开放

根据《内地与港澳关于建立更紧密经贸关系的安排（CEPA）》以及历次补充协议，开放程度逐渐加大。从2004年1月1日起，香港、澳门已获得当地从业资格的专业人员在内地申请证券从业资格，只需通过内地法律法规培训和考试，无须通过专业知识考试。从2006年1月1日起，允许内地符合条件的证券公司根据相关要求在香港设立分支机构。从

2008年1月1日起,允许符合条件的内地基金管理公司在香港设立分支机构,经营有关业务。

四、国际证券市场

(一) 美国证券市场

在美国,其证券发行和交易主要是通过两个场所进行的,一是有组织的交易市场(即证券交易所),二是交易所以外的市场(即场外交易市场)。证券交易所是证券市场的核心,目前最著名的证券交易所有纽约证券交易所(New York Stock Exchange, NYSE)和美国证券交易所(American Stock Exchange, AMEX),著名的场外交易市场有纳斯达克股票市场、美国场外柜台交易系统(Over the Counter Bulletin Board, OTCBB)。

1. 美国证券市场的构成

(1) 纽约证券交易所。纽约证券交易所是美国乃至世界最大的证券交易所,其富有意大利文艺复兴时期建筑风格的交易所大楼建造于1903年,是华尔街的标志之一。纽约证券交易所有一套完整的交易制度,主要包括经纪人制度、交易指令制度和交割清算制度。

(2) 美国证券交易所。美国证券交易所是纽约华尔街上仅次于纽约证券交易所的另一家全球著名的证券交易所。它的历史可以追溯到19世纪60年代美国南北战争时期,其前身是1929年被称作"纽约路边交易所"的NYCE(New York Curb Exchange),于1921年由室外迁入室内,1953年起改用现名。1998年3月,美国证券交易所与纳斯达克股票市场合并。

(3) 纳斯达克股票市场。纳斯达克股票市场于1971年在华盛顿创建,是全球第一个电子股票市场,也是美国发展最快的证券市场,目前已成为除纽约交易所之外的全球第二大股票交易市场。纳斯达克股票市场于1971年2月8日正式开始交易,目前不但成为美国投资界的宠儿,而且成为全球投资者主要的投资对象,其指数已成为全球股市方向指标,在全球股市的地位举足轻重。

(4) OTCBB。OTCBB是场外交易(或柜台交易)市场行情公告板(或电子公告板),是美国最主要的小额证券市场之一。OTCBB没有上市标准,任何股份公司的股票都可以在此报价,但是股票发行人必须按规定向美国证券交易委员会(U. S. Securities and Exchange Commission, SEC)提交文件,并且公开财务季报和年报。这些条件比交易所和纳斯达克股票市场的要求相对简单。OTCBB采用做市商制度,只有经SEC注册的做市商才能为股票发行人报价。纳斯达克股票市场和SEC对OTCBB报价的做市商进行严格的监管。目前有不少中国企业先在OTCBB上市,之后再转到纳斯达克股票市场或其他交易所上市。

2. 美国证券市场的特点

(1) 专业化和分散化相结合。美国有发达的证券交易所市场和场外市场,如纽约证券交易所和纳斯达克股票市场;有大量的直接交易;有发达的投资银行业和大量成熟的机构投资者。

(2) 资金供应充沛、流通性好。数量巨大、规模各异的基金、机构和个人投资者根据各自的要求和目的在不同的股市寻找不同的投资目标,为美国股市提供了世界上最庞大的资金基础,从而使美国股市的交易十分活跃,融资及并购活动频繁。

(3) 融资渠道非常自由。上市公司可随时发行新股融资,发行时间与频率没有限制,通常由董事会决定,并向证券监管部门上报。当公司股票价格在 5 美元以上时,上市公司股东通常可将其持有的股票拿到银行抵押,直接获得现金贷款。上市公司还可以向公众发行债券融资。

(4) 交易方式灵活。没有涨停板的做法,股票可随时买卖。美国股市自早上 9 点半至下午 4 点,连续进行,中间无休息。下午 4 点后有些证券公司提供场外电子交易,直到晚上 7 点。

(二) 英国证券市场

英国证券市场的起源可以分别追溯到 1553 年成立的俄罗斯公司的股票交易和 1600 年成立的东印度公司的股票交易,而正式开展证券交易并有市场规则是 17 世纪末以后的事情。

1. 英国证券市场的构成

(1) 伦敦证券交易所。伦敦证券交易所是世界著名的三大证券交易所之一,起源于 17 世纪末的伦敦交易街的露天市场,是当时买卖政府债券的"皇家交易所"。1773 年该露天市场迁入司威丁街的室内进行交易,并取名伦敦证券交易所。2000 年 5 月 3 日,伦敦证券交易所宣布将和德意志交易所合并建立国际交易所,如合并成功国际交易所将成为欧洲最大的股票市场,拥有欧洲股票市场 53% 的交易量和欧洲高成长市场 81% 的份额,最终未成功。

(2) AIM。AIM(Alternative Investment Market)是伦敦证券交易所的另一项投资市场,也被称为二板市场,上市标准低,实行保荐人制。对于那些刚刚起步的公司而言,进入 AIM 是进入挂牌市场的第一步,AIM 为它们提供了一条渠道。许多现在在主板市场交易成功的公司是从 AIM 起步的。

(3) TECHMARK。TECHMARK 是伦敦股票交易市场为满足创新技术企业的独特要求而开辟的市场,也被称为科技板市场,其最重要的特质是技术创新。TECHMARK 是一个市场内的市场,它按照自成体系的认可方式将英国富时指数(FTSE All – World Index,又称金融时板指数)行业板块的公司,重新集结起来组成一个市场,因此也被描述成"交易行情单列式的技术板市场"。其为企业与投资者的关系带来了新的衡量方式,赋予创新技术企业更大的透明度,促使投资者更轻松地与技术企业融为一体。以前投资者从规模和行业两方面看股票,但现在他们越来越重视第三条标准——具有特质,而不只是考虑公司的规模、工业分类或地理位置。

2. 英国证券市场的特点

(1) 英国证券市场的监管体系有自律和立法两大特点。自律体系由证券交易商协会、收购与合并问题专门小组和证券业理事会三个机构和证券交易所组成,它们与政府保持相对独立,在政府的指导下实行自我监督和管理。证券法律主要有政府制定的《公司法》《公平交易法》等法律法规,自律监管机构指定的自律性规定,如《证券交易所监管条例和规则》等,以及证券业理事会出台的一些规定。

(2) 上市证券种类最多。除股票外,还有政府债券、国有化工业债券、英联邦及其他外国政府债券、地方政府、公共机构、工商企业发行的债券,其中外国证券占 50% 左右。

(3) 拥有数量庞大的投资于国际证券的基金。一个公司在伦敦上市就意味着开始同国际金融界建立起重要联系。

（三）日本证券市场

日本国内有东京、大阪、名古屋、札幌等八家证券交易所。其中东京证券交易所是日本最大和最具代表性的证券交易所，它与纽约证券交易所、伦敦证券交易所并称为世界三大证券交易所。

1. 东京证券交易所

东京证券交易所是依据1948年颁布的《证券交易法》成立的社团法人，构成证券交易所的社员称为会员，会员是依据日本法律成立的证券公司。东京证券交易所根据业务需要，制定了章程、业务规程、有价证券上市、信托合同准则等，并得到了大藏省（2001年改制为财务省和金融厅）的许可。交易所的最高决策机构是一年一次的会员大会。东京证券交易所的交易大厅设在东京兜町，分设股票交易大厅和债券交易大厅。内设6个交易台，其中1个进行国内股票交易，1个进行国外股票交易。所有股票的交易都可通过电脑买卖系统进行。

2. 日本证券市场的特点

（1）管理法制化。日本经济从主体和导向上看，无疑属于自由市场经济，但政府对经济并不采取完全放任的态度，而是运用多种手段进行宏观调控，在形式上甚至表现出许多"计划"的色彩。政府对经济这种计划管理并不是以行政命令的方式出现，主要通过法制手段。

（2）交易国际化。第二次世界大战后日本证券市场的国际化是以1950年制定的《外资法》为开端的。该法强调，应大力引进对日本重要产业、公益事业的发展起积极作用的外国资本和技术，并对外国资本采取保护的措施。

（3）金融证券化、市场多样化。日本证券市场经过百余年发展，迄今已形成一个相对稳定合理的结构。这主要表现在日本的债券市场和股票市场能够协调同步发展，一级市场和二级市场也基本得以良性配置。

（四）中国香港证券市场

我国香港在经历了19世纪40年代的地产买卖交易狂潮后，其经济在19世纪60年代进入一个繁荣发展的时期。随着英国创设"股份有限公司"这一企业组织形式并大力推广，到1866年，香港开始股票交易，香港证券市场正式形成。但到1889年，由于盛行卖空交易，香港股市首次大股灾发生。1891年2月，香港股票经纪人协会成立，这是香港第一个正式的证券交易所。1921年，由所有华人股票经纪人成立了香港证券经纪人协会，这是香港的第二个证券交易所。1947年，香港股票经纪人协会与香港证券经纪人协会合并，成立香港证券交易所。1980年决定成立的香港联合交易所，在其新的交易所大厦建成后于1986年4月正式开业，香港证券市场逐步向国际化、现代化发展。香港联合交易所的组织形式为公司制，与其他有限公司一样，香港联合交易所以股本方式在香港注册，根据香港《证券交易所合并条例》，香港联合交易所是唯一获中国证监会认可的证券公司，以在香港建立和维持股票市场为目标。

2000年3月6日，香港联合交易所有限公司与香港期货交易所有限公司实行股份化，并与香港中央结算有限公司合并，由单一控股公司香港交易及结算所有限公司（通称"香港交易所")拥有,香港交易所于2000年6月27日以介绍形式在联交所上市。目前,香港证券市场可分为两大类:现货市场和衍生产品市场。现货市场上的交易品种有股本证券(普通股和优先股)、债务证券、单位信托、指数基金及认股权证;衍生产品市场上的交易品种有期货和期权(股市指数产品、股票产品、利率产品和外汇产品)、股票期权。

第三节 证券发行市场

一、证券发行市场的含义与作用

证券发行市场又称证券的一级市场,是筹资者以发行有价证券的方式筹集资金的场所。证券发行市场通常无固定场所,没有统一的发行时间,是一个无形的市场。证券发行市场的作用主要表现在以下三个方面。

(一)为资金需求者提供筹措资金的渠道

证券发行市场拥有大量运行成熟的证券商品,发行者可以参照各类证券的期限、收益水平、参与权、流通性、风险度、发行成本等不同特点,根据自己的需要和可能,选择拟发行证券的种类,并依据当时市场的供求关系和价格水平确定证券发行数量和价格水平。众多的为发行者服务的中介机构可以接受发行者的委托,利用自己的信誉、资金、人才、技术和网点等资源向公众推销证券,有助于发行者及时筹措到所需资金。

(二)为资金供应者提供投资的机会,实现储蓄向投资转化

政府、企业和个人在经济活动中可能出现暂时闲置的货币资金,证券发行市场提供了多种多样的投资机会,实现社会储蓄向投资转化。

(三)形成资金流动的收益导向机制,促进资源配置的不断优化

证券发行市场通过市场机制选择发行证券的主体,那些产业前景好、经营业绩优良和具有发展潜力的企业更容易从证券市场筹集所需资金,从而使资金流入最能产生效益的行业和企业,达到促进资源优化的目的。

二、证券发行市场的构成

证券发行市场主要由证券发行人、证券投资者和证券中介机构三部分组成。证券发行人是资金的需求者和证券的供应者,证券投资者是资金的供应者和证券的需求者,证券中介机构则是联系发行人和投资者的专业性中介服务组织。此外,还包括证券担保人、证券监管机构。

(一)证券发行人

在市场经济条件下,资金需求者筹集外部资金主要通过两条途径:向银行借款和发行证券,即间接融资和直接融资。随着市场经济的发展,发行证券已成为资金需求者最基本的筹

资手段。证券发行人包括政府、企业、金融机构。

(二) 证券投资者

证券投资者是指以取得利息、股息或资本收益为目的而买入证券的机构和个人。证券发行市场上的投资者包括个人投资者和机构投资者,后者主要是证券公司、商业银行、保险公司、社保基金、证券投资基金、信托投资公司、企业和事业法人及社会团体等。

(三) 证券中介机构

在证券发行市场上,中介机构主要包括证券公司、证券登记结算机构、会计师事务所、律师事务所、资信评级公司、资产评估事务所等为证券发行与投资服务的中立机构。它们是证券发行人和证券投资者之间的中介,在证券发行市场上占有重要地位。

(四) 证券担保人

为了增强证券信用,吸引投资者购买,公司的证券一般需要一个第三者(通常是金融机构或另一家企业)出面担保,以保证证券能到期还本付息或保证股票股息的按期支付,这个第三者即为证券担保人。

(五) 证券监管机构

证券监管机构是为了管理证券市场而设置的组织或者是对证券市场负有监督管理责任的政府机构。在证券发行市场上,证券监管机构对证券的发行进行审核、监督和管理,防止证券发行过程中的舞弊现象,使证券发行市场在公开、公正、公平的环境中顺利进行。在我国,对证券市场进行监督的机构主要有中国证券监督管理委员会和自律性监管机构。

三、证券发行的类型

(一) 按不同的发行对象分类

1. 公募发行

公募发行又称公开发行,是证券发行中最常见、最基本的发行方式,适合于证券发行数量多、筹资额大、准备申请证券上市的发行人。公开发行是指向不特定对象发行证券、向特定对象发行证券累计超过 200 人以及法律、行政法规规定的其他发行行为。在公募发行方式下,任何合法的投资者都可以认购拟发行的证券。采用公募发行的有利之处在于以众多投资者为发行对象,证券发行的数量多,筹集资金的潜力大;投资者范围大,可避免发行的证券过于集中或被少数人操纵;公募发行可增强证券的流动性,有利于提高发行人的社会信誉。但公募发行的发行条件比较严格,发行程序比较复杂,登记核准的时间较长,发行费用较高。

2. 私募发行

私募发行又称不公开发行或私下发行、内部发行,是指以特定少数投资者为对象的发行方式。私募发行的对象有两类,一类是公司的老股东或发行人的员工,另一类是投资基金、社会保险基金、保险公司、商业银行等金融机构以及与发行人有密切往来关系的企业等机构投资者。私募发行有确定的投资者，发行手续简单，可以节省发行时间和发行费用，但投资者数量有限，证券流通性较差，不利于提高发行人的社会信誉。

（二）按有无发行中介分类

1. 直接发行

直接发行即发行人直接向投资者推销、出售证券的发行方式。这种发行方式可以节省向发行中介机构缴纳的手续费，降低发行成本。但如果发行额较大，而又缺乏专业人才和发行网点，那么发行者就要承担较大的发行风险。因此，这种方式只适用于有既定发行对象或发行人知名度高、发行数量少、风险低的证券。

2. 间接发行

间接发行是由发行公司委托证券公司等证券中介机构代理出售证券的发行方式。对发行人来说，采用间接发行可在较短时期内筹集到所需资金，发行风险较小；但需支付一定的手续费，发行成本较高。

一般情况下，间接发行是基本的、常见的方式，特别是公募发行，大多采用间接发行；而私募发行则以直接发行为主。承销团应当由主承销和参与承销的证券公司组成。

四、证券发行制度

（一）国外主要的证券发行制度

国外证券发行制度主要有两种：一是注册制，以美国为代表；二是核准制，以欧洲各国为代表。

1. 注册制

证券发行注册制实行公开管理原则，实质上是一种发行公司的财务公开制度。它要求发行人完全公开证券发行本身以及和证券发行有关的一切信息，并且要对所提供信息的真实性、完整性和可靠性承担法律责任。发行人只要充分披露了有关信息，在注册申报后的规定时间内未被证券监管机构拒绝注册，就可以进行证券发行，无须再经过批准。证券发行实行注册制要求发行人向投资者提供证券发行的有关资料，但监管机构并不保证发行的证券资质优良、价格适当。

2. 核准制

核准制是指发行人申请发行证券，不仅要公开披露与发行证券有关的信息，符合公司法和证券法所规定的条件，而且要求发行人将发行申请报请证券监管机构决定的审核制度。实行核准制的目的在于证券监管机构能行使法律赋予的职能，使发行的证券符合公众利益，满足证券市场稳定发展的需要。

（二）我国的证券发行制度

新股的发行监管制度主要有审批制、核准制和注册制三种，每一种发行制度都对应于一定的市场发展状况。其中，审批制是完全计划经济的发行模式，核准制是从审批制向注册制过渡的中间形式，注册制则是目前成熟资本市场普遍采用的发行体制。

1. 审批制

审批制是我国在股票市场的发展初期，采用行政和计划的办法分配股票发行指标和额度，由地方政府或行业主管部门根据指标推荐企业发行股票的一种发行制度。审批制下公司发行股票的焦点主要是争夺股票发行指标和额度。证券监管部门行使实质性审批职能，证券中介机构的主要职能是进行技术指导。审批制是典型的权力配置资源，没有发挥市场本身的作用。

2. 核准制

核准制是指发行人在申请发行股票时，不仅要充分公开企业的真实情况，而且必须符合有关法律和证券监管机构规定的条件，证券监管机构有权否决不符合规定条件的股票发行申请。证券监管机构除进行注册制所要求的形式审查外，还对发行人的业务、财务、发展前景、发行数量和发行价格等条件进行实质审查，并据此判断发行人是否符合发行条件，决定是否核准申请。

3. 注册制

注册制主要是指发行人在申请发行股票时，必须依法将公开的各种资料完全准确地向证券监管机构申报。证券监管机构的职责是对申报文件的全面性、准确性、真实性和及时性进行形式审查，而将发行公司股票的良莠留给市场来判断。这种制度市场化程度较高，像商品市场一样，只将产品信息真实全面地公开，至于产品能否卖出去、以什么价格卖出去，完全由市场需求来决定。这种发行审核制度对发行方、投资银行、投资者的要求都比较高。

4. 注册制和核准制的对比

注册制充分体现了市场经济条件下"无形之手"自我调节的本质特性，不仅对发行人所处的市场经济的完善程度提出了很高的要求，而且要求发行人有较强的行业自律能力；而核准制则更体现了行政权力对股票发行的参与，是"政府之手"干预股票发行的具体体现，在市场经济发育不太完善的情况下较注册制更有利于保护广大投资者利益。两种制度各有优势，注册制提高了新股发行的市场化，核准制加强了监管部门的监管。

从实施注册制国家的情况看，股票发行注册制的实施，至少需要满足以下条件：一是该国有较高的市场化程度，二是有较完善的法律法规，三是发行人和承销商及其他的中介机构有较强的行业自律能力，四是投资者有良好的投资理念，五是监管部门的市场化监管手段较完善。

作为核准制的一种深化的形式，自 2004 年 2 月至今，我国新股发行实行保荐制度。所谓保荐制度，是指由保荐机构（证券公司）负责发行人的上市推荐和辅导，核实公司发行文件中所载资料的真实性、准确性和完整性，协助发行人建立严格的信息披露制度，不仅承担上市后持续督导的责任，还将责任落实到个人。通俗地讲，就是让保荐机构和保荐人对其承销发行的股票，负有一定的持续性连带担保责任。

我国股票发行制度的改革方向是建立市场化的发行制度，主要措施是加强中介的责任，强化市场的力量，加强权力的约束，改革的目标是逐步向注册制过渡。

五、证券承销制度

证券发行的最终目的是将证券推销给投资者。发行人推销证券的方法有两种：一是自行销售，称为自销；二是委托他人代为销售，称为承销。一般情况下，公开发行以承销为主。承销是将证券销售业务委托给专门的证券经营机构（承销商）销售。按照发行风险的承担、所筹资金的划拨以及手续费的高低等因素划分，承销方式有包销和代销两种。此外，还有超额配售选择权。

（一）包销

包销是指证券承销商将发行人的证券按照协议全部购入，或者在承销期结束时将售后剩余证券全部自行购入的承销方式。包销可分为全额包销和余额包销两种。全额包销是指由承销商先全额购买发行人该次发行的证券，再向投资者发售，由承销商承担全部风险的承销方式。余额包销是指承销商按照规定的发行额和发行条件，在约定的期限内向投资者发售证券，到销售截止日，如投资者实际认购总额低于预定发行总额，未售出的证券由承销商负责认购，并按约定时间向发行人支付全部证券款项的承销方式。

（二）代销

代销是指证券承销商代发行人发售证券，在承销期结束时，将未售出的证券全部退还给发行人的承销方式。

（三）超额配售选择权

超额配售选择权，俗称"绿鞋"，是指发行人授予主承销商的一项选择权，获此授权的主承销商按同一发行价格超额发售不超过总包销数额15%的股份，即主承销商按不超过包销数额115%的股份向投资者发售。在包销部分的股票上市之日起30日内，主承销商有权根据市场情况从集中竞价交易市场购买发行人股票，或者要求发行人增发股票，分配给对此超额发售部分提出认购申请的投资者。这样，主承销商在未动用自有资金的情况下，通过行使超额配售选择权，可以平衡市场对该只股票的供求，起到稳定市价的作用。在一定程度上，这种选择权属于投资银行业务的一种创新，为证券市场的市场化改革又写上了浓墨重彩的一笔。这种做法起源于1963年美国一家名为波士顿绿鞋制造公司的股票发行，因此被业界戏称为"绿鞋计划"或"绿鞋条款"。这种发行方式既可用于上市公司增发新股，也可用于首次公开发行股票。

六、证券上市制度

证券上市是指已公开发行的证券经证券交易所批准在交易所内公开挂牌买卖，又称交易上市。证券上市制度是有关已经发行的证券在交易所挂牌交易的一系列组织制度和法律制度的总称，包括证券上市的条件和程序、上市公司的责任和义务、证券的暂停和终止上市等相关的制度和规定。

（一）证券上市的条件

申请上市的证券必须满足证券交易所规定的条件，方可被批准挂牌上市。各国对证券上市的条件与具体标准有不同的规定。《证券法》对股份公司申请股票在证券交易所主板上市和创业板上市的标准都有详细的规定条件。

（二）证券上市的一般程序

根据《证券法》和《中华人民共和国公司法》（简称《公司法》）和有关法规的规定，证券上市交易一般程序如下：

（1）申请上市交易的证券应当向证券交易所提出申请，并呈送详细记载公司经营情况和财务状况的文件。文件主要包括：①上市公告书；②申请股票上市的股东大会决议；③公司章程；④公司营业执照；⑤依法经会计师事务所审计的公司最近三年的财务会计报告；⑥法律意见书；⑦最近一次招股说明书；⑧证券交易所上市规则规定的其他文件。

（2）申请股票、可转换为股票的公司债券或者法律、行政法规规定实行保荐制度的其他证券上市交易，应当聘请具有保荐资格的机构担任保荐人。

（3）证券交易所收到申请文件后，依据相应规定进行审查。

（4）由证券交易所依法审核同意后，由双方签订上市协议，明确有关方的责任与义务。

（5）发行公司将申请上市证券的所有文件，包括股东名录送交证券交易所并经中国证券监督管理委员会核准后备案，注册登记。

（6）股票上市交易申请经证券交易所审核同意后，签订上市协议的公司应当在规定的期限内公告股票上市的有关文件，并将该文件置于指定场所供公众查阅。

（7）签订上市协议的公司还应当公告下列事项：股票获准在证券交易所交易的日期，持有公司股份最多的前十名股东的名单和持股数额，公司的实际控制人，董事、监事、高级管理人员的姓名及其持有本公司股票和债券的情况等。

（8）交付上市费用。

（9）发行公司证券在交易所挂牌上市。

（三）上市公司的责任和义务

证券上市后，上市公司必须定期公开财务状况和经营状况，公开披露年度报告、中期报告和临时报告，并应履行及时披露所有对上市公司股票价格可能产生重大影响的信息，确保信息披露的内容真实、准确、完整而没有虚假、严重误导性陈述或重大遗漏的基本义务。

（四）我国证券上市的相关制度

1. 上市股票交易的特别处理

上市公司出现财务状况异常或者其他异常情况，导致其股票存在被终止上市的风险，或者投资者难以判断公司前景，投资者权益可能受到损害的，交易所对该公司股票交易实行特别处理。特别处理分为警示存在终止上市风险的特别处理（简称"退市风险警示处理"）和其他特别处理。退市风险警示处理措施包括：在公司股票简称前冠以"＊ST"字样，以区别于其他股票；股票价格的日涨跌幅限制为5%。其他特别处理的处理措施包括：在公司股票简称前冠以"ST"字样，以区别于其他股票；股票价格的日涨跌幅限制为5%。

2. 暂停股票上市交易

《证券法》规定，上市公司有下列情形之一的，由证券交易所决定暂停其股票上市交易。

（1）公司股本总额、股权分布等发生变化不再具备上市条件。

（2）公司不按照规定公开其财务状况，或者对财务会计报告作虚假记载，可能误导投资者。

（3）公司有重大违法行为。

（4）公司最近三年连续亏损。

（5）证券交易所上市规则规定的其他情形。

3. 终止股票上市交易

《证券法》规定，上市公司有下列情形之一的，由证券交易所决定终止其股票上市交易。

（1）公司股本总额、股权分布等发生变化不再具备上市条件，在证券交易所规定的期限内仍不能达到上市条件。

（2）公司不按照规定公开其财务状况，或者对财务会计报告作虚假记载，且拒绝纠正。

（3）公司最近三年连续亏损，在其后一个年度内未能恢复盈利。

（4）公司解散或者被宣告破产。

（5）证券交易所上市规则规定的其他情形。

七、证券发行与承销程序

各国对证券发行都有严格的法律程序。对于股票发行来说，股份有限公司对外公开发行股票需委托投资银行、证券公司等中介机构承办，一般可分为首次公开发行的程序和增发股票的程序。

（一）首次公开发行的程序

首次公开发行的股票发行具体程序可概述如下。

（1）股票发行公司与主承销商的双向选择。主承销商选择股票发行公司时，一般考虑发行公司是否符合股票发行条件、是否受市场欢迎、是否具有优秀的管理层以及是否具有增长潜力等问题。而股票发行公司选择主承销商时，所依据的标准通常是主承销商的声誉、承销经验、股票分销能力和承销费用等。

（2）组建发行工作小组。股票发行公司与主承销商双向选定以后，就开始组建发行工作小组。发行工作小组除主承销商和发行公司外，还包括律师、会计师、行业专家和印刷商等。

（3）全面调查。中介机构在承销股票时，以本行业公认的业务标准和道德规范，对股票发行人、市场的相关情况及有关文件的真实性、准确性、完整性进行核查、验证。

（4）制定与实施重组方案。发行工作小组成立后，开始对发行人进行重组，包括资产重组、业务重组、公司治理结构的构建等，以符合公开发行的条件或在公开发行时取得更好的效果。

（5）确定发行方案。股票公开发行是一个相当复杂的过程，需要许多中介机构及相关机构的参与，还需要准备大量的资料。主承销商必须协调好各有关机构的工作，以保证所有材料在规定时间内备齐。确定发行方案是股票承销中的重要步骤。

（6）编制募股文件与申请股票发行。股票发行的一项实质性工作是准备招股说明书，以及作为其依据和附件的专业人员的结论性审查意见，如审计报告、法律意见书和律师意见报告等。这些文件称为募股文件。

在备齐募股文件后，发件人将包括这些文件在内的发行申请资料报送证券监管机构，该机构将对此进行审查，由发行审核委员会决定是否核准发行申请。

（7）路演。路演是承销商为发行人安排的发行推介活动。承销商先选择一些可能销出股票的地点，并选择一些潜在的投资者，然后带领发行人逐个地点去召开推介会，介绍发行人的情况，了解投资者的投资意向。

（8）确定发行价格。发行定价是股票发行中最复杂的一项任务，若想成功地对公开发行的股票定价，就要求主承销商有丰富的定价经验，对发行人及其所属行业有深度的了解，对一级市场和二级市场各类投资者有深刻的认识。

（9）组建承销团。当发行规模达到证券监管部门限定的规模时，主承销商必须组建承销团，承销团成员合作完成承销工作。

首次公开发行股票并上市的申请文件有：①招股说明书与发行公告；②发行人关于本次发行的申请及授权文件；③保荐人关于本次发行的文件（发行保荐书）；④会计师关于本次发行的文件；⑤发行人律师关于本次发行的文件；⑥发行人的设立文件，如发行人的企业法人营业执照、发起人协议、发起人或主要股东的营业执照或有关身份证明文件、发行人公司章程；⑦关于本次发行募集资金运用的文件；⑧与财务会计资料相关的其他文件；⑨其他文件；⑩定向募集公司还应提供相关文件。

（二）增发股票的程序和方式

增发股票主要是向原股东配股，大致程序为：①制订新股发行计划，召开董事会形成增资配股决议，并经股东大会讨论通过；②公告配股日期，停止公司股东名册记载事项的变更；③提出增资配股申请文件；④向股东发送配股通知书、认购申请书、配股说明书；⑤办理配股认购申请事务；⑥确定或处理失权股或转配事宜；⑦股东支付配股认购款；⑧交付股票，发行公司办理股份变更登记。

常见的股票增发的种类包括供股发行、可转换证券、认股权证、配售、股票细拆、资产拆分上市、子公司分拆等。增发可分为两种：一级成熟发行，即成熟的公募发行上市筹措资金；二级成熟发行，即发起人股东将持有的股份由承销机构认购后向社会公众发售。

八、我国新股定价机制与发行方式的变迁

新股发行体制的核心是定价机制，有两个基本内容：一是确定新股发行价格，即价格发现；二是采用一定的方式将新股出售给投资者。两者相互制约，构成价格形成机制的核心内容。我国证券市场起步较晚，市场环境与境外成熟市场差异较大，受当时经济、社会和法制环境的局限，新股定价机制早期具有浓厚的行政色彩。我国新股定价制度和发行方式经历了以下变迁。

1. 1992 年之前内部认购和新股认购证

这是 A 股市场最早的新股发行方式。新股认购证成为暴富的代名词，也遗留了内部职工股这一问题，在 2000 年才得到妥善解决。

2. 1993 年与银行储蓄存款挂钩

此举改善了认购证方式中新股发行不公的现象，但是每遇新股发行，经常会发生地区间资金大量转移，而且新股发行的效率也不高。

3. 1996 年全额预缴款按比例配售方式

全额预缴款方式包括"全额预缴款、比例配售、余款即退"和"全额预缴款、比例配售、余款转存"两种。该方式消除了新股认购证发行的高成本、高浪费现象，也解决了存

单发行占压资金过多、过长的问题。但是没有解决外地购买者资金搬家的问题,并且中小投资者真正能买到的股票可能在申购数量中所占比例很少。

4. 1999 年对一般投资者上网发行和对法人配售相结合

这种方式的初衷是健全证券市场发现价格的功能,培育机构投资者。但难免滋生寻租者,有少数发行人将配售权作为特权买卖,不按真正的战略关系选择战略投资者;一些机构不履行持股期限承诺,私下倒卖获配新股等。

5. 2001 年上网竞价方式

上网竞价方式可以减少主观操作,防止违规行为和暗箱操作的发生。但是由于股票发行价格只是根据市场的申购情况来决定,容易形成新股申购发行价很高的局面,因此难以长期推行。

6. 2002 年按市值配售新股

在新股上网定价发行中,由于申购专业户垄断了一级市场,对二级市场投资者有失公平,监管部门于 2002 年 5 月开始全面推行按市值配售新股。但按市值配售新股与新股发行市场化之间存在矛盾,不能充分体现一级市场的真实需求,扭曲了供求机制,大大削弱了一级市场定价机制的作用。而且随着股改的推进,上市公司的股份将逐步转为全流通,市值配售制度的基础也将不复存在,恢复资金申购就成为必然要求。

7. 2006 年 IPO 询价制 + 网上定价方式

现行的新股发行方式,其基本特征是建立一种面向机构投资者的询价机制,同时也形成了向机构投资者倾斜的发行模式,并且是以资金量的大小为配售新股的最主要原则。

现行发行制度发挥了许多积极的作用,为一批大型蓝筹公司顺利登陆 A 股市场保驾护航。但是它也存在重大缺陷:第一,询价往往流于形式,新股发行定价难以反映股票真实价值;第二,有违公平原则,由于机构投资者仍然占据了网下申购的优势,存在过度向机构投资者倾斜的弊端;第三,将大量资金吸引到认购新股中;第四,现行发行方式还产生同一公司境内外发行价不同、上市流通股比例太低、新增限售股源源不断等问题。

第四节 证券交易市场

证券交易市场又称二级市场或次级市场,是对已经公开发行的证券提供买卖、转让和流通的市场。证券交易市场的作用在于:一是为各种类型的证券提供便利而充分的交易条件;二是为各种交易证券提供公开、公平、充分的价格竞争,以发现合理的交易价格;三是实施公开、公正和及时的信息披露;四是提供安全、便利、迅捷的交易与交易后服务。

一、证券交易市场的类型

证券交易市场通常分为证券交易所和场外交易市场。

(一)证券交易所

证券交易所是有组织的市场,又称场内交易市场,是指在一定的场所、一定的时间,按一定的规则集中买卖已发行证券而形成的市场。

证券交易所的特征可概括为：①有固定的交易场所和交易时间；②参加交易者为具备会员资格的证券经营机构，交易采取经纪制，即一般投资者不能直接进入交易所买卖证券，只能委托会员作为经纪人间接进行交易；③交易的对象限于合乎一定标准的上市证券；④通过公开竞价的方式决定交易价格；⑤集中了证券的供求双方，具有较高的成交速度和成交率；⑥实行公开、公平、公正原则，并对证券交易加以严格管理。

证券交易所为证券交易创造公开、公平、公正的市场环境，扩大了证券成交的机会，有助于公平交易价格的形成和证券市场的正常运行。

证券交易所的职能包括：①提供证券交易的场所和设施；②制定证券交易所的业务规则；③接受上市申请、安排证券上市；④组织、监督证券交易；⑤对会员进行监管；⑥对上市公司进行监管；⑦设立证券登记结算机构；⑧管理和公布市场信息；⑨中国证监会许可的其他职能。

证券交易所的组织形式大致可以分为两类，即公司制和会员制。公司制的证券交易所是以股份有限公司形式组织并以营利为目的的法人团体，一般由金融机构及各类民营公司组建。交易所章程中明确规定作为股东的证券经纪商和证券自营商的名额、资格和公司存续期限。公司制的证券交易所必须遵守本国公司法的规定，在政府证券主管机构的管理和监督下，吸收各类证券挂牌上市。同时，任何成员公司的股东、高级职员、雇员都不能担任证券交易所的高级职员，以保证交易的公正性。

会员制的证券交易所是一个由会员自愿组成的、不以营利为目的的社会法人团体。交易所设会员大会、理事会和监察委员会。我国上海证券交易所和深圳证券交易所都采用会员制，设会员大会、理事会和专门委员会。理事会是证券交易所的决策机构，理事会下面可以设立其他专门委员会。证券交易所设总经理，负责日常事务；总经理由国务院证券监督管理机构任免。会员制的证券交易所规定，进入证券交易所参与集中交易的，必须是证券交易所的会员或会员派出的入市代表；其他人要买卖在证券交易所上市的证券，必须通过会员进行。会员制的证券交易所注重会员自律，在证券交易所内从事证券交易的人员，违反证券交易所有关规则的，由证券交易所给予纪律处分；对情节严重的撤销其资格，禁止其入场进行证券交易。

根据社会经济发展对资本市场的需求和建设多层次资本市场的部署，我国在以上海证券交易所、深圳证券交易所为证券市场主板市场的基础上，又在上海证券交易所设置科创板块市场、在深圳证券交易所设置中小企业板块市场和创业板市场，从而形成交易所市场内的不同市场层次。

（二）场外交易市场

场外交易市场是指证券交易所以外的证券交易市场，包括分散的柜台市场和一些集中性市场。

场外交易市场是一个分散的无形市场。它没有固定的、集中的交易场所，而是由许多各自独立经营的证券经营机构分别进行交易，并且主要依靠电话、电报、电传和计算机网络联系成交。

场外交易市场的组织方式大多采取做市商制。场外交易市场与证券交易所的区别在于不采取经纪制，投资者直接与证券商进行交易。在场外证券交易中，证券经营机构先行垫入资金买进若干证券作为库存，然后开始挂牌对外进行交易。

场外交易市场是一个以议价方式进行证券交易的市场。在场外交易市场上，证券买卖采取一对一的交易方式，对同一种证券的买卖不可能同时出现众多的买方和卖方，也就不存在公开的竞价机制。场外交易市场的价格决定机制不是公开竞价，而是买卖双方协商议价。

我国的场外交易市场主要包括全国银行间债券市场和代办股份转让系统。

全国银行间债券市场是指依托于中国外汇交易中心暨全国银行间同业拆借中心和中央国债登记结算有限责任公司，面向商业银行、农村信用合作联社、保险公司、证券公司等金融机构进行债券买卖和回购的市场。全国银行间债券市场成立于1997年6月6日，经过多年的发展，成为我国债券市场的主体部分。

代办股份转让系统又称三板市场，是指经中国证券业协会批准，具有代办系统主办券商业务资格的证券公司采用电子交易方式，为非上市股份有限公司提供规范股份转让服务的股份转让平台。

二、证券市场交易的品种

证券交易的品种是根据交易的对象来划分的，目前，我国证券交易的主要品种如表2.1所示。

表2.1 我国证券交易的主要品种

证券交易类型	股票交易	债券交易	基金交易	金融衍生工具
各类型主要品种	A股	国债	封闭式基金	权证
	B股	企业债券	开放式基金	金融期货
		金融债券	上市型开放基金	金融期权
		可转换债券	交易型开放基金	金融互换

三、证券市场交易基本规则

（一）交易原则

证券交易通常必须遵循价格优先原则和时间优先原则。

1. 价格优先原则

价格较高的买入申报优先于价格较低的买入申报，价格较低的卖出申报优先于价格较高的卖出申报。

2. 时间优先原则

同价位申报，依照申报时序决定优先顺序，即买卖方向、价格相同的，先申报者优先于后申报者。先后顺序按证券交易所交易主机接受申报的时间确定。

（二）交易规则

1. 上海证券交易所、深圳证券交易所主板市场交易规则

上海证券交易所、深圳证券交易所（有时也统称"沪深证券交易所"）主板市场的主要交易规则如下。

（1）交易时间。沪深证券交易所规定，采用竞价交易方式的，每个交易日的9：15—9：25为开盘集合竞价时间；上海证券交易所9：30—11：30、13：00—15：00为连续竞价时间；深圳证券交易所9：30—11：30、13：00—14：57为连续竞价时间，14：57—15：00为收盘集合竞价时间，15：00—15：30为大宗交易时间。

（2）交易单位。交易单位是交易所规定每次申报和成交的交易数量单位，以提高交易效率。一个交易单位俗称"一手"，委托买卖的数量通常为一手或一手的整数倍。沪深证券交易所规定，通过竞价交易买入股票、基金、权证的，申报数量应当为100股（份）或其整数倍。卖出股票、基金、权证时，余额不足100股（份）的部分，应当一次性申报卖出。股票、基金、权证交易单笔申报最大数量应当不超过100万股（份）。

（3）价位。价位是交易所规定每次报价和成交的最小变动单位。A股、债券和债券买断式回购交易的申报价格最小变动单位为0.01元人民币，基金、权证交易为0.001元人民币；上海证券交易所B股交易为0.001美元，深圳证券交易所B股交易为0.01港元；债券质押式回购交易为0.005元。

（4）报价方式。传统的证券交易所用口头叫价方式并辅之以手势作为补充，现代证券交易所多采用电脑报价方式。无论何种方式，交易所均规定报价规则。沪深证券交易所采用电脑报价方式，接受会员的限价申报和市价申报。

（5）竞价方式。我国上海证券交易所、深圳证券交易所的证券竞价交易采取集合竞价和连续竞价方式。

所谓集合竞价，是指对在规定的一段时间内接受的买卖申报一次性集中撮合的竞价方式。根据我国证券交易所的相关规定，集合竞价确定成交价的原则为：①可实现最大成交量的价格；②高于该价格的买入申报与低于该价格的卖出申报全部成交的价格；③与该价格相同的买方或卖方至少有一方全部成交的价格。如有两个以上申报价格符合上述条件，深圳证券交易所取距前收盘价最近的价位为成交价；上海证券交易所则规定使未成交量最小的申报价格为成交价格，若仍有两个以上使未成交量最小的申报价格符合上述条件，其中间价为成交价格。

连续竞价是指对买卖申报逐笔连续撮合的竞价方式。连续竞价阶段的特点是，每一笔买卖委托输入交易自动撮合系统后，当即判断并进行不同的处理：能成交者予以成交，不能成交者等待机会成交，部分成交者则让剩余部分继续等待。

按照我国证券交易所的有关规定，在无撤单的情况下，委托当日有效。另外，开盘集合竞价期间未成交的买卖申报，自动进入连续竞价。深圳证券交易所还规定，连续竞价期间未成交的买卖申报，自动进入收盘集合竞价。

连续竞价时，成交价格的确定原则为：①最高买入申报与最低卖出申报价位相同，以该价格为成交价；②买入申报价格高于即时揭示的最低卖出申报价格时，以即时揭示的最低卖出申报价格为成交价；③卖出申报价格低于即时揭示的最高买入申报价格时，以即时揭示的最高买入申报价格为成交价。

（6）涨跌幅限制。沪深证券交易所对股票、基金交易实行价格涨跌幅限制，涨跌幅比例为10%，其中未完成股改的股票（即S股）、ST股票和*ST股票价格涨跌幅比例为5%。属于下列情形之一的，首个交易日无价格涨跌幅限制：首次公开发行上市的股票和封闭式基金、增发上市的股票，暂停上市后恢复上市的股票，交易所认定的其他情形。高于涨幅限制的委托和低于跌幅限制的委托无效。

（7）挂牌、摘牌、停牌与复牌。证券交易所对上市证券实施挂牌交易，投资人希望在某一价格买进或卖出，可以先行申报进入电脑主机排队，挂牌买进者叫挂进，挂牌卖出者叫挂出，通称挂牌。证券上市期届满或依法不再具备上市条件的，证券交易所要终止其上市交易，予以摘牌。

证券交易出现异常波动的，证券交易所可以决定停牌，并要求相关当事人予以公告后复牌。证券交易所还可以对涉嫌违法违规交易的证券实施特别停牌并予以公告，相关当事人应按照证券交易所的要求提交书面报告。停牌及复牌的时间和方式由证券交易所决定。

证券停牌时，证券交易所发布的行情中包括该证券的信息；证券摘牌后，行情信息中无该证券的信息。

对于开市期间停牌的申报问题，我国证券交易所的规定是：证券开市期间停牌的，停牌前的申报参加当日该证券复牌后的交易；停牌期间，可以继续申报，也可以撤销申报；复牌时对已接受的申报实行集合竞价。其中，上海证券交易所规定，集合竞价期间不揭示虚拟开盘参考价格、虚拟匹配量、虚拟未匹配量；深圳证券交易所规定，不揭示集合竞价参考价格、匹配量和未匹配量。集合竞价产生开盘价后，以连续竞价继续当日交易。

证券的挂牌、摘牌、停牌与复牌，证券交易所要予以公告。另外，根据有关规定，上市公司披露定期报告、临时公告，也要进行例行停牌。

近年来，随着我国多层次资本市场的发展，证券交易所也相应制定了针对性的停牌管理措施。比如，对于在深圳证券交易所的中小企业板和创业板，深圳证券交易所就规定：当中小企业板和创业板股票上市首日盘中成交价格较当日开盘价首次上涨或下跌达到或超过20%时，交易所可对其实施临时停牌30分钟；首次上涨或下跌达到或超过50%时，交易所也可对其实施临时停牌30分钟。另外在创业板，股票上市首日盘中成交价格较当日开盘价首次上涨或下跌达到或超过80%时，交易所可对其实施临时停牌至14:57。

（8）交易行为监督。《证券法》规定，证券交易所对证券交易实行实时监控，并按照国务院证券监督管理机构的要求，对异常的交易情况提出报告。证券交易所根据需要，可以按照业务规则对出现重大异常交易情况的证券账户的投资者限制交易，并及时报告国务院证券监督管理机构。

（9）交易异常情况处理。因发生不可抗力、意外事件、技术故障或交易所认定的其他异常情况，导致部分或全部交易不能进行的，证券交易所将及时向市场公告，并可视情况需要单独或者同时采取技术性停牌、临时停市、暂缓进入交收等措施。

（10）信息发布。证券交易所发布每个交易日的证券交易即时行情、证券价格指数、证券交易公开信息等交易信息，包括开盘集合竞价期间的即时行情和连续竞价期间的即时行情。

2. B股基本交易规则

（1）交易品种：深圳B股和上海B股。

（2）交易时间：每周一至周五9:30—11:30，13:00—15:00。

（3）交易原则：价格优先，时间优先。

（4）价格最小变化档位：深圳证券交易所为0.01港元，上海证券交易所为0.001美元。

(5) 交易单位：委托买卖及清算的价格以一股为准。深市 B 股买卖数额以一手（即 100 股）或其整数倍为单位。沪市 B 股买卖数额以一手（1 000 股）或其整数倍为单位。

交易方式：深市 B 股交易方式分为集中交易和对敲交易。集中交易指在交易时间内通过交易所集中市场交易系统达成的交易。对敲交易指 B 股证券商在开市后至闭市前 5 分钟将其接受的同一种 B 股买入委托和卖出委托配对后输入，经交易所的对敲交易系统确认后达成的交易。对敲交易仅限于股份托管在同一证券商处且不同投资者之间的股份协议转让。每笔交易数量须达到 50 000 股。

(6) T+3 交收：B 股的交收期为 T+3，即在达成交易后的第四个交易日完成资金和股份的正式交收，并实现"货银对付"。在此之前，投资者不能提取卖出股票款和进行买入股票的转出托管。

3. 科创板交易规则

(1) 申报数量。不同于沪市主板市场，投资者通过限价申报买卖科创板股票，单笔申报数量应当不小于 200 股，且不超过 10 万股。

投资者通过市价申报买卖的，单笔申报数量应当不小于 200 股，且不超过 5 万股。

投资者参与盘后固定价格交易，通过提交收盘定价申报买卖科创板股票的，单笔申报数量应当不小于 200 股，且不超过 100 万股。

申报买入时，单笔申报数量应当不小于 200 股，超过 200 股的部分，可以以 1 股为单位递增，如 201 股、202 股等。

申报卖出时，单笔申报数量应当不小于 200 股，超过 200 股的部分，可以以 1 股为单位递增。余额不足 200 股时，应当一次性申报卖出，如 199 股须一次性申报卖出。

(2) 有效申报价格范围机制。在连续竞价阶段，投资者通过限价申报交易科创板股票，其买入申报价格不得高于买入基准价格的 102%，其卖出申报价格不得低于卖出基准价格的 98%，否则为无效申报。该规定不适用于开市临时停牌阶段、集合竞价阶段以及市价申报。

买入基准价格为即时揭示的最低卖出申报价格（卖一）；无即时揭示的最低卖出申报价格的为即时揭示的最高买入申报价格（买一）；无即时揭示的最高买入申报价格的为最新成交价；当日无成交的，为前收盘价。

举个例子：投资者小王想买入科创板股票 A，如果此时既无即时揭示的最低卖出申报价格，也无即时揭示的最高买入申报价格，而股票 A 的最新成交价为 10.00 元/股。那么，小王的买入申报就不得高于 10.20（10.00×102%）元/股。

卖出基准价格为即时揭示的最高买入申报价格（买一）；无即时揭示的最高买入申报价格的为即时揭示的最低卖出申报价格（卖一）；无即时揭示的最低卖出申报价格的为最新成交价；当日无成交的，为前收盘价。

举个例子：投资者小王打算卖出所持有的科创板股票 A，如果此时无即时揭示的最高买入申报价格，仅有即时揭示的最低卖出申报价格，为 10.00 元/股，那么，小王的卖出申报价格就不得低于 9.80（10.00×98%）元/股。

(3) 新增两种市价申报类型。在竞价交易中，科创板的市价申报主要有四种类型，其中本方最优价格申报、对手方最优价格申报为科创板新增。

本方最优价格申报指以投资者的申报进入交易主机时，集中申报簿中本方最优的报价为其申报价格。如果该申报进入交易主机时，集中申报簿中买方无申报的，那么，该申报将被自动撤销。

举个例子：如果小王以本方最优价格申报买入科创板股票 A，当该申报进入交易主机时，A 股票"买一"价格为 10 元/股，那么，该申报将以 10 元/股的价格排到"买一"的队列中。

对手方最优价格申报指以投资者的申报进入交易主机时，集中申报簿中对手方最优报价为其申报价格。如果该申报进入交易主机时，集中申报簿中对手方无申报，那么，该申报将被自动撤销。

举个例子：如果小王以对手方最优价格申报买入科创板股票 A，该申报进入交易主机时，A 股票"卖一"的价格为 10 元/股，那么，该申报将以 10 元/股的价格与"卖一"队列中的卖出申报成交。如果该申报有剩余未成交部分，那么，剩余部分将以 10 元/股的价格保存在买方队列中。

（4）市价委托保护限价机制。科创板首次对市价委托引入"保护限价"机制。投资者在连续竞价阶段，通过市价申报的方式买卖科创板股票，申报内容应当包含投资者能够接受的最高买价（简称"买入保护限价"）或者最低卖价（简称"卖出保护限价"）。上交所交易系统处理投资者提交的买卖科创板股票的市价申报时，买入申报的成交价格不高于买入保护限价，卖出申报的成交价格不低于卖出保护限价。

举个例子：假设当前股价为 15 元，由于市场行情火爆，股价迅速拉升，投资者小王决定市价买入，但是又不想超过 16 元的成本价，可在下单时设置买入保护限价 16 元。若实时股价超过 16 元，则订单失效。

（5）新增盘后固定价格交易。盘后固定价格交易，是在收盘集合竞价结束后，上交所以收盘价为成交价，按照时间优先顺序对收盘定价申报进行逐笔连续撮合。收盘定价申报的时间为每个交易日的 9：30 至 11：30、13：00 至 15：30。在接受申报的时间内，未成交的申报投资者可以撤销，但撤销指令经交易所交易主机确认方为有效。如果收盘价高于收盘定价买入申报，则该笔买入申报无效；如果收盘价低于收盘定价卖出申报，则该笔卖出申报无效。值得注意的是，开市期间停牌的科创板股票，停牌期间可以继续申报。停牌当日复牌的，已接受的申报参加当日该股票复牌后的盘后固定价格交易。当日 15：00 仍处于停牌状态的，交易所交易主机后续不再接受收盘定价申报，当日已接受的收盘定价申报无效。

举个例子：科创板股票 A 当日收盘价为 10 元，小张在收盘前以 9 元申报买入，则买入单无效；小王的买入申报价为 11 元，则买入单有效，进入系统进行撮合交易，最后以 10 元的价格成交。

（6）盘中临时停牌，有以下情形和规则。

停牌情形包括：①无价格涨跌幅限制的股票盘中交易价格较当日开盘价格首次上涨或下跌达到或超过 30%；②无价格涨跌幅限制的股票盘中交易价格较当日开盘价格首次上涨或下跌超过 60%；③中国证监会或者上交所认定属于盘中异常波动的其他情形。

停牌执行规则有：①单次盘中临时停牌的持续时间为 10 分钟；②停牌时间跨越 14：57 的，于当日 14：57 复牌；③盘中临时停牌期间，可以继续申报，也可以撤销申报，复牌时对已接受的申报实行集合竞价撮合。

单个交易日内，科创板股票单向至多盘中临时停牌两次，共 20 分钟；涨跌双向至多临时停牌 4 次，共 40 分钟。

另外，需注意一点，有效申报价格范围机制不适用于开市临时停牌阶段，即临时停牌期间的限价委托不适用买入基准价格 102% 和卖出基准价格 98% 的报价限制。

举个例子：科创板股票 A 当日不设涨跌幅限制，开盘价为 10 元，涨至 13 元时触发临时停牌。临时停牌期间，小王以限价申报买入，此时，申报价格就可以不受 13.26 元（13 元的 102%）的上限限制，小王填报了 13.50 元的价格。在股票 A 复牌时，上交所将对小王 13.50 元的申报价格进行撮合。

四、证券交易流程

证券交易活动需要按照一定的交易程序和交易方式来组织，这不仅保证了数额巨大的证券能以很快的速度成交，也保证了证券市场的交易秩序，有利于加强对证券市场的管理，以建立一个公开、公正、公平和高效的市场。

证券交易程序主要指投资者通过经纪人在证券交易所买卖股票的交易，包括开户、委托交易、竞价成交、结算与过户等程序。

（一）开户

开户有两个方面，即开立证券账户和开立资金账户。证券账户是指中国证券登记结算有限公司（简称"中国结算公司"）为申请人开出的记载其证券持有及变更的权利凭证，资金账户则用来记载和反映投资者买卖证券的货币收付和结存数额。

1. 开立证券账户

开立证券账户是指投资者到中国证券登记结算有限公司及其开户代理机构处开设上交所和深交所证券交易账户的行为。开立证券账户是投资者进行证券交易的先决条件。

2. 开立资金账户

投资者在开立证券账户后，在买卖证券之前，先要在证券营业部开立资金账户，其操作程序如下。

（1）提供相关资料。个人开户需要提供身份证原件和复印件、证券账户卡原件及复印件等资料。法人机构开户，需要提供法人营业执照原件及复印件、法定代表人证明书、证券账户卡原件及复印件、法人授权委托书和被授权人身份证原件及复印件、单位预留印鉴等材料。

（2）填写相关表格。一般包括《风险揭示书》《开立资金账户申请表》《授权委托书》《证券交易委托代理协议书》《指定交易协议书》，如果要办理网上交易委托，还需要填写《网上交易委托协议书》等相关文件。

（3）材料审核与开户。证券营业部工作人员根据有关规定，对开户申请者提供的资料进行审核，如符合规定，即为申请者办理开户手续。根据规定，我国目前实行客户交易结算资金第三方存管制度，该账户只能用于证券查询、买卖和委托等业务，客户不能通过此账户在证券营业部柜台进行资金存取活动。

（4）开设客户银行结算账户。投资者在证券营业部开设资金账户后，要选择一家与该证券公司合作的商业银行开立一个与证券营业部资金账户相对应的客户银行结算账户，用于证券资金账户中资金的存取和划转等业务。

3. 证券资金账户资金存取

根据客户交易结算资金第三方存管制度有关规定，开户投资者无法通过证券营业部自办资金存取，只能通过与证券资金账户相对应的客户银行结算账户进行资金的存取，具体做法如下。

（1）在客户银行结算账户中存入资金。

（2）通过电话银行、网上银行、（证券营业部）自助办理、证券营业部（银行柜台）办理等途径将资金从客户银行结算账户转入证券资金账户。

（3）进行证券买卖。

（4）通过电话（网上）银行、银行柜台办理等途径将资金从证券资金账户转入客户银行结算账户。

（5）从客户银行结算账户中取出资金。

（二）委托交易

证券交易双方不直接交易，只能通过第三方证券公司来完成买卖过程。对于股票交易来说，投资者带身份证、银行卡到证券公司办理资金账号和股东账户后，通过设置密码，到投资者选择的三方存管银行理财窗口签好银行三方存管后，向银行存入资金，将资金转账到证券资金账户，下载券商股票交易软件，登录投资者自己开立的股票资金账户，就可以进行网上交易了。网上交易操作方法比较简单，投资者先登录股票交易系统，再选择买入（卖出），将选好要买（卖）的股票代码填入股票代码栏，最后输入买入（卖出）的数量，再点击确定。隔一会就刷新一下页面或点击一下"当日成交"的按钮，看看是否交易成功。整个交易过程涉及的知识点主要有以下几个。

1. 委托指令

委托指令是投资者委托证券经纪商买卖证券指示和要求。投资者填写的买卖委托单是客户和证券经营机构之间确定代理关系的法律文件，具有法律效力。

委托指令的基本要素包括：①证券账号；②委托日期和时间；③买卖品种；④买卖数量；⑤买卖价格；⑥买进或卖出。

2. 委托方式

客户在办理委托买卖证券时，需要向证券经纪商下达委托指令。委托指令有不同的具体形式，可以分为柜台委托和非柜台委托两大类。

柜台委托是指委托人亲自或由其代理人到证券营业部交易柜台，根据委托程序和必需的证件采用书面方式表达委托意向，由本人填写委托单并签章的形式。非柜台委托主要有人工电话委托或传真委托、自助和电话自动委托、网上委托等形式。客户在使用非柜台委托方式进行证券交易时，必须严格按照证券公司证券交易委托系统的提示进行操作，因客户操作失误造成的损失由客户自行承担。对于证券公司电脑系统和证券交易所交易系统拒绝受理的委托，均视为无效委托。

3. 委托买卖的种类

（1）市价委托指令。市价委托指令是指投资者进行交易委托时，不必输入委托价格，按照当时市场上可执行的最优报价成交的指令。市价委托指令按输入时间优先的原则排序，未成交部分自动撤销。相对于限价指令，其优点在于市价指令一定会被执行，但执行的价格并不确定。我国沪深证券交易所在限价申报方式的基础上，提供了五种市价申报方式，即对手方最优价格申报、本方最优价格申报、最优五档即时成交剩余撤销申报、即时成交剩余撤销申报和全额成交或撤销申报。

（2）限价委托指令。限价委托指令是相对于以当前市价马上成交的市价指令而言的。买入限价委托指令指定一个价格，当市场价格低于这个价格时买进；卖出限价委托指令则指定一个价格，当市场价格高于这个价格时卖出。它的特点是可以按投资者的预期价格成交，成交速度相对较慢，有时无法成交。限价指令一般以价格优先和时间优先的原则排序。一般而言，限价委托指令的有效期限视投资者的指示而定，可以在指定时段内有限，也可以在投资者通知取消前保持有效。

（3）止损委托指令。止损委托指令是指投资者指定一个止损价格，当市场价格达到投资者预计的价格水平时即变为市价指令予以执行的一种指令。投资者利用止损委托指令可以有效地锁定利润、减少损失。指定止损价格，对卖单来说，止损价格必须低于下单时的市场价格；对买单来说，止损价格必须高于下单时的市场价格。当市场价格触及止损价格时，止损委托指令立即被执行，其可视为有条件的市价委托，其潜在风险是实际成交价格与止损价格之间可能存在一定的差异。

（4）限价止损委托指令。限价止损委托指令是投资者同时指定止损价格和限制价格，当市场价格触发了止损价格时，该指令转变成了限价委托指令。其可视为有条件的限价委托。例如，对于现价为25元的某公司股票，投资者的卖单止损价格是20元，限制价格是17元。只有当该股票价格跌至20元或20元以下时，限价委托才被激活，投资者将以等于或高于17元的价格卖出该股票。

4. 委托有效期

委托有效期是指委托指令的最后生效限期，可分为当日有效、本周有效、本月有效、撤销前有效、一次成交有效、立即成交有效、开市有效等。

我国目前的合法委托为当日有效委托。

5. 申报

（1）申报时间。沪深证券交易所接受申报的时间为每个交易日的9：15—9：25、9：30—11：30、13：00—15：00。每个交易日9：15—9：25为开盘集合竞价阶段，交易所主机不接受撤单申报；其他接受交易申报的时间内，未成交申报可以撤销。证券公司应按投资者委托时间先后顺序及时向交易所申报。

（2）申报价格。投资者可以采用限价申报或市价申报的方式委托证券公司营业部买卖证券。限价申报是指客户委托证券公司营业部按其限定的价格买卖证券，证券公司营业部必须按限定的价格或低于限定的价格申报买入证券，按限定的价格或高于限定的价格申报卖出证券。

不同证券采用不同的计价单位，股票为每股价格，基金为每份基金价格，债券为每百元债券价格，债券质押式回购为每百元资金到期年收益，债券买断式回购为百元面值债券到期回购价格，并且不同证券申报价格的最小变动单位也各不相同，如表2.2所示。

表 2.2　不同证券申报价格最小变动单位一览

上海证券交易所		深圳证券交易所	
交易品种	最小变动单位	交易品种	最小变动单位
A 股、债券、债券买断式回购	0.01 元	A 股、债券、债券质押式回购	0.01 元
基金、权证	0.001 元	基金	0.001 元
B 股	0.001 美元	B 股	0.01 港元
债券质押式回购	0.005 元	—	

（3）申报数量。关于申报的数量，上交所和深交所的规定有所不同，具体如表 2.3 和表 2.4 所示。

表 2.3　证券交易所竞价交易的证券买卖申报数量[①]

交易内容	上海证券交易所	深圳证券交易所
买入股票、基金、权证	100 股（份）或其整数倍	100 股（份）或其整数倍
卖出股票、基金、权证	余额不足 100 股（份）的部分应一次性申报卖出	余额不足 100 股（份）的部分应一次性申报卖出
买入债券	1 手或其整数倍	10 张或其整数倍
卖出债券	1 手或其整数倍	余额不足 10 张部分，应当一次性申报卖出
债券质押式回购交易	100 手或其整数倍	10 张或其整数倍
债券买断式回购交易	1 000 手或其整数倍	—

表 2.4　证券交易所竞价交易的单笔申报最大数量

交易内容	上海证券交易所	深圳证券交易所
股票、基金、权证交易	不超过 100 万股（份）	不超过 100 万股（份）
债券交易	不超过 1 万手	不超过 10 万张
债券质押式回购交易	不超过 1 万手	不超过 10 万张
债券买断式回购交易	不超过 5 万手	—

（4）价格涨跌幅限制。目前，上交所和深交所均对股票、基金交易实行价格涨跌幅限制，涨跌幅比例为 10%，其中 ST 股票和 *ST 股票价格涨跌幅比例为 5%。其计算公式为：

涨跌幅价格 = 前一交易日收盘价 ×（1 ± 涨跌幅比例）

计算结果按四舍五入原则取至价格最小变动单位。

---

① 上海证券交易所的债券交易和债券买断式回购交易以人民币 1 000 元面值债券为 1 手，债券质押式回购交易以人民币 1 000 元标准券为 1 手。深圳证券交易所的债券交易以人民币 100 元面值为 1 张，债券质押式回购以 100 元标准券为 1 张。

属于下列情形之一的，首个交易日无价格涨跌幅限制：①首次公开发行上市的股票和封闭式基金；②增发上市的股票；③暂停上市后恢复上市的股票；④交易所认定的其他情形。

（三）竞价成交

客户下单后，证券公司将客户委托指令传送到交易所撮合主机。每个交易日 9：15—9：25将接受的全部有效委托进行一次集中撮合处理的过程称为集合竞价。通过集合竞价，产生开市价。在集合竞价之后，撮合主机对投资者申报的委托进行逐笔连续的撮合处理过程，称为连续竞价。在股市开盘后的正常交易时间内，所有的证券买卖价格都由连续竞价产生，每笔买卖委托输入系统后，按"价格优先、时间优先"原则进行竞价撮合，能成交者予以成交，不能成交者等待机会成交。最终证券交易竞价的结果有三种可能：全部成交、部分成交和不成交。

（四）证券结算与过户

1. 证券结算的含义

每日交易结束后，证券公司要为客户办理证券和资金的清算与交收。目前我国证券市场采用的是法人结算模式。法人结算是指由证券公司以法人名义集中在证券登记结算机构开立资金清算交收账户，其接受客户委托代理的证券交易的清算交收均通过此账户办理。证券公司与其客户之间的资金清算交收由证券公司自行负责完成。

2. 证券结算的主要方式

证券结算主要有两种方式：逐笔结算和净额结算。

逐笔结算，即对每一笔成交的证券及相应价款逐笔进行结算，主要是为了防止在证券风险特别大的情况下净额结算风险积累情况的发生。这种结算方式适用于交易稀少、每笔成交额却很大的市场。

净额结算，又称差额结算，就是在一个结算期中，对每个经纪商价款的结算只计其各笔应收、应付款项相抵之后的净额；对证券的结算只计每一种证券应收、应付相抵后的净额。

3. 证券结算的主要流程

我国上海证券交易所采取的是余额交割的方式，其具体流程包括以下几步。

（1）每天闭市后，逐笔核对当日场内成交单。

（2）如核对无误，将依据场内成交单所记载的各证券商买卖各种证券的数量、价格，计算出各证券商应收、应付价款相抵后的净额及各种证券应收、应付数量相抵后的净额，编制当日清算交割汇总表和各证券商的清算交割表，分送给各证券商清算交割人员。

（3）各证券商清算交割人员接到清算交割表并核对无误后，须编制出公司当日的交割清单，在约定的交割时间内到证券交易所（而非各证券商之间）办理清算交割手续，也就是说，证券商与证券交易所清算部原则上只需划转一笔应收款或应付款，每种证券也只需划转一笔库存证券账目，从而大大简化了交割手续。

（4）证券商根据证券登记结算机构发来的资金交收数据，将投资者的应收应付款项划入或划出其证券交易结算资金账户，不需要实物交割。

关于清算交割日，各国的规定不同。我国的A股、基金、债券都是在交易日的次日（T+1）交割，我国的B股和日本是在交易日起第四天（T+3）交割，美国和加拿大是在交易日起的第五天（T+4）交割。

4. 过户

证券过户是指股权（债权）在投资者之间转移。记名式证券在交易后，必须办理过户手续。不记名证券不存在过户问题。目前，在我国利用电脑的无纸交易中，股票成交后，证券公司要通过电脑在交易双方的股票上增加或减少股票数，并把有关所有权转移事项记入证券发行公司的账簿中。只有这样买方才能正式成为公司股东，享有股东权利，领取公司派送的股息或红利等。

过户分为交易性过户、非交易性过户和账户挂失转户三种。交易性过户是指记名证券的交易使股权（债权）从出让人转移到受让人从而完成股权（债权）转移的过户；非交易性过户是指由于继承、赠与、财产分割或法院判决等原因而发生的权益转移；账户挂失转户是指不进行财产转移即可直接办理过户。

五、其他交易事项

（一）买空卖空交易

在我国，买空卖空交易称为证券公司的融资融券业务，买空就是投资者向证券公司借钱买股票，对证券公司而言是融资业务；卖空就是投资者向证券公司借入股票卖掉，对证券公司而言就是融券业务。

1. 买空交易

当投资者预期某种股票会涨但又缺少足额的投资资金时，可以向其经纪人（证券公司）借入资金购买股票，这种股票交易被称为买空交易。在买空交易中，投资者需要开设保证金账户，按照证券公司规定的初始保证金比例存入一定数量的保证金，其余资金向证券公司贷款。用贷款买入的股票，其所有权归证券公司，证券公司有权以保证金账户中的股票为抵押品，向银行融入资金；也可以将其借出，提供给卖空者。投资者借钱买入股票以后，由于股票的价格会不断波动，为了控制风险，证券公司通常设定一个维持保证金比例。当投资者的实际保证金比例大于初始保证金比例时，投资者可以将多出的部分提现或再投资；当实际保证金比例在初始保证金比例和维持保证金比例之间时，投资者不需要进行任何操作；当实际保证金比例低于维持保证金比例时，投资者需要追加保证金，补充的保证金可以是现金或国债。在我国，符合金融监管部门要求的股票也可以用来补充保证金。初始保证金比例被定义为账户净值或权益与证券市值的比例。例如，某投资者最初支付6 000元购买价值为10 000元的股票（以每股100元的价格买入100股），其余4 000元则向证券公司借得，初期的资产负债表如表2.5所示。

表2.5 某投资者初期的资产负债表 单位：元

资产	负债与所有者权益
股票价值 10 000	贷款 4 000
	股权 6 000

初始保证金比例 = 账户净值/股票市值 = 6 000/10 000 = 0.6（60%）

如果股票价格降至每股70元，资产负债表如表2.6所示。

表2-6　某投资者现期的资产负债表　　　　　　　　　　　　单位：元

资产	负债与所有者权益
股票价值 7 000	贷款 4 000
	股权 3 000

股票市值的大幅下跌导致账户净值下降，实际保证金比例随之降低。实际保证金比例及贷款额计算公式为：

实际保证金比例＝（股票市值－贷款）/股票市值＝账户净值/股票市值

贷款额＝购买时的股票市值×（1－初始保证金比例）

所以，实际保证金比例＝账户净值/股票市值＝3000/7000＝0.43（43%）。

如果股票价值跌至4 000元之下，账户净值就会变成负数，这也就意味着股票的价值已经不能为证券公司借款提供足额抵押。为了避免这种情况发生，证券公司通常设定一个维持保证金比例。如果保证金比例降至维持保证金比例之下，证券公司就会发出保证金催缴通知，要求投资者向保证金账户增加现金或证券资产。如果投资者不这样做，证券公司可以从账户中售出证券，偿还相应的贷款，以此将保证金比例恢复到可接受的水平。

假如维持保证金比例为30%，那么股票的价格在投资者收到保证金催缴通知前有多大的跌幅空间？

假设 p 代表股票价格，那么投资者每购买100股的股票，其市值就是（100p）元，账户净值就是（100p－4 000）元，当实际保证金比例等于维持保证金比例0.3时，股票价格可以通过以下等式计算出来：

$$(100p - 4\,000)/100p = 0.3$$

$$p = 57.14（元）$$

如果股票的价格降至每股57.14元，投资者就会收到保证金催缴通知。由此也看出，买空的风险在于股票价格并没有如投资者所预期的那样上涨而是下跌，并且由于投资者使用了杠杆，从而会放大风险。

2. 卖空交易

买空交易的盈利模式是"买低卖高"，先买后卖；而卖空交易的盈利模式则是"卖高买低"，是先卖后买。当投资者判断某股票被高估并将下跌时，可以向证券公司借入股票按市价卖出，在股价下跌时买回来还给证券公司。在卖空交易期间，如果卖空股票派发了现金股利，卖空者需要向该股票的原持有人支付数额相等的现金。

在卖空交易中，通常由卖空投资者开户的证券公司贷出股票用于卖空，股票被借出用于卖空这个过程无须通知股票的所有者。如果该股票所有者需要卖出股票，证券公司可以从其他投资者那里借入股票。卖空的期限可能是不确定的，如果证券公司找不到可借的股票来填补已售的空缺，那么卖空的投资者就要立刻从市场中买入股票并将其还给证券公司以终止借贷。根据金融监管机构的规定，只有在近期所记录的股票价格变化值为正的前提下才能卖空。显然，这一规定是为了防止出现股票的过度投机。实际上，只有在股价上涨之后，卖空所代表的对股票"缺乏信心"的说法才能被人接受。金融监管机构还规定，卖空的收益必须保留在证券公司的账户上，从事卖空的投资者不能动用这笔资金。卖空交易同样需要缴纳初始保证金，证券公司同样要设定维持保证金比例。

【例2.1】投资者看空某股票,该股票目前的市价为每股100元。投资者向证券公司下达指令要求卖空1 000股,初始保证金比例为50%。假设投资者持有价值50 000元的现金。如果股票价格上涨到110元,因为

实际保证金比例 = (卖空所得 + 初始保证金 − 贷款数额)/账户净值,而

贷款数额 = 卖空股票价值 = 卖空股票市值

那么实际保证金比例将变为:

实际保证金比例 = (100 000 + 50 000 − 110 000)/110 000 = 0.363 6 = 36.36%

与买空交易的投资者一样,卖空的投资者一定要关注保证金催缴。如果股票价格上涨,账户的保证金就会减少,当保证金低于维持保证金比例时,卖空投资者就会收到保证金催缴通知。由此也看出,卖空的风险在于股票价格并没有如投资者所预期的那样下跌而是上涨,并且由于投资者使用了杠杆,从而会放大风险。

【例2.1】中如果证券公司要求卖空的维持保证金比例为30%,该股票价格上涨至多高时,投资者会收到保证金催缴通知?

假设 p 为该股票的市价,那么投资者必须偿还的股票市值为($1\,000p$)元。此时账户净值为($150\,000 - 1\,000p$)元。股票价格 p 的临界值就可以通过以下等式计算出来:

实际保证金比例 = (卖空所得 + 初始保证金 − 贷款数额)/贷款数额

$$= (100\,000 + 50\,000 - 1\,000p)/1\,000p = 0.30 = 30\%$$

$$p = 115.38(元)$$

如果该股票涨至每股115.38元,投资者就会收到保证金催缴通知,投资者需要追加现金或购入股票,以填补空头头寸。

3. 我国融资融券交易的相关规定

证券公司开展融资融券业务需开设下列账户:融券专用证券账户、客户信用交易担保证券账户、信用交易证券交收账户、信用交易资金交收账户、融资专用资金账户(在银行开具)和客户信用交易担保资金账户(在银行开具),投资者应该开设客户信用证券账户和信用资金账户。投资者融券卖出(卖空)的申报价格不得低于该证券的最新成交价,融资融券期限最长不得超过6个月,客户交付的保证金与融资融券交易金额的比例,具体分为融资保证金比例和融券保证金比例。目前证券交易所规定,两者均不得低于50%,证券公司在不低于上述交易所规定的基础上,可自行确定相关的融资保证金比例和融券保证金比例。经交易所认可的股票、证券投资基金和债券等,可以充抵保证金。

维持担保比例是指客户信用账户内担保物价值与其融资融券债务之间的比例。即:

维持担保比例 = (现金 + 信用证券账户内证券市值总和)/(融资买入金额 + 融券卖出市值 + 利息及费用总和) × 100%

融券卖出市值 = 融券卖出数量 × 市价

当维持担保比例超过300%时,客户可提取现金、划转证券,提取现金、划转证券后维持担保比例不低于300%。

平仓线是指维持担保比例的最低标准,约定为130%;警戒线是指维持担保比例的安全界限,约定为150%。当投资者维持担保比例低于130%时,证券公司应当通知投资者在不超过两个交易日的期限内追加担保物,且客户追加担保物后的维持担保比例不得低于150%。投资者未能按期交足担保物或者到期未偿还融资融券债务的,证券公司将采取强制

平仓措施。证券公司可以对平仓线、警戒线的标准进行调整。

(二) 大宗交易

大宗交易是指单笔数额较大的证券买卖。我国现行有关交易制度规定,如果证券单笔买卖申报达到一定数额的,证券交易所可以采用大宗交易方式进行交易。

1. 上海证券交易所大宗交易

根据最新的《上海证券交易所交易规则》的规定,在上海证券交易所进行的符合以下条件的证券买卖,可以采用大宗交易方式。

(1) A股单笔买卖申报数量应当不低于30万股,或者交易金额不低于200万元人民币。

(2) B股单笔买卖申报数量应当不低于30万股,或者交易金额不低于20万美元。

(3) 基金大宗交易的单笔买卖申报数量应当不低于200万份,或者交易金额不低于200万元。

(4) 债券及债券回购大宗交易的单笔买卖申报数量应当不低于1 000手,或者交易金额不低于100万元人民币。

同时规定,上海证券交易所可以根据市场需要,调整大宗交易的最低限额。

上海证券交易所接受大宗交易的时间为每个交易日的9:30—11:30、13:00—15:30。但如果在交易日15:00仍处于停牌状态的证券,则当日不受理其大宗交易的申报。每个交易日9:30—15:30时段确认的成交,于当日进行清算交收。每个交易日16:00—17:00时段确认的成交,于次一交易日进行清算交收。

大宗交易的申报包括意向申报和成交申报。意向申报包括的内容有证券代码、证券账号、买卖方向等。意向申报中是否明确交易价格和交易数量,由申报方决定。申报方价格不明确的,将视为至少愿以规定的最低价格买入或最高价格卖出;会员数量不明确的,将视为至少愿以大宗交易单笔买卖最低申报数量成交。当意向申报被其他会员接受时,申报方应当至少与一个接受意向申报的会员进行成交申报。

大宗交易的成交申报须经证券交易所确认。交易所确认后,买方和卖方不得撤销或变更成交申报,并必须承认交易结果、履行相关的清算交收义务。

大宗交易不纳入证券交易所即时行情和指数的计算,成交量在大宗交易结束后计入当日该证券成交总量。每个交易日大宗交易结束后,属于股票和基金大宗交易的,交易所公告证券名称、成交价、成交量及买卖双方所在会员营业部的名称等信息;属于债券和债券回购大宗交易的,交易所公告证券名称、成交价和成交量等信息。

2. 深圳证券交易所交易规则

根据最新的《深圳证券交易所交易规则》的规定,在深圳证券交易所进行的符合以下条件的证券交易,可以采用大宗交易方式。

(1) A股单笔交易数量不低于30万股,或者交易金额不低于200万元人民币。

(2) B股单笔交易数量不低于3万股,或者交易金额不低于20万元港币。

(3) 基金单笔交易数量不低于200万份,或者交易金额不低于200万元人民币。

(4) 债券单笔现货交易数量不低于5 000张,或者交易金额不低于50万元人民币。

同时规定,深圳证券交易所可以根据市场需要,调整大宗交易的最低限额。

（三）回转交易

证券的回转交易是指投资者买入的证券，经确认成交后，在交收前全部或部分卖出。根据我国现行有关交易制度规定，债券和权证实行当日回转交易，即投资者可以在交易日的任何营业时间内反向卖出已买入但未交收的债券和权证；B股实行次交易日起回转交易。深圳证券交易所对专项资产管理计划收益权份额协议交易也实行当日回转交易。

（四）交易异常情况

证券交易所交易异常情况是指导致或可能导致证券交易所证券交易全部或者部分不能正常进行的情形，主要包括无法正常开始交易、无法连续交易、交易结果异常、交易无法正常结束等。其中，无法正常开始交易是指证券交易所交易、通信系统在开市前无法正常启动，证券交易停牌、复牌、除权除息等重要操作在开市前未及时、准确处理完毕，前一交易日的日终清算交收处理未按时完成或虽已完成但清算交收数据出现重大差错而导致无法正确交易，10%以上的会员营业部因系统故障无法正常接入交易所交易系统等情形。无法连续交易是指证券交易所交易、通信系统出现10分钟以上中断，证券交易所行情发布系统出现10分钟以上中断，10%以上会员营业部无法正常发送交易申报、接收实时行情或成交回报，10%以上的证券中断交易等情形。交易结果异常是指交易结果出现严重错误、行情发布出现错误、证券指数计算出现重大偏差等可能严重影响整个市场正常交易的情形。交易无法正常结束是指集合竞价异常、可能导致无法正常完成，收市处理无法正常结束等可能对市场造成重大影响的情形。

引发交易异常情况的原因包括不可抗力、意外事件、技术故障等。这里的不可抗力是指证券交易所所在地或全国其他部分区域出现或据灾情预警可能出现严重自然灾害、重大公共卫生事件或社会安全事件等情形。意外事件是指证券交易所所在地发生火灾或电力供应出现故障等情形。技术故障是指证券交易所交易、通信系统中的网络、硬件设备、应用软件等无法正常运行，证券交易所交易、通信系统在运行、主备系统切换、软硬件系统及相关程序升级、上线时出现意外，证券交易所交易、通信系统被非法侵入或遭受其他人为破坏等情形。

交易异常情况出现后，证券交易所将及时向市场公告，并可视情况需要单独或者同时采取技术性停牌、临时停市、暂缓进入交收等措施。证券交易所采取这些措施，要及时报告中国证监会。对技术性停牌或临时停市的决定，证券交易所要通过网站及相关媒体及时予以公告。技术性停牌或临时停市原因消除后，证券交易所可以决定恢复交易，并向市场公告。

六、证券交易费用

投资者从事证券交易，需要支付一定的交易费用，具体包括以下费用。

1. 开户费

开户费是投资者在中国证券登记结算有限公司开设证券交易账户时要交纳的费用。

2. 佣金

佣金是证券公司为客户（投资者）提供证券代理买卖服务收取的费用，投资者要按成交金额的一定比例支付给证券公司。

3. 过户费

过户费是投资者在委托买卖股票、基金等成交后，买卖双方为变更证券登记所支付的费用,这笔费用属于证券登记结算公司,由证券公司在同投资者结算时代为扣收。

4. 印花税

印花税是根据国家税收法律规定,在 A 股和 B 股成交后对买卖双方投资者按照规定的税率分别征收的税金,由证券公司在为投资者办理结算时代为扣收。

5. 委托手续费

委托手续费是证券公司在投资者办理委托买卖时向投资者收取的,主要用于通信、设备、单证制作等方面的费用。委托手续费的收费一般按委托的笔数计算,没有统一的标准。目前,大多数证券公司免收委托手续费。

【例2.2】某投资者在上海证券交易所以 12 元/股的价格买入某股票 10 000 股,该投资者与证券公司约定的佣金为 0.2%,免收委托手续费,其他费用按规定计收,约为 0.1%,那么该投资者最低需要以什么价格卖出股票才可保本?

计算过程如下:

设投资者卖出价格为 p,则:

卖出收入 = $10\,000 \times p - 10\,000 \times p \times (0.2\% + 0.1\%) - 10\,000 \times 0.1\% = 9\,970 \times p - 10$

买入支出 = $10\,000 \times 12 + 10\,000 \times 12 \times 0.2\% + 10\,000 \times 0.1\% = 120\,250$

保本即为卖出收入≥买入支出,那么 $(9\,970 \times p - 10) - 120\,250 \geq 0$,可得 $p \geq 12.06$ 元。

第五节 证券价格指数

一、证券价格指数概述

(一)证券价格指数的概念

证券价格指数简称股价指数,它是以样本股某一基期价格水平来衡量各时期证券价格水平和涨跌情况的一个指标,是证券平均价格变化程度的总指标,一般由金融服务机构编制。证券价格指数是金融服务机构通过对证券市场上一些有代表性的大公司的证券价格进行平均计算和动态对比后得出的数值,能综合反映并揭示证券市场多数证券价格及其变化趋势。证券价格指数是一种相对平均价格,是相对平均数。

按照证券市场涵盖证券数量和类别的不同,可以把指数分成综合指数、成分指数和分类指数三类。综合指数是指在计算证券指数时将某个交易所上市的所有证券都纳入计算对象而计算出来的指数;成分指数是指在计算证券指数时仅仅选择部分具有代表性的证券作为计算对象而计算出来的指数,成分指数选择的证券一般具有市值大、交易量大、业绩好的特点;分类指数是指选择具有某些相同特征(如同行业)的证券作为目标股而计算出来的指数。我国的深证综合指数、上证综合指数属于综合指数;我国深证成分指数、深证100指数、上证180指数和香港恒生指数,美国道·琼斯指数、标准普尔指数、英国伦敦金融时报指数与日经股价指数属于成分指数;房地产股价指数、金融股价指数和工业股价指数等属于分类指数。

(二) 证券价格指数的特点

证券价格指数之所以能够反映大多数股票价格及其变动趋势，是因为指数本身具有以下特点。

1. 代表性

证券价格指数是在证券市场众多的上市公司中，选择那些具有代表性的公司股票作为计算对象的。这些计算对象一般在本行业中具有重大影响。因此，用这些公司股票作为对象计算出来的指数能够比较全面地反映了市场整体价格的变动。

2. 敏感性

在证券价格上涨或下跌的时候，证券价格指数能及时敏感地反映证券价格的变动情况。

(三) 证券价格指数的作用

证券价格指数具有以下几方面的作用。

(1) 证券价格指数的升降变化，反映了一个证券市场发展的历史轨迹，同时也反映了当时社会经济发展的基本状况，是衡量一个国家政治、经济情况的晴雨表。

(2) 证券价格指数是反映证券市场变动的价格平均数。从静态的角度看，它表示一定时点的上市证券公司股价的平均水平；从动态的角度看，它表示一定时期证券市场行情平均涨跌变化的情况和幅度。

(3) 证券价格指数为投资者进行证券投资提供了公开的和合法的参考依据。

(4) 股票价格指数还为投资者进行股价指数期货交易、期权交易提供了工具。现在，股指期货、股指期权已经成为国际金融市场上重要的金融衍生工具。

(四) 影响证券价格指数波动的因素

证券价格指数的计算主要由不同时期的证券价格决定，而证券价格容易受多种因素的影响，这些因素也就成为影响证券价格指数波动的主要原因。归纳起来，主要有以下几方面的因素。

1. 基本面因素

基本面因素主要是指宏观经济因素和公司自身因素两个方面。宏观经济因素包括经济增长和经济周期、货币政策和财政政策、贴现率和利率、通货膨胀和汇率变动。公司自身因素包括公司的净资产、公司的利润水平、公司的股息、股票分割、公司资本额的变化、公司经营策略的变更和公司的合并等。

2. 政治因素

政治因素主要包括国家政权的稳定情况，政府人员的更换，政府政策、措施、法令等重大事件和国际社会政治经济的变化等因素。

3. 市场技术、社会心理因素和市场效率因素

市场技术是指股票市场各种投机、市场规律以及主管机构的某些干预；社会心理因素是指投资者的心理变化对股票价格的影响；市场效率因素包括信息披露的全面性、准确性，通信条件的先进性，投资专业化程度。

4. 投资者的心理预期因素

随着社会政治经济的稳定情况及舆论导向的不同，投资者的心理会发生变化。当预期乐观时，会夸大有利因素的影响，忽视潜在的不利因素；当对前景过于悲观时，会忽视潜在的有利因素，夸大不利因素。中小投资者会因信息传递因素而存在严重的盲从心理，导致羊群效应。

5. 其他因素

其他因素包括证券监管部门的监管因素、资金的供求状况以及突发事件等因素。其中，突发事件主要是指战争、政变、金融危机、能源危机等事件，它们对股价指数的影响有两个特点，一是偶然性，二是非连续性。

二、股票价格指数的编制

（一）编制股票价格指数的基本步骤

1. 确定样本股

编制股票价格指数时，首先要选择一定数量的有代表性的上市公司股票作为样本股。样本股的数量可以选择其中有代表性的一部分股票，也可以选择全部上市股票。选择原则有三个，一是必须考虑行业代表性，这是样本股选择的主要原则。行业代表性是指在种类繁多的股票中，既要选择不同行业的股票，又要在各行业中选出那些具有代表性的股票作为样本股来计算。同时，作为样本股的上市公司在经营业绩、公司规模、流通市值等方面也应成为行业代表。二是要考虑市场规模。为了反映股票市场的规模及其活跃程度等，还必须考虑流通市值规模和交易活跃程度这两项指标，使样本股的市场价值占全部股票的市价总值的大部分。三是样本股确定后，还应经常适时调整，让更有活力和代表性的公司股票进入样本股，使股票价格指数能更真实、准确地反映股票市场情况。

2. 选定基期和一定计算方法

通常选择某一有代表性的日期作为基期，并按选定的某一种方法，计算这一日的样本股平均价格。

3. 计算计算期平均股价并进行必要的修正

收集样本股在计算期的价格并按选定的计算方法计算平均价格。有代表性的价格是样本股的收盘平均价。另外，所采用的样本股因送股、增资配股等情况而需要对计算结果进行修正，以保持计算结果的连续性和可比性。

4. 指数化

指数化是将以货币单位表示的平均股价转化成以"点"为单位的股票价格指数。以样本股计算基期股价平均值除以基期股价平均值再乘以一个固定乘数（通常为100），即为计算期的股价指数。

（二）股票价格指数的编制方法

股票价格指数的编制方法有简单算术股价指数和加权股价指数两种形式。

1. 简单算术股价指数的编制

简单算术股价指数有两种编制方法，相对法和综合法。

（1）相对法是先计算各样本股的个别指数，再累加求出算术平均数。其计算公式为：

$$P^1 = \frac{1}{n} \sum_{i=1}^{n} \frac{P_{1i}}{P_{0i}}$$

式中　P^1——代表股价指数；

　　　P_{0i}——代表第 i 种股票基期价格；

　　　P_{1i}——代表第 i 种股票计算期价格；

　　　n——代表样本数。

（2）综合法是将样本股票基期价格和计算期价格分别累加，然后再相除，求出股价指数。其计算公式为：

$$P^1 = \frac{\sum_{i-1}^{n} P_{1i}}{\sum_{i-1}^{n} P_{0i}}$$

2. 加权股价指数的编制

加权股价指数是以样本股票发行数量或成交量为权重，再加以计算得出的。有三种编制方法：基期加权法、计算期加权法和几何加权法。

（1）基期加权法采用基期发行量或成交量作为权重，计算公式为：

$$P^1 = \frac{\sum_{i-1}^{n} P_{1i}Q_{0i}}{\sum_{i-1}^{n} P_{0i}Q_{0i}}$$

式中　Q_{0i}——代表第 i 种股票基期发行量或成交量。

（2）计算期加权法采用计算期发行量或成交量作为权重，计算公式为：

$$P^1 = \frac{\sum_{i-1}^{n} P_{1i}Q_{1i}}{\sum_{i-1}^{n} P_{0i}Q_{1i}}$$

式中　Q_{1i}——代表计算期第 i 种股票发行量或成交量。

（3）几何加权法是对上述两种指数作几何平均后得出的，在实际工作中很少使用。

三、我国的证券价格指数

（一）上证指数

上证指数包括上证综合指数和上证成分股指数。

1. 上证综合指数

上海证券交易所从 1991 年 7 月 15 日起编制并公布上海证券交易所股价指数，该指数以 1990 年 12 月 19 日为基期，以上市的全部股票为样本，以每只股票的发行数量为权重，按加权平均法计算得来。其计算公式为：

　　　本日股价指数 =（本日股票市价总值/基期股票市价总值）×100

随着上市股票种类和数量的增加，从 1992 年 2 月，上海证券交易所分别编制并公布 A 股指数和 B 股指数。其中，A 股指数以 1990 年 12 月 19 日为基期，B 股指数以 1992 年 2 月 21 日为基期。从 1993 年 5 月 3 日起按行业分别编制和公布工业、商业、地产业、公用事业和综合类五种股价指数。

2. 上证成分股指数

上证成分股指数又称上证180指数,是依据一定的标准,从在上海证券交易所上市的所有股票中选择180只有代表性的股票作为样本计算出来的股票指数。样本股的选择标准和步骤是:

(1) 根据总市值、流动市值、成交金额和换手率对股票进行排名。

(2) 按各行业的流通市值比例分配样本支数。

(3) 按照行业的样本分配数量在该行业内选取排名靠前的股票。

(4) 对各行业选取的样本进行进一步调整,使成分股的总数为180家。

上证成分股指数每年调整一次成分股,每次调整比例一般不超过10%。

(二) 深证指数

深证指数包括深证综合指数和深证成分股指数。

1. 深证综合指数

深证综合指数是深圳证券交易所股票综合指数的总称,包括深证综合指数、深证A股指数和深证B股指数。深证综合指数以在深圳证券交易所上市的全部股票为样本,以1991年4月3日为基期;深证A股指数以在深圳证券交易所上市的全部A股为样本,以1991年4月3日为基期;深证B股指数以在深圳证券交易所上市的全部B股为样本,以1992年2月28日为基期。深证综合指数、深证A股指数和深证B股指数基期指数定为100点,以指数股计算日股份数为权重进行加权平均计算求得。

2. 深证成分股指数

深证成分股指数由深圳证券交易所编制,是依据一定的标准选择500家在深圳证券交易所上市的公司股票作为成分股样本,以成分股的可流通股数为权重,采用加权平均法编制而成的。深证成分股指数包括深证成分股指数、成分A股指数和成分B股指数等形式。成分股指数以1994年7月20日为基期,基期指数为1 000点。

四、世界主要股票价格指数

世界各国证券市场一般有自己的股价指数,下面主要介绍几种在世界上影响较大的股票价格指数。

(一) 道·琼斯股票价格平均指数

道·琼斯股票价格平均指数,简称道·琼斯指数,是国际上历史最悠久、最有影响力、使用最广泛的股票价格指数,它被誉为反映西方经济的"晴雨表"。道·琼斯股票价格平均指数是由美国的道·琼斯公司计算和发布的。道·琼斯指数最初由11种股票组成。这一平均指数经过1897年、1916年、1928年和1938年四次变动,由11种逐步增加至32种,以后又增加至40种,至今有65种。道·琼斯股价指数以1928年10月1日为基期,基期指数为100点。

道·琼斯股票价格平均指数由一组股价平均数组成,共有五组指标组:工业股价平均数、运输业股价平均数、公用事业股价平均数、道·琼斯股票综合平均数、道·琼斯公正市价指数。

道·琼斯股票价格平均指数所选用的股票都有代表性，这些股票的发行公司都是本行业具有重要影响的著名公司，其股票行情为世界股票市场所瞩目，各国投资者都极为重视。为了保持这一特点，道·琼斯公司对其编制的股票价格平均指数所选用的股票经常予以调整，用更有代表性的公司股票替代那些失去代表性的公司股票。自1928年以来，仅用于计算道·琼斯工业股票价格平均指数的30种工商业公司股票，已有30次更换，几乎每两年就要有一个新公司的股票代替老公司的股票。公布道·琼斯股票价格平均指数的新闻载体——《华尔街日报》是世界金融界最有影响力的报纸。该报每天详尽报道其每个小时计算的采样股票平均指数、百分比变动率、每种采样股票的成交数额等，并注意对股票分股后的股票价格平均指数进行校正。在纽约证券交易营业时间里，每半小时公布一次道·琼斯股票价格平均指数。道·琼斯股票价格平均指数自编制以来从未间断，可以用来比较不同时期的股票行情和经济发展情况，成为反映美国股市行情变化最敏感的股票价格平均指数之一，是观察市场动态和从事股票投资的主要参考。当然，由于道·琼斯股票价格指数是一种成分股指数，它包括的公司仅占上市公司的极少部分，而且多是热门股票，且未将发展迅速的服务性行业和金融业的公司包括在内，所以它的代表性也一直受到人们的质疑和批评。

（二）金融时报指数

金融时报指数由伦敦《金融时报》编制，是英国最权威、最著名的股票价格指数，又称伦敦证券交易所股价指数。这一指数包括金融时报工业普通股票价格指数、金融时报100种股票交易指数、金融时报股票价格综合指数。

（三）日经股价指数

日经股价指数是由日本经济新闻社编制并公布的，用以反映日本股票市场价格变动的股价指数。日经股价指数从1950年9月开始编制，最初根据东京证券交易所第一市场上市的225家股票算出修正平均股价。日经股价指数现包括日经225种股价指数和日经500种股价指数，其中，常用的是日经225种股价指数。

（四）标准普尔股票价格指数

标准普尔股票价格指数简称标准普尔指数，是由美国最大的证券研究机构标准普尔公司于1923年开始编制和发表的，用以反映美国股票市场行情变化的股价指数，当时主要编制两种指数，一种包括90种股票，另一种包括480种股票。1957年采样股票扩大到500种，其中工业股票400种，运输业股票20种，公用事业股票40种，金融业股票40种。标准普尔指数的计算方法是加权平均法，它以每种股票的交易额为权重，计算出来的指数非常接近在纽约证券交易所上市股票的每股平均价格。因此，它能更真实地反映股票市场的行情。

（五）恒生指数

恒生指数是由我国的香港恒生银行于1969年11月24日编制的，反映我国的香港股票市场行情的股票价格指数。恒生指数挑选了33种有代表性的上市股票作为成分股，这些成分股涵盖金融业、公用事业、地产业和其他工商业等行业，都是香港最具代表性和实力雄厚的大公司。它们的市价总值大约占香港上市股票总市值的70%，因此，恒生指数能准确地反映市场股价变化情况,是衡量我国香港股市变动趋势的主要指标。

【复习思考题】
1. 证券投资市场具有哪些特征?
2. 证券投资市场与一般商品市场的区别主要表现在哪些方面?
3. 证券投资市场的基本功能主要有哪些?
4. 证券投资市场参与者主要包括哪些?
5. 证券投资市场产生的原因主要有哪些?
6. 证券市场的发展历史可归纳为哪几个阶段?
7. 简述中国证券投资市场的发展情况。
8. 海外证券市场的特点对我国证券市场的发展有什么启示?
9. 证券发行市场的作用主要表现在哪几个方面?
10. 证券发行市场由哪几部分构成?
11. 证券发行制度主要包括哪些?
12. 证券交易市场的作用主要表现在哪些方面?
13. 证券交易所的特征主要表现在哪些方面?
14. 证券交易所的职能主要包括哪些?
15. 场外交易市场的特征主要有哪些?
16. 场外交易市场的功能主要有哪些?
17. 我国的场外交易市场主要有哪些?
18. 我国证券上市的相关制度主要有哪些?
19. 简要概述我国证券交易的基本规则。
20. 简要概述我国证券交易流程。
21. 证券交易的参与者主要有哪些?
22. 证券交易所内的证券交易按什么原则竞价成交?
23. 简要概述我国证券上市的基本条件。
24. 简要概述我国证券上市的一般程序。
25. 我国证券上市的相关制度主要有哪些?
26. 简要概述我国证券结算的主要流程。
27. 投资者从事证券交易需要支付的交易费用,具体包括哪些?
28. 简述证券价格指数的特点和作用。
29. 影响证券价格指数的因素主要有哪些?
30. 全世界主要的股价指数有哪几种?

【实训任务】
1. 熟悉几款主要的证券软件,选择符合个人要求的软件。
2. 利用网络,从网站上下载和安装湘财证券的软件到电脑上;熟悉该系统软件的主要功能菜单;掌握该软件的主要功能,能利用软件进行证券的选择和分析;掌握该软件的使用技巧,能够熟练、快速地操作;了解该软件的维护和升级。

第三章 证券市场投资工具

第一节 股票

一、股票概述

(一) 股票的定义

股票是一种有价证券，它是股份公司发给股东作为投资入股的证书和借以取得股息的凭证。股票的签发主体是股份有限公司，股票的发行实行公平、公正的原则，股票一经发行，购买股票的投资者即成为公司的股东。股票实质上代表了股东对股份公司的所有权，股东凭借股票可以获得公司的股息和红利，参加股东大会并行使自己的权利，同时也承担相应的责任与风险。

股票作为一种所有权凭证，具有一定的格式，是一种要式证券。许多国家对股票票面格式有明确的规定，提出票面应载明的事项和具体要求。股票应载明的主要事项有公司名称、公司登记成立的日期、股票种类、票面金额及代表的股份数、股票的编号。股票由董事长签名，公司盖章。发起人的股票，应当标明"发起人股票"字样。

(二) 股票的特征

股票具有以下五个方面的特征。

1. 收益性

收益性是股票最基本的特征，它是指股票可以为持有人带来收益的特性。股票的收益可分成两类。一是来自股份公司。认购股票后，持有者即对发行公司享有经济权益，这种经济权益的实现形式是从公司领取股息和分享公司的红利。股息红利的数量取决于股份公司的经营状况和盈利水平。二是来自股票流通。股票持有者可以持股票到依法设立的证券交易场所进行交易,当股票的市场价格高于买入价格时,卖出股票就可以赚取差价收益。这种差价收益称为资本利得。

2. 风险性

股票风险的内涵是股票投资收益的不确定性,或者说实际收益与预期收益之间的偏离。投资者在买入股票时,对其未来收益会有一个预期,但真正实现的收益可能会高于或低于原先的预期,这就是股票的风险。风险本身是一个中性概念,但是,多数理性的投资者厌恶风险,如果要引导投资者投资风险较高的股票,就必须提供更高的预期收益,这就是"高风险高收益"。

3. 流通性

股票的流通性是指股票在不同投资者之间的可交易性。流通性通常以可流通的股票数量、股票成交量以及股价对交易量的敏感程度来衡量。一般来说,可流通股票越多,成交量越大,价格对成交量越不敏感,股票的流通性就越好;反之就越差。

4. 永久性

股票代表着股东的永久性投资,当然股票持有者可以出售股票而转让其股东身份,而对于股份公司来说,由于股东不能要求退股,所以通过发行股票募集到的资金,在公司存续期间是一笔稳定的自有资本。

5. 参与性

参与性是指股票持有人有权参与公司重大决策的特性。股票持有人作为股份公司的股东,有权出席股东大会,行使对公司经营决策的参与权。股东参与公司重大决策权利的大小通常取决于其持有股份数量的多少,如果某股东持有的股份数量达到决策所需要的有效多数时,就能实质性地影响公司的经营方针。

(三) 股票的类型

股票的种类很多,分类方法亦有差异。常见的股票类型如下。

1. 普通股票和优先股票

按股东享有权利的不同,股票可以分为普通股票和优先股票。

(1) 普通股票。普通股票是最基本、最常见的一种股票,其持有者享有股东的基本权利和义务。《公司法》规定,股东可以用货币出资,也可以用实物、知识产权、土地使用权等可以用货币估价并可以依法转让的非货币财产作价出资;但是,法律、行政法规规定不得作为出资的财产除外。股份有限公司成立后,即向股东正式交付股票。

普通股票的持有者是股份公司的基本股东,按照《公司法》的规定,公司股东除了依法享有资产收益、参与重大决策和选择管理者等权利外,还可以享有由法律和公司章程所规定的其他权利,如优先认股权、了解公司经营状况的权利、转让股票的权利等。普通股票的股利随公司盈利的高低而变化。在公司盈利较多时,普通股股东可获得较高的股利收益,但在公司盈利和剩余财产的分配顺序上列在债权人和优先股股东之后,故其承担的风险也较高。与优先股票相比,普通股票是标准的股票,也是风险较大的股票。根据其风险特征,普通股可分为以下几类。

①蓝筹股,指具备稳定的营利能力,在所属行业中占有重要支配地位,能定期分派优厚股利的大公司所发行的普通股票。

②成长股,指销售额和利润迅速增长,且其发展显著快于同行业的企业所发行的股票。

③收入股,也叫高息股,指能支付较高收益的普通股,其公司业绩比较稳定,代表为一些公用事业股票。

④周期股,指收益随着经济周期波动而波动的公司所发行的股票。航空工业、汽车工业、钢铁及化学工业等都属于此类。

⑤防守股,指在经济衰退时期或经济发展不确定因素较多的时候,那些高于社会平均收益且具有相对稳定性的公司所发行的普通股票。

⑥概念股,指适合某一时代潮流的公司所发行的、股价起伏较大的普通股票。

⑦投机股,指价格极不稳定或公司前景难以确定,具有较大投机因素的股票。在我国股票市场上,一些ST股票就是投机股的典型代表。

(2)优先股票。优先股票是指股东享有某些优先权利(如优先分配公司盈利和剩余财产权)的股票。优先股票与普通股票相比,具有以下的特征。

①股息率固定。普通股票的股息是不固定的,它取决于股份公司的经营状况和盈利水平。而优先股票在发行之时就约定了固定的股息率,无论公司经营状况和盈利水平如何变化,该股息率不变。

②股息分派优先。在股份公司盈利分配顺序上,优先股票排在普通股票之前。各国公司法对此一般都规定,公司盈利首先应支付债权人的本金和利息,缴纳税金;其次是支付优先股股息;最后才分配普通股股利。因此,从风险角度看,优先股票的风险小于普通股票。

③剩余资产分配优先。当股份公司因破产或解散进行清算时,在对公司剩余资产的分配上,优先股股东排在债权人之后、普通股股东之前,也就是说,优先股股东可优先于普通股股东分配公司的剩余资产,但一般是按优先股票的面值分配。

④一般无表决权。优先股股东权利是受限制的,最主要的是表决权限制。普通股股东参与股份公司的经营决策主要通过参加股东大会行使表决权,而优先股股东在一般情况下没有投票表决权,不享有公司的决策参与权。只有在特殊的情况下,如讨论涉及优先股股东权益的议案时,他们才能行使表决权。

2. 记名股票和不记名股票

股票按是否记载股东姓名,可以分为记名股票和不记名股票。

(1)记名股票。所谓记名股票,是指在股票票面和股份公司的股东名册上记载股东姓名的股票。很多国家的公司法对记名股票的有关事项有具体规定。一般来说,如果股票是归某人单独所有,则应记载持有人的姓名;如果股票是归国家授权投资的机构或者法人所有,则应记载国家授权投资的机构或者法人的名称;如果股票持有者因故改换姓名或者名称,就应到公司办理变更姓名或者名称的手续。对社会公众发行的股票,可以为记名股票,也可以为无记名股票。发行记名股票的,应当置备股东名册,记载下列事项:股东的姓名或者名称及住所、各股东所持股份数、各股东所持股票的编号、各股东取得股份的日期。记名股票有如下特点。

①股东权利归属于记名股东。对于记名股票来说,只有记名股东或其正式委托授权的代理人才能行使股东权。除了记名股东以外,其他持有者(非经记名股东转让和非经股份公司过户的)不具有股东资格。

②可以一次或分次缴纳出资。缴纳股款是股东基于认购股票而承担的义务。一般来说,

股东应在认购时一次性缴足股款。但是，基于记名股票所确定的股份公司与记名股东之间的特定关系，有些国家允许记名股东在认购股票时无须一次性缴足股款。

③转让相对复杂或受限制。记名股票的转让必须依据法律和公司章程规定的程序进行，而且要服从规定的转让条件。一般来说，记名股票的转让都必须由股份公司将受让人的姓名或名称、住所记载于公司的股东名册，办理股票过户登记手续，这样受让人才能取得股东的资格和权利。

④便于挂失，相对安全。记名股票与记名股东的关系是特定的，因此，如果股票遗失，记名股东的资格和权利并不消失，并可依据法定程序向股份公司挂失，要求公司补发新的股票。

（2）不记名股票。所谓不记名股票，是指在股票票面和股份公司股东名册上均不记载股东姓名的股票。不记名股票也称无记名股票，与记名股票的差别不是在股东权利等方面，而是在股票的记载方式上。不记名股票发行时一般留有存根联，它在形式上分为两部分：一部分是股票的主体，记载了有关公司的事项，如公司名称、股票所代表的股数等；另一部分是股息票，用于进行股息结算和行使增资权利。发行无记名股票的公司应当记载其股票数量、编号及发行日期。无记名股票有如下特点。

①股东权利归股票的持有人。

②认购股票时要求一次缴纳出资。

③转让相对简便。与记名股票相比，无记名股票的持有者只要向受让人交付股票便发生转让的法律效力，受让人取得股东资格不需要办理过户手续。

④安全性较差。因没有记载股东姓名的法律依据，无记名股票一旦遗失，原股票持有者便丧失股东权利，且无法挂失。

3. 有面额股票和无面额股票

股票按是否在股票票面上标明金额，可以分为有面额股票和无面额股票。

（1）有面额股票。所谓有面额股票，是指在股票票面上记载一定金额的股票。这一记载的金额也称票面金额、票面价值或股票面值。股票票面金额的计算方法是用资本总额除以股份数，而实际上很多国家通过法规予以直接规定，而且一般限定了这类股票的最低票面金额。另外，同次发行的面额股票，其每股票面金额是等同的。票面金额一般是以国家的主币为单位。大多数国家的股票是有面额股票。有面额股票具有如下特点。

①可以明确表示每一股所代表的股权比例。

②为股票发行价格的确定提供依据。我国《公司法》规定，股票发行价格可以按票面金额，也可以超过票面金额，但不得低于票面金额。

（2）无面额股票。所谓无面额股票，是指在股票票面上不记载股票面额，只注明它在公司总股本中所占比例的股票。无面额股票也称比例股票或份额股票。无面额股票的价值随股份公司资产的增减而相应增减。公司资产增加，每股价值上升；反之，公司资产减少，每股价值下降。无面额股票淡化了票面价值的概念，但仍然有内在价值，它与有面额股票的差别仅在表现形式上。也就是说，它们都代表着股东对公司资本总额的投资比例，股东享有同等的股东权利。20世纪早期，美国纽约州最先通过法律，允许发行无面额股票，以后美国其他州和其他一些国家也相继仿效。但目前世界上很多国家（包括我国）不允许发行这种股票。无面额股票有如下特点。

①发行或转让价格较灵活。由于没有票面金额,因而发行价格不受票面金额的限制。在转让时,投资者也不易受股票票面金额影响,而更注重分析每股的实际价值。

②便于股票分割。如果股票有面额,分割时就需要办理面额变更手续。由于无面额股票不受票面金额的约束,发行该股票的公司能比较容易地进行股票分割。

4. 其他分类

(1) A股、B股、H股、N股、S股。根据我国的特殊情况,我国上市公司股票又可分为A股、B股、H股、N股、S股等。A股,即人民币普通股,是由我国境内公司发行,供境内机构、组织或个人(不含我国港澳台地区的投资者)以人民币认购和交易的普通股股票。B股,即外币特种股票,是以外币标明面值,以外币认购和买卖,在上海证券交易所和深圳证券交易所上市交易的股票。最初,它的投资人为境外投资者及我国港澳台地区投资者,现已对我国境内投资者开放。上海证券交易所以美元计价,深圳证券交易所以港币计价。H股,即在内地注册,在我国香港特别行政区上市的外资股,我国香港特别行政区的英文是Hong Kong,取其字首,即为H股。以此类推,在纽约上市的股票为N股,在新加坡上市的股票为S股。

(2) 国有股、法人股、社会公众股和外资股。按投资主体的不同,我国现行的股票分为国有股、法人股、公众股和外资股等不同类型。国有股是指有权代表国家投资的部门或机构以国有资产向公司投资形成的股份,包括以公司现有国有资产折算成的股份。法人股是指企业法人或具有法人资格的事业单位和社会团体以其依法可经营的资产向公司非上市流通股权部分投资所形成的股份。社会公众股是指我国境内个人和机构,以其合法财产向公司可上市流通股权部分投资所形成的股份。外资股是指股份公司向外国和我国港澳台地区发行的股票,这是我国股份公司吸收外资的一种方式。外资股按上市地域可以分为境内上市外资股和境外上市外资股。

二、股票发行价格与发行费用

(一) 股票发行价格的种类

股票发行价格是指股票公开发售时投资者实际支付的价格。按照股票面额和发行价格的关系,股票的发行价格一般有以下几种:平价发行、溢价发行、时价发行(市价发行)、中间价发行、折价发行。

(二) 影响股票发行价格的因素

(1) 股份公司的净资产、经营、发展潜力等,可作为定价的重要参考。

(2) 发行数量。不考虑资金需求量,单从发行数量上考虑,若本次股票发行的数量较大,为了能保证销售期内顺利地将股票全部出售,取得预定金额的资金,价格应适当定得低一些;若发行量小,考虑到供求关系,价格可定得高一些。

(3) 行业特点。发行公司所处行业的发展前景会影响到公众对本公司发展前景的预期,同行业已经上市企业的股票价格水平,剔除不可比因素以后,也可以客观地反映本公司与其他公司之间的差异。如果本公司各方面均优于已经上市的同行业公司,则发行价格可定高一些;反之,则应低一些。此外,不同行业的不同特点也是决定股票发行价格的因素。

(4) 股市状态。二级市场的股票价格水平直接关系一级市场的发行价格。若股市处于"熊市",定价太高则无人问津,因此,价格要定得低一些;若股市处于"牛市",价格可以定得高一些。当然发行价格的确定要给二级市场的运作留有适当的余地,以免股票上市后在二级市场上的定位发生困难,影响公司的声誉。

(三) 股票发行价格的确定方法

1. 市盈率法

市盈率又称价格收益比或本益比,是指股票市场每股价格与每股收益的比值。运用市盈率法确定股票发行价格,首先应根据专业会计师审核后的盈利预测计算发行人的每股收益,其次根据二级市场的平均市盈率、发行人的行业状况、发行人的经营状况及其成长性等拟订发行市盈率,最后根据发行市盈率与每股收益的乘积决定发行价。每股收益的确定通常采用两种方法:全面摊薄法和加权平均法。

(1) 全面摊薄法。采用摊薄法计算新股发行价格时,先计算摊薄每股收益。其计算公式为:

$$摊薄每股收益 = 发行当年预测净利润 / 期末股份总数$$

$$新股发行价格 = 摊薄每股收益 \times 发行市盈率$$

(2) 加权平均法。采用加权平均法计算新股发行价格时,先计算加权平均每股收益。其计算公式为:

$$加权平均每股收益 = 发行当年预测净利润 / [发行前股本总数 + 本次公开发行数 \times (12 - 发行月份)/12]$$

$$新股发行价格 = 加权平均每股收益 \times 发行市盈率$$

2. 竞价确定法

投资者在指定时间内通过证券交易场所交易网络系统,以不低于发行底价的价格并按限购比例或数量进行认购委托,申购期满后,由交易场所的交易系统将所有有效申购按照"价格优先、同价位申报时间优先"的原则,将投资者的认购委托由高价位向低价位排队,并由高价位到低价位累计有效认购数量,累计数量恰好达到或超过本次发行数量的价格,即为本次发行的价格。如果在发行底价上仍不能满足本次发行股票的数量,则底价为发行价。发行底价由发行人和承销商根据发行人的经营业绩、盈利预测、项目投资的规模、市盈率、发行市场与股票交易市场上同类股票的价格及影响发行价格的其他因素共同研究协商确定。

3. 净资产倍率法

净资产倍率法又称资产净值法,指通过资产评估和相关会计手段确定发行人拟募股资产的每股净资产值,然后根据证券市场的状况将每股净资产值乘以一定的倍率,以此确定股票发行价格的方法。其计算公式为:

$$发行价格 = 每股净资产值 \times 溢价倍率$$

净资产倍率法在国外常用于房地产公司或资产现值要重于商业利益的公司的股票发行,但在国内一直未被采用。以此种方式确定每股发行价格不仅应考虑公平市值,还须考虑市场所能接受的溢价倍数。

4. 可比公司定价法

可比公司定价法是主承销商对可比较或具有代表性的同行业公司的股票发行价格和它们

的二级市场表现进行比较分析，然后以此为依据估算发行价格的定价方法。可比公司定价法虽然简单易行，但就像世界上不存在相同的两片树叶一样，市场上也不存在完全相同的两个公司。

5．现金流贴现法

现金流贴现法是通过预测公司未来若干年的自由现金流，并用恰当的贴现率（通常为加权平均资本成本）和终值来计算现金流和终值的现值，从而预测得出合理的公司价值和股权价值的方法。现金流贴现法分析了一个公司的整体情况，既考虑到资金的风险，也考虑到资金的时间价值，是理论上最完善的估值方法。然而，在实际使用过程中，现金流贴现法存在估值方法复杂、工作量大、贴现率以及永久增长率的预测在很大程度上基于主观判断、估值区间较大等缺陷。

（四）发行费用

发行费用指发行公司在筹备和发行股票过程中发生的费用。该费用可在股票发行溢价收入中扣除，主要包括以下三个部分。

1．中介机构费

支付给中介机构的费用包括承销费用、注册会计师费用（审计、验资、盈利预测审核等费用）、资产评估费用、律师费用等。

2．承销费用

承销费用一般根据发行人股票发行规模确定，发行的规模越大，承销费用总额越高。股票发行过程中的文件制作、印刷、散发、刊登发行公告和招股说明书等的费用，应由股票承销机构在承销费用中列支，发行人不得将上述费用计入承销费之外的发行费用。

3．其他费用

三、股票价值与价格

（一）股票的价值

股票的价值，就是用货币的形式来衡量的股票作为获利手段的价值。股票作为一种虚拟资本，其价值主要分为四种形式。

1．股票的票面价值

股票的票面价值即股票面值，它是股份有限公司在其所发行的股票上标明的票面金额，它以元（A股）为单位，股票面值的第一个作用是表明股票的认购者在股份公司投资中所占的比例，作为确认股东权利的根据；第二个作用就是在首次发行股票时，将股票的面值作为发行定价的一个依据。

2．股票的账面价值

股票的账面价值又称股票净值或每股净资产，是指每股股票所包含的实际资产的价值。它是股份有限公司财务报表的计算结果。公司资本额加上公司的各种公积金，再加上公司的累积盈余所得款额，成为公司账面净值总额。净值总额除以发行股票的股数就是每股的净值。可见，股票的账面价值实际上就是公司的"家产"，是公司经营管理者、证券分析师和投资者分析公司财务状况的重要指标。股份公司的账面价值高，则股东实际所拥有的财产就多;反之,股票的账面价值低,股东拥有的财产就少。

3. 股票的清算价值

股票的清算价值是指股份有限公司进行清算时,股票的每一股所代表的实际价值。公司解散时办理清算事宜的程序为变卖财产、收回债权、清偿债务、分配剩余财产,最终每股所能分到的剩余财产就是该股票的清算价值。从理论上讲,普通股股票的每股清算价值应当与每股的账面价值一致,但实际上,大多数股份有限公司在财产清算时,往往要压低价格才能出售其资产,这就使每股股票的清算价值低于账面价值,只有少数公司能用高于账面价值的清算价值出售其资产。

4. 股票的市场价值

股票的市场价值也称股票的市值,是指股票在股票市场上进行交易的过程中所具有的价值。股票的市场价值受市场各种因素的影响,是一种经常变动的数值,它直接反映了股票的市场行情。

5. 股票的内在价值

股票的内在价值是在某一时刻股票的真正价值,它也是股票的投资价值。计算股票的内在价值须用折现法。由于上市公司的寿命期间、上市公司的每股税后利润及社会平均投资收益率等都是未知数,所以股票的内在价值较难计算,在实际应用中,一般取预测值。

(二) 股票的价格

股票的价格可以分为发行价格、理论价格和市场价格三种主要形式。

1. 股票的发行价格

股票的发行价格是股份有限公司将股票公开发售给特定或非特定投资者所采用的价格。根据发行价与票面金额的不同,发行价格可以分为面值发行、折价发行和溢价发行。一般而言,在确定股票发行价格时,应综合考虑公司的盈利水平、发展潜力、发行数量、行业特点以及股市状态等影响股价的基本因素。股票发行价格的确定有以下三种情况。

(1) 股票的发行价格就是股票的票面价值。

(2) 股票的发行价格以股票在流通市场上的价格为基准来确定。

(3) 股票的发行价格在股票面值与市场流通价格之间,通常在对原有股东有偿配股时采用这种价格。

国际市场上确定股票发行价格的参考公式是:

股票发行价格 = 市盈率还原值×40% + 股息还原率×20% + 每股净值×20% +
预计当年股息与一年期存款利率还原值×20%

这个公式全面地考虑了影响股票发行价格的若干因素,如利率、股息、流通市场的股票价格等,值得借鉴。

2. 股票的理论价格

股票代表的是持有者的股东权。这种股东权的直接经济利益,表现为股息、红利收入。股票的理论价格,就是为获得这种股息、红利收入的请求权而付出的代价,是股息资本化的表现。计算股票的理论价格需要考虑的因素包括预期股息和必要收益率。按照等量资本获得等量收入的理论,如果股息率高于利息率,人们对股票的需求就会增加,股票价格就会上涨,股息率就会下降,会一直下降到股息率与市场利率大体一致。按照这种分析,可以得出股票的理论价格公式：

$$股票理论价格 = 股息红利收益/市场利率。$$

在现实中，股票理论价格与股票实际价格并不一致，但是计算它有着特殊意义，即它能为预测股票市场价格的变动趋势提供重要依据，所以投资者常用股票理论价格来分析研究或预测股票市场价格变动的规律，为投资决策提供参考依据。

3. 股票的市场价格

股票的市场价格是股票在交易市场上流通转让时的价格。它的最大特点是价格的不确定性。股票的流通买卖是股票持有人行使处分权的结果，其价格由双方当事人随行就市来确定。股票的市场价格又可分为开盘价格、收盘价格、最高价格、最低价格、平均价格、最新价等。

股票的市场价格计算方法常用市盈率法。其中市盈率又称价格收益比或本益比，其计算公式为：

$$市盈率 = 每股价格/每股收益$$

如果能分别估计出公司股票的行业平均市盈率和公司每股收益，那么就能估算出公司股票市场价格，计算公式为：

$$V_s = 行业平均市盈率 \times 公司每股收益。$$

市盈率估价方法主要应用于以下情况。

（1）进行横向比较评估，确定公司发行价格。例如甲、乙两公司，行业相同，股本规模相似，在确定乙公司发行价格时，如已知甲公司的市盈率为 20 倍，每股收益为 0.5 元，则可计算出甲公司的价值：$V_s = 0.5$ 元 $\times 20$ 倍 $= 10$ 元，据此价格进行横向比较评估，就可以确定乙公司发行价格。

（2）纵向比较估价，通过预测每股收益的变化而估价。例如，某公司估计未来两年盈利为 2 元/股，三年平均市盈率为 25，两年后的价格可能会达到 50（2×25）元。这种方法主要优点是简便，但随意性大。

（三）影响股票投资价值的因素

1. 影响股票投资价值的内部因素

一般来讲，影响股票投资价值的内部因素主要包括公司净资产、公司盈利水平、公司的股利政策、股份分割、增资和减资以及公司资产重组等。

（1）公司净资产。净资产或资产净值是总资产减去总负债后的净值，是全体股东的权益，是决定股票投资价值的重要基准。公司经过一段时间的营运，其资产净值必然有所变动。股票作为投资的凭证，每一股代表一定数量的净值。从理论上讲，净值应与股价保持一定比例，即净值增加，股价上涨；净值减少，股价下跌。

（2）公司盈利水平。公司业绩好坏集中表现于盈利水平高低。公司的盈利水平是影响股票投资价值的基本因素之一。在一般情况下，预期公司盈利增加，可分配的股利也会相应增加，股票市场价格上涨；预期公司盈利减少，可分配的股利相应减少，股票市场价格下降。但值得注意的是，股票价格的涨跌和公司盈利的变化并不完全同时发生。

（3）公司的股利政策。股份公司的股利政策直接影响股票投资价值。在一般情况下，股票价格与股利水平成正比。股利水平越高，股票价格越高；反之，股利水平越低，股票价格越低。股利来自公司的税后盈利,但公司盈利的增加只为股利分配提供了可能,并非盈利增加股利一定增加。公司为了合理地在扩大再生产和回报股东之间分配盈利,会有一定的股利政策。股利政策体现了公司的经营作风和发展潜力,不同的股利政策对各期股利收入有不同影响。此外,公司对股利的分配方式也会给股价波动带来影响。

(4) 股份分割。股份分割又称拆股或拆细,是将原有股份均等地拆成若干较小的股份。股份分割一般在年度决算月份进行,通常会刺激股价上升。股份分割给投资者带来的不是现实的利益,因为股份分割前后投资者持有的公司净资产和以前一样,得到的股利也相同。但是,投资者持有的股份数量增加了,给投资者带来了今后可多分股利和更高收益的预期,因此股份分割往往比增加股利分配对股价上涨的刺激作用更大。

(5) 增资和减资。公司因业务发展需要增加资本额而发行新股的行为,对不同公司股票价格的影响不尽相同。在没有产生相应效益前,增资可能会使每股净资产下降,因而可能会导致股价下跌。但对那些业绩优良、财务结构健全、具有发展潜力的公司而言,增资意味着将增加公司经营实力,会给股东带来更多回报,股价不仅不会下跌,可能还会上涨。公司宣布减资,多半是因为经营不善、亏损严重、需要重新整顿,所以股价会下降。

(6) 公司资产重组。公司重组总会引起公司价值的巨大变动,因而其股价也随之产生剧烈的波动。但需要分析公司重组对公司是否有利,重组后是否会改善公司的经营状况,这些是股价变动的决定因素。

2. 影响股票投资价值的外部因素

一般来讲,影响股票投资价值的外部因素主要包括宏观经济因素、行业因素及市场因素。

(1) 宏观经济因素。宏观经济走向和相关政策是影响股票投资价值的重要因素。宏观经济走向包括经济周期、通货变动以及国际经济形势等因素。国家的货币政策、财政政策、收入分配政策和对证券市场的监管政策等,也都会对股票的投资价值产生影响。

(2) 行业因素。产业的发展状况和趋势对于该产业上市公司的影响是巨大的,因而产业的发展状况和趋势、国家的产业政策和相关产业的发展等都会对该产业上市公司的股票投资价值产生影响。

(3) 市场因素。证券市场上投资者对股票走势的心理预期会对股票价格走势产生重要的影响。市场中的散户投资者往往有从众心理,对股市产生助涨或助跌的作用。

四、股票投资收益

股票投资收益是指股票持有者因拥有股票所有权而获得的超出股票实际购买价格的收益,往往由股利、资本利得和资本增值收益组成。投资收益受本金的影响,在评价投资收益时,一般以收益额与投资额的百分比表示,这一比例称为收益率。评价一种投资产品是否值得投资,最直接、最简单的方法就是计算其收益率。

(一) 股利

股利是指股票持有人依据股票从公司获取的盈利。通常,股份有限公司在会计年度结束后,将一部分净利润作为股利分配给股东。其中,优先股股东按照固定股息率优先获得固定股息,普通股股东则按剩余利润获得红利。股利的税后净利润是公司分配红利的最高限额,但因其要做必要的公积金、公益金的扣除,公司实际发放的红利总是要少于税后利润。股利的具体形式主要有现金股息、股票股利、财产股利、建设股利、负债股利。

(二) 股票投资的资本利得

股票投资者可以在股票流通市场上出售股票以收回本金、获得盈利,也可以利用股票价格的波动低买高卖赚取差价收益。股票买入价和卖出价之间的差价就是资本利得。资本利得可正可负,当股票的买入价高于卖出价的时候,资本利得为负,称为资本的损失;当股票的买入价低于卖出价的时候,资本利得为正,称为资本收益。资本利得主要取决于股份公司的经营业绩和股价的波动情况,同时和投资者的投资心态、投资经验和技巧有很大的关系。

(三) 资本增值收益

股票投资获得增值收益的形式是送股,但送股的资金不是来自公司当年的可分配盈利,而是来自公司提取的公积金,即公积金转增资本。公司的公积金来源有以下几项:一是股票溢价发行时,超过股票面值的溢价部分列入公司的资本公积金;二是依据《公司法》的规定,每年从税后利润中按10%的比例提成部分法定公积金;三是股东大会决议后提取的任意公积金;四是公司经过若干年经营以后资产重估增值部分;五是公司从外部获得的赠与资产,如从政府部门、国外部门及其他公司等处得到的赠与资产。公司提取的公积金有法定公积金和任意公积金。很多国家的公司法规定,法定公积金可以转化为资本,也可以用来弥补亏损,但不能作为红利分派。提取任意公积金主要是为了将来的不时之需。资本增值收益是长期投资者选择优质公司股票后长期持有的主要投资目的。

五、股份变动与股利政策

(一) 股份变动

1. 增发

增发指公司因业务发展需要增加资本额而发行新股。上市公司可以向公众公开增发,也可以向少数特定机构或个人增发。增发之后,公司注册资本相应增加。

增资之后,若会计期内增量资本未能产生相应效益,将导致每股收益下降,则称为稀释效应,会导致股价下跌;从另一角度看,若增发价格高于增发前每股净资产,则增发后可能会导致公司每股净资产提升,有利于股价上涨;再有,增发总体上增加了发行在外的股票总量,短期内增加了股票供给,若无相应需求增长,股价可能下跌。

2. 配股

配股是面向原有股东,按持股数量的一定比例增发新股,原股东可以放弃配股权。现实中,由于配股价通常低于市场价格,配股上市之后可能导致股价下跌。但在实践中我们也经常发现,对那些业绩优良、财务结构健全、具有发展潜力的公司而言,增发和配股意味着将增加公司经营实力,给股东带来更多回报,股价不仅不会下跌,还可能会上涨。

3. 转增股本

转增股本是将原本属于股东权益的资本公积转为实收资本,股东权益总量和每位股东占公司的股份比例均未发生变化,唯一的变动是发行在外的总股数增加。因此,与股票股利类似,理论上说,转增之后,每股价格相应向下调整。但是在现实中,由于人们对高比例转增股本的公司未来利润增长前景通常具有较高期望,转增往往会带来股价上涨。

4. 股份回购

上市公司利用自有资金,从公开市场上买回发行在外的股票,称为股份回购。通常,股份回购会导致公司股价上涨。原因主要包括:首先,股份回购改变了原有供求平衡状态,增加需求,减少供给;其次,公司通常在股价较低时实施回购行为,而市场一般认为公司基于信息优势进行的内部估值比外部投资者的估值更准确,从而向市场传达了积极的信息。

(二)股利政策

股利政策是指股份公司对公司经营获得的盈余公积和应付利润采取现金分红或派息、发放红股等方式回馈股东的制度与政策。股利政策体现了公司的发展战略和经营思路,稳定可预测的股利政策有利于股东利益最大化,是股份公司稳健经营的重要指标。它一般包括如下几种方式。

1. 派现

派现也称现金股利,指股份公司以现金分红方式将盈余公积和当期应付利润的部分或全部发放给股东,股东为此应支付所得税。

2. 送股

送股也称股票股利,是指股份公司对原有股东采取无偿派发股票的行为。送股时,将上市公司的留存收益转入股本账户,留存收益包括盈余公积和未分配利润,现在的上市公司一般只将未分配利润部分送股。送股实质上是留存利润的凝固化和资本化,表面上看,送股后,股东持有的股份数量因此而增长,其实股东在公司里占有的权益份额和价值均无变化。投资者获上市公司送股时也要缴纳所得税。

3. 资本公积金转增股本

资本公积金是在公司的生产经营之外,有资本、资产本身及其他原因形成的股东权益收入。股份公司的资本公积金,主要源于股票发行的溢价收入、接受的赠与、资产增值、因合并而接受其他公司资产净额等。其中,股票发行溢价是上市公司最常见、最主要的资本公积金来源。资本公积金转增股本是在股东权益内部,把公积金转到"实收资本"或者"股本"账户,并按照投资者所持有公司的股份份额比例分到各个投资者的账户中,以此增加每个投资者的投入资本。资本公积金转增股本同样会增加投资者持有的股份数量,但实质上它不属于利润分配行为,因此投资者无须纳税。

(三)四个重要日期

与股利政策相对应,还会形成四个重要日期。

1. 股利宣布日

股利宣布日,即公司董事会将分红派息的消息公布于众的时间。此时的股票称为含权股票,即股东大会已通过分配方案但尚未实施的股票。

2. 股权登记日

股权登记日,即统计和确认参加本期股利分配的股东的日期。在此日期持有公司股票的股东，方能享受股利发放。

3. 除权除息日

除权除息日，通常为股权登记日之后的 1 个工作日，本日之后（含本日）买入的股票不再享有本期股利。从理论上说，除息日股票价格应下降到与每股现金股利相同的数额，除权日股票价格应按送股比例同步下降。但在实践中，除权除息后，股价变化与理论价格之间通常会存在差异。

除权除息日之后，股票走势会形成两种情况，即填权和贴权。所谓的填权就是股票除权除息之后，在 K 线图上会形成一个除权缺口，若该股票市场价格上涨，将除权缺口封闭掉，即称为填权，在牛市中填权的可能性较大。所谓的贴权就是股票除权除息后在 K 线图上会形成一个除权缺口，若该股票市场价格下跌，离股权登记日的价格就越来越远，这一现象称为贴权，熊市中贴权可能性较大。

4. 派发日

派发日，即股利正式发放给股东的日期。根据证券存管和资金划转的不同效率，通常会在几个工作日之内到达股东账户。

证券交易所在上市证券发生分红送配的情况时，会在权益登记日（B 股为最后交易日）次一交易日对该证券作除权除息处理。在除权（息）日，上市证券简称前往往会加上 XR、XD 和 DR 等字母，它们的含义如下：XR 是英文 EX-Right 的简称，表示当天除息；XD 是英文 EX-Dividend 的简称，表示当天除权；DR 则是将前面两者结合起来，表示当天既除息又除权。除权（息）参考价格的计算公式为：

除权（息）参考价格 =［（前收盘价格－现金红利）+配（新）股价格×流通股份变动比例］/（1＋流通股份变动比例）

【例 3.1】某上市公司的分红方案为每 10 股派现 3.6 元，股权登记日收盘价为 6.27 元，求其除息日开盘的参考报价。

计算过程如下。

该股票除息日开盘的参考报价 = 6.27 -（3.6÷10）= 5.91（元）

【例 3.2】某上市公司的分红方案为每 10 股送 5 股并派现 1.6 元，股权登记日收盘价为 6.7 元。

（1）求其除权除息日开盘的参考报价。

（2）如果某投资者的买入成本为 5.4 元，求其除权后的每股成本。

计算过程如下。

（1）该股票除息日开盘的参考报价 =（6.7 - 0.16）÷（1 + 0.5）= 4.36（元）

（2）该投资者配股后的每股成本 =（5.4 - 0.16）÷（1 + 0.5）= 3.49（元）

【例 3.3】某上市公司于 2020 年实施配股，其方案为向全体股东每 10 股配 3 股，配股价为每股人民币 10.12 元。股权登记日为 2020 年 8 月 6 日，当天收盘价为 14.53 元。请问：

（1）某投资者于 2020 年 8 月 6 日 13：40 买入该股票，该投资者能不能获得此次配股权？

（2）某投资者于 2020 年 8 月 7 日 13：40 买入该股票，该投资者能不能获得此次配股权？

（3）计算除权（息）日该股票开盘的参考报价。

（4）若某投资者于 2020 年 7 月 12 日以每股 15.30 元的价格买入并一直持有该股，假设其参与了此次配股，计算其配股后的每股成本。

计算过程如下。

股权登记日为2020年8月6日,则除权(息)日为2020年8月7日。所以:

(1) 该投资者能获得此次配股权。

(2) 该投资者不能获得此次配股权。

(3) 除权(息)日该股票开盘的参考报价 = (14.53 + 10.12 × 0.3) ÷ (1 + 0.3)
= 13.51(元)

(4) 该投资者配股后的每股成本 = (15.30 + 10.12 × 0.3) ÷ (1 + 0.3) = 14.10(元)

另外,我国有关制度还规定,证券发行人认为有必要调整上述计算公式的,可以向证券交易所提出调整申请并说明理由。证券交易所认为必要时,可调整除权(息)价计算公式,并予以公布。

除权(息)日的证券买卖,除了证券交易所另有规定的以外,按除权(息)价作为计算涨跌幅度的基准。

另外,在权证业务中,标的证券除权、除息,对权证行权价格会有影响,因此需要调整。根据有关规定,标的证券除权、除息的,权证的发行人或保荐人应对权证的行权价格、行权比例进行相应调整并及时提交证券交易所。

标的证券除权的,权证的行权价格和行权比例分别按下列公式进行调整:

新行权价格 = 原行权价格 × (标的证券除权日参考价/除权前一日标的证券收盘价)

新行权比例 = 原行权比例 × (除权前一日标的证券收盘价/标的证券除权日参考价)

标的证券除息的,行权比例不变,行权价格按下列公式调整:

新行权价格 = 原行权价格 × (标的证券除息日参考价/除息前一日标的证券收盘价)

第二节 债券

一、债券概述

债券是一种有价证券,是社会各类经济主体为筹集资金而向债券投资者出具的、承诺按一定利率定期支付利息并到期偿还本金的债权债务凭证。债券所规定的资金借贷双方的权责关系主要有:第一,所借贷货币资金的数额;第二,借贷的时间;第三,在借贷时间内的资金成本或应有的补偿(即债券的利息)。债券所规定的借贷双方的权利义务关系包含四个方面的含义:第一,发行人是借入资金的经济主体;第二,投资者是出借资金的经济主体;第三,发行人必须在约定的时间付息还本;第四,债券反映了发行者和投资者之间的债权债务关系,而且是这一关系的法律凭证。

(一)债券的票面要素

债券作为证明债权债务关系的凭证,一般按一定格式的票面形式来表现。通常,债券票面上有四个基本要素。

1. 债券的票面价值

债券的票面价值是债券票面标明的货币价值,是债券发行人承诺在债券到期日偿还给债券持有人的金额。债券票面金额的确定要综合考虑债券的发行对象、市场资金供给情况及债券发行费用等因素。

2. 债券的到期期限

债券的到期期限是指债券从发行之日起至偿清本息之日止的时间,也是债券发行人承诺履行合同义务的全部时间。发行人在确定债券期限时,要考虑多种因素的影响,主要有以下因素。

(1) 资金使用方向。债务人借入资金可能是为了弥补临时性资金周转的短缺,也可能是为了满足对长期资金的需求。在前种情况下可以发行短期债券,在后种情况下可以发行中长期债券。这样安排的好处是既能保证发行人的资金需要,又不因占用资金时间过长而增加利息负担。

(2) 市场利率变化。债券偿还期限的确定应根据对市场利率的预期,相应选择有助于减少发行者筹资成本的期限。一般来说,当未来市场利率趋于下降时,应选择发行期限较短的债券,可以避免市场利率下跌后仍须支付较高的利息;而当未来市场利率趋于上升时,应选择发行期限较长的债券,这样能在市场利率趋高的情况下保持较低的利息负担。

(3) 债券的变现能力。这一因素与债券流通市场发育程度有关。如果流通市场发达,债券容易变现,长期债券较能被投资者接受;如果流通市场不发达,投资者买了长期债券而又急需资金时不易变现,长期债券的销售就可能不如短期债券。

3. 债券的票面利率

债券的票面利率也称名义利率,是债券年利息与债券票面价值的比率,通常年利率用百分数表示。利率是债券票面要素中不可缺少的内容。

在实际经济生活中,债券利率有多种形式,如单利、复利和贴现利率等。债券利率亦受很多因素影响,主要有以下几种。

(1) 借贷资金市场利率水平。市场利率较高时,债券的票面利率应也相应较高;否则,投资者会选择其他金融资产投资而舍弃债券。而市场利率较低时,债券的票面利率也相应较低。

(2) 筹资者的资信。如果债券发行人的资信状况好,债券信用等级高,投资者的风险小,债券票面利率可以定得比其他条件相同的债券低一些;如果债券发行人的资信状况差,债券信用等级低,投资者的风险大,债券票面利率就需要定得高一些。此时的利率差异反映了信用风险的大小,高利率是对高风险的补偿。

(3) 债券期限长短。一般来说,期限较长的债券流动性差,风险相对较大,票面利率应该定得高一些;而期限较短的债券流动性强,风险相对较小,票面利率就可以定得低一些。但是,债券票面利率与期限的关系较复杂,还受其他因素的影响,所以有时也会出现短期债券票面利率高而长期债券票面利率低的现象。

4. 债券发行者名称

债券发行者名称指明了该债券的债务主体,既明确了债券发行人应履行对债权人偿还本息的义务,也为债权人到期追索本金和利息提供了依据。

需要说明的是,以上四个要素虽然是债券票面的基本要素,但它们并非一定在债券票面上印制出来。另外,债券票面上有时还包含一些其他要素,如,有的债券具有分期偿还的特征,在债券的票面上或发行公告中附有分期偿还时间表;有的债券附有一定的选择权,即发行契约中赋予债券发行人或持有人某种选择的权利,包括附有赎回选择权条款的债券、附有出售选择权条款的债券、附有可转换条款的债券、附有交换条款的债券、附有新股认购权条款的债券等。

(二) 债券的特征

1. 偿还性

偿还性是指债券有规定的偿还期限,债务人必须按期向债权人支付利息和偿还本金。这一特征与股票的永久性有很大的区别。在历史上,曾有国家发行过无期公债或永久性公债。这种公债无固定偿还期,持券者不能要求政府清偿,只能按期取息,但这只能视为特例,不能因此而否定债券具有偿还性的一般特性。

2. 流动性

流动性是指债券持有人可按需要和市场的实际状况,灵活地转让债券,以提前收回本金和实现投资收益。流动性首先取决于市场为转让所提供的便利程度,其次取决于债券在迅速转变为货币时是否在以货币计算的价值上蒙受损失。

3. 安全性

安全性是指债券持有人的收益相对稳定,不随发行者经营收益的变动而变动,并且可按期收回本金。债券不能收回投资的风险有两种情况。

(1) 债务人不履行债务,即债务人不能按时、足额按约定的利息支付或者偿还本金。不同的债务人不履行债务的风险程度是不一样的,一般政府债券不履行债务的风险最低。

(2) 流通市场风险,即债券在市场上转让时因价格下跌而承受损失。许多因素会影响债券的转让价格,其中较重要的是市场利率水平。

4. 收益性

收益性是指债券能为投资者带来一定的收入,即债券投资的报酬。在实际经济活动中,债券收益可以表现为三种形式:一是利息收入,即债权人在持有债券期间按约定的条件分期、分次取得利息或者到期一次取得利息;二是资本损益,即债权人到期收回的本金与买入债券或中途卖出债券与买入债券之间的价差收入;三是再投资收益,即投资债券所获现金流量再投资的利息收入,受市场收益率变化的影响。

(三) 债券的类型

债券可以依据不同的标准进行分类。

1. 按发行主体分类

根据发行主体的不同,债券可以分为政府债券、金融债券、公司债券和国际债券。

(1) 政府债券。政府债券又称公债,指的是中央政府和地方政府发行的一种格式化的债权债务凭证。政府债券又可以分为中央政府债券和地方政府债券。

①中央政府债券。中央政府债券即国债,指由中央政府直接发行的债券,主要用于弥补预算赤字及进行国家投资的重点项目建设。国债和其他债券相比有以下三个特点。一是安全度高。国债是所有各类债券中风险最低的,一般情况下无违约风险。二是期限跨度大,品种多。根据筹资的目的不同,国债可有不同的期限,有短期债券、中期国债、长期债券。从发行品种来看,有贴现债券、付息债券,也有实物债券、记账债券和凭证式债券。不同期限和

品种的债券构成了品种丰富的国债系列,满足了不同层次投资者的需求。三是免缴所得税。国债的利息收入一般可以免缴所得税。例如我国政府规定,国债的利息收入可免缴个人所得税和企业所得税,这一优惠条件可使投资者的实际收入增加。

②地方政府债券。地方政府债券又称地方债券,指由地方政府及其代理机构或授权机构发行的一种债券,主要用于公共设施建设、住房建设和教育等支出。地方政府债券以地方政府收入为担保,与国债相比,安全程度略差,因此发行量小,流通性也比不上国债,但收益率常在国债之上。

(2) 金融债券。金融债券是由银行或非银行金融机构发行的债券。金融债券往往也有良好的信用。金融债券的发行目的主要有两个方面:一是用于某种特殊用途,如我国发行金融债券主要作为特种贷款发放,用于一些重点项目建设;二是改变本身的资产负债结构,对于金融机构来说,通过连续不断地发行金融债券,可作为银行长期资金的主要来源。

(3) 公司债券。广义的公司债券通常又称企业债券,是企业和股份有限公司为筹集资金而对外发行的、约定在一定期限内还本付息的债券。狭义的公司债券仅指股份公司发行的债券。公司债券发行的主要目的是筹措长期发展的资金,满足其生产经营的所需资金。公司债券是一种风险较大的债券,其票面利率常高于政府债券和金融债券。

(4) 国际债券。国际债券是指一国借款人在国际证券市场上以外国货币为面值,向外国投资者发行的债券。国际债券的发行人主要是各国政府、政府所属机构、银行或其他金融机构、工商企业及一些国际组织等。国际债券的投资者主要是银行或其他金融机构、各种基金会、工商财团和自然人,同国内债券相比,其特征有四个:一是资金来源广、发行规模大;二是存在汇率风险;三是有国家主权保障;四是以自由兑换货币作为计量货币。

国际债券从不同的角度可分为不同的类别,主要有外国债券和欧洲债券。

2. 按付息方式分类

根据债券合约条款中是否规定在约定期限向债券持有人支付利息,可分为贴现债券、附息债券和息票累积债券三类。

(1) 贴现债券。贴现债券又被称为"贴水债券",是指在票面上不规定利率,发行时按某一折扣率,以低于票面金额的价格发行,发行价与票面金额之间的差额相当于预先支付的利息,到期时按面额偿还本息的债券。

(2) 附息债券。附息债券的债券合约中明确规定,在债券存续期内,向持有人定期支付利息(通常每半年或每年支付一次)。按照计息方式的不同,这类债券还可细分为固定利率债券和浮动利率债券两大类。其中,有些附息债券可以根据合约条款推迟支付定期利率,故称为缓息债券。

(3) 息票累积债券。息票累积债券也规定了票面利率,但是,债券持有人必须在债券到期时一次性获得本息,存续期间没有利息支付。

一次还本付息债券是指在债务期间不支付利息,只在债券到期后按规定的利率一次性向持有者支付利息并还本的债券。我国的一次还本付息债券可视为零息债券(无息债券)。

3. 按债券形态分类

债券有不同的形式,根据债券券面形态可以分为实物债券、凭证式债券和记账式债券。

(1) 实物债券。实物债券是一种具有标准格式实物券面的债券。在标准格式的债券券面上,一般印有债券面额、债券利率、债券期限、债券发行人全称、还本付息方式等各种债券票面要素。有时债券利率、债券期限等要素也可以通过公告向社会公布,而不再在债券券面上注明。

(2) 凭证式债券。凭证式债券是债权人认购债券的一种收款凭证,而不是债券发行人制定的标准格式的债券。我国近年通过银行系统发行的凭证式国债,券面上不印制票面金额,而是根据认购者的认购额填写实际的缴款金额,是一种国家储蓄债,可记名、挂失,以"凭证式国债收款凭证"记录债权,不能上市流通,从购买之日起计息。在持有期内,持券人如遇特殊情况需要提取现金,可以到原购买网点提前兑取。提前兑取时,除偿还本金外,利息按实际持有天数及相应的利率档次计算,办理机构按兑付本金的标准收取手续费。

(3) 记账式债券。记账式债券是没有实物形态的票券,只在电脑账户中加以记录。在我国,上海证券交易所和深圳证券交易所已为证券投资者建立了电脑证券账户,因此,可以利用证券交易所的交易系统来发行债券。投资者进行记账式债券买卖,必须在证券交易所设立账户。由于记账式债券的发行和交易均无纸化,所以效率高、成本低、交易安全。

二、债券与股票的比较

(一) 债券与股票的相同点

1. 两者都属于有价证券

债券和股票作为有价证券体系中的一员,是虚拟资本,它们本身无价值,但又都是真实资本的代表。持有债券或股票,都有可能获取一定的收益,并能行使各自的权利和流通转让。债券和股票都在证券市场上交易,并构成了证券市场的两大支柱。

2. 两者都是筹措资金的手段

债券和股票都是有关经济主体为筹资需要而发行的有价证券。经济主体在社会经济活动中必然会产生对资金的需求,从资金融通角度看,债券和股票都是筹资手段。与向银行贷款等间接融资相比,发行债券和股票筹资的数额大、时间长、成本低,且不受贷款银行的条件限制。

3. 两者的收益率相互影响

从单个债券和股票看,它们的收益率经常会产生差异,而且有时差距还很大。但是,总体而言,如果市场是有效的,则债券的平均利率和股票的平均收益率会保持相对稳定的关系,其差异反映了两者风险程度的差别。

(二) 债券与股票的区别

1. 两者权利不同

债券是债权凭证,债券持有者与债券发行人之间的经济关系是债权债务关系,债券持有者只可按期获取利息及到期收回本金，无权参与公司的经营决策。股票则不同，股票是所有权凭证，股票所有者是发行股票公司的股东，股东一般拥有表决权，可以通过参加股东大会选举董事、参与公司重大事项的审议和表决，行使对公司的经营决策权和监督权。

2. 两者目的不同

发行债券是出于公司追加资金的需要，它属于公司的负债，不是资本金。发行股票则是出于股份公司创办企业和增加资本的需要，筹措的资金列入公司资本。而且，发行债券的经济主体很多，中央政府、地方政府、金融机构、公司企业等一般可以发行债券，但能发行股票的经济主体只有股份有限公司。

3. 两者期限不同

债券一般有规定的偿还期，期满时债务人必须按时归还本金，因此债券是一种有期投资。股票通常是不能偿还的，一旦投资入股，股东便不能从股份公司抽回本金，因此股票是一种无期投资，或称永久投资，但是股票持有者可以通过市场转让收回投资资金。

4. 两者收益不同

债券通常有规定的利率，可获固定的利息。股票的股息红利不固定，一般视公司经营情况而定。

5. 两者风险不同

股票风险较大，债券风险相对较小。其原因是：第一，债券利息是公司的固定支出，属于费用范围，股票的股息红利是公司利润的一部分，公司有盈利才能支付，而且支付顺序列在债券利息支付和纳税之后；第二，倘若公司破产，清理资产有余额偿还时，债券偿付在前，股票偿付在后；第三，在二级市场上，债券因其利率固定，期限固定，市场价格也较稳定，而股票无固定期限和利率，受各种宏观因素和微观因素的影响，市场价格波动频繁，涨跌幅度也较大。

三、债券的信用评级

债券信用评级是以企业或经济主体发行的有价债券为对象进行的信用评级，它是对具有独立法人资格企业所发行某一特定债券，按期还本付息的可靠程度进行评估，并标示其信用程度的等级。这种信用评级，为投资者购买债券和证券市场债券的流通转让活动提供了信息服务。国家财政发行的国库券和国家银行发行的金融债券，由于有政府的保证，因此不参加债券信用评级。地方政府或非国家银行金融机构发行的某些有价证券，则有必要进行评级。

（一）债券评级主要内容

由于债券筹资的筹资数额巨大，所以对发行单位进行资信评级是必不可少的一个环节。

评级的主要内容包括四个方面：一是分析债券发行单位的偿债能力；二是考察发行单位能否按期付息；三是评价发行单位的费用；四是考察投资人承担的风险程度。

（二）债券评级的等级标准

1. 等级标准

（1）A级债券。A级债券是最高级别的债券，被称为信誉良好的"金边债券"，其特点包括：本金和收益的安全性最大；受经济形势影响的程度较小；收益水平较低，筹资成本也低，利率的变化比经济状况的变化更为重要。

（2）B级债券。B级债券的特点是：债券的安全性、稳定性及利息收益会受到经济中不稳定因素的影响；经济形势的变化对这类债券的价值影响很大；投资者冒一定风险，但收益水平较高，筹资成本与费用也较高。因此，对B级债券的投资，投资者必须具有选择与管理证券的良好能力。对于愿意承担一定风险，又想取得较高收益的投资者，投资B级债券是较好的选择。

（3）C级和D级债券。C级和D级债券是投机性或赌博性的债券。从正常投资角度来看，没有多大的经济意义，但对于敢于承担风险，试图从差价变动中取得巨大收益的投资者，C级和D级债券也是一种可供选择的投资对象。

按国际惯例，债券信用等级的设置一般是三等、九级、两大类。两大类是指投资类和投机类，其中投资类包括一等的AAA、AA、A级和二等的BBB级，投机类包括二等的BB、B级和三等的CCC、CC、C级。

标准普尔公司和穆迪公司的债券评级标准，如表3.1所示。我国债券信誉等级基本符合国际惯例，也按三等九级设置，只是各个级别的含义稍有不同，如表3.2所示。

表3.1 标准普尔和穆迪公司的债券评级标准

标准普尔		穆迪	
债券级别	级别含义	债券级别	级别含义
AAA	最高信用等级	Aaa	判定为最高质量，风险程度小
AA	偿还能力强，只是在很大程度上不属于最高等级	Aa	高质量但低于AAA，因为保护程度不够大，或可能有其他长期风险成分
A	偿还能力强，中上级质量	A	债券具有足够的投资性，但未来易受风险影响
BBB	有足够的偿还能力，但不利的经济条件变化或环境很可能导致风险	Baa	既无高度保护，也没有足够担保，但偿付能力足够
BB	有投机因素	Ba	判断有投机成分，未来没希望
B	中等质量	B	一般缺乏合乎需要的投资特点，支付能力弱
CCC	质量差	Caa	地位差，可能拖欠，或含有危险成分
CC	高度投机	Ca	非常投机，发行的债权往往拖欠
C	低质量，可能无法偿付	C	高度投机，往往拖欠

表 3.2 我国债券信誉等级设置

级别分类	级别划分	级别次序	级别含义
投资级	一等	AAA	极高的还本付息能力，投资者没有风险
		AA	很高的还本付息能力，投资者基本没有风险
		A	一定的还本付息能力，经采取保护措施后有可能按期还本付息，投资者风险较低
	二等	BBB	还本付息资金来源不足，发债企业对经济形势的应变能力差，有可能延期支付本息，有一定的投资风险
		BB	还本付息能力脆弱，投资风险较大
投机级	三等	B	还本付息能力低，投资风险大
		CCC	还本付息能力很低，投资风险极大
		CC	还本付息能力极低，投资风险最大
		C	企业濒临破产，到期没有还本付息能力低，绝对有风险

四、债券交易的流程

债券买卖交易中有公开报价、对话报价、双边报价和小额报价四种报价方式，前两者属于询价交易方式的范畴，后两者可通过点击确认、单向撮合的方式成交。其交易的流程可概述如下。

（一）现券交易的流程

现券交易是指债券买卖双方在成交后就办理交收手续，买入者付出资金并得到证券，卖出者交付证券并得到资金。债券现券买卖的方式为净价交易、全价结算。现券交易的流程分为以下三步。

（1）债券交易以询价方式进行，自主谈判，逐笔成交。
（2）进行债券交易，应订立书面形式的合同。
（3）债券交易现券买卖价格或回购利率由交易双方自行确定，参与者进行现券交易不得在合同约定的价款或利息之外收取未经批准的其他费用。

（二）回购交易的流程

债券回购交易就是指债券买卖双方在成交的同时，约定于未来某一时间以某一价格双方再进行反向交易的行为。债券回购交易的流程按不同类型具体如下。

1. 以券融资（卖出回购）的程序

以券融资即债券持有人将手中持有的债券作为抵押品，以一定的利率取得资金使用权的行为。在交易所回购交易开始时，其申报买卖部位为买入。回购交易申报操作类似股票交易，成交后由登记结算机构根据成交记录和有关规则清算交割；到期反向成交时，无须再行申报，由交易所电脑系统自动产生一条反向成交记录，登记结算机构据此进行资金和债券的清算与交割。

2. 以资融券（买入返售）的程序

以资融券即资金持有人将手中持有的资金以一定的利率借给债券持有人，获得债券抵押权，并在回购期满得到相应利息收入的行为。在交易所回购交易开始时，其申报为卖出。其交易程序除方向相反外，其余均同以券融资。

3. 证券交易所债券质押式回购交易流程

证券公司营业部接受投资者的债券质押式回购交易委托时，应事先向投资者提交《债券回购交易风险揭示书》，与投资者签订《债券质押式回购委托协议书》；应当要求投资者提交质押券，填写《质押券提交申请表》。《质押式回购资格准入标准及标准券折扣系数取值业务指引》适用于在证券交易所市场开展纳入多边净额结算的质押式回购业务所涉质押品，包括符合资格条件的信用债券（如公司债券、企业债券、分离交易的可转换公司债券中的公司债券、可转换公司债券等）和债券型基金产品。

（三）远期交易的流程

债券远期交易是银行间债券市场推出的首个衍生产品，指交易双方约定在未来的某一日期，以约定价格和数量买卖标的债券的行为。

债券远期交易的流程：市场参与者进行远期交易须签订合同，完整的合同包括远期交易主协议、同业中心交易系统生成的成交单和补充合同。市场参与者开展远期交易应通过同业中心交易系统进行，并逐笔订立书面形式的合同，其书面形式的合同为同业中心交易系统生成的成交单。交易双方认为必要时，可签订补充合同。依法成立的远期交易合同对交易双方具有法律约束力，交易双方不得擅自变更或者解除。远期交易从成交日至结算日的期限由交易双方确定，但最长不得超过365天，交易实行净价交易，全价结算。

（四）期货交易的流程

债券期货交易是指在将来某一特定日期以双方承诺约定的价格买卖某特定债券的交易。债券期货交易在时间、空间上把债券的成交和交割两个环节完全分离开来。其交易过程分为预约成交和定期交割两个步骤，具体如下。

1. 预约成交

期货交易买卖双方通过交易所经纪人签订一份成交协议。协议的内容包括双方交易债券的种类、数量、成交价格、交割期等。交割期是指协议约定双方办理交割的日期。

2. 定期交割

在交割期，买卖双方必须按协议规定的债券价格、数量办理交割。因为期货交易按预定价格进行结算，所以交割期内能否交割就直接影响双方的利益。交割期内，任何一方若不能如数交货或付款，则必须宣告破产。

五、债券估价模型

根据现金流贴现的基本原理，债券理论价格（又称资产的内在价值）计算公式为：

$$V_d = \frac{C_1}{1+r} + \cdots + \frac{M_T}{(1+r)^T} = \sum_{t=1}^{T} \frac{C_t}{(1+r)^t} + \frac{M_T}{(1+r)^T}$$

式中 V_d——债券理论价格；

T——债券距到期日时间长短(通常按年计算);
t——现金流到达的时间;
C——现金流金额;
M_T——票面面值;
r——贴现率(通常为年利率)。

不同的债券,其理论价格计算公式不同。根据资产的内在价值与市场价格是否一致,可以判断该资产是否被低估或高估,从而帮助投资者进行正确的投资决策。所以,确定债券的内在价值成为债券价值分析的核心。当价值大于价格时,买进;价值小于价格时,卖出。

(一) 零息票债券定价

零息票债券(Zero-coupon Bond),又称贴现债券(Purediscount Bond)或贴息债券,是一种以低于面值的贴现方式发行,不支付利息,到期按债券面值偿还的债券。债券发行价格与面值之间的差额就是投资者的利息收入。由于面值是投资者未来唯一的现金流,所以零息票债券的内在价值可由以下公式计算:

$$V_d = \frac{M_T}{(1+r)^T}$$

【例3.4】2010年1月1日,中国人民银行发行1年期中央银行票据,每张面值为100元人民币,年贴现率为4%。则理论价格为:

理论价格 = 100/(1+4%) = 96.15(元)

(二) 直接债券定价

直接债券(Level-coupon Bond),又称定息债券或固定利息债券。直接债券按照票面金额计算利息,票面上可附有作为定期支付利息凭证的息票,也可不附息票。投资者不仅可以在债券期满时收回本金(面值),而且可定期获得固定的利息收入。所以,投资者未来的现金流包括了本金与利息两部分。直接债券的内在价值计算公式为:

$$V_d = \sum_{t=1}^{T} \frac{C}{(1+r)^t} + \frac{M_T}{(1+r)^T}$$

【例3.5】美国政府1992年11月发行了一种面值为1 000美元、年利率为13%的4年期国债。传统上,债券利息每半年支付一次,即分别在每年的5月和11月,每次支付利息65美元(130美元/2)。那么,1992年11月购买该债券的投资者未来的现金流如表3.3所示。

表3.3 购买某种债券的投资者未来的现金流

时间	金额/美元	时间	金额/美元
1993年5月	65	1995年5月	65
1993年11月	65	1995年11月	65
1994年5月	65	1996年5月	65
1994年11月	65	1996年11月	65+1 000

如果市场利率定为10%，那么该债券的内在价值为1 097.095美元，具体计算过程如下：

$V_d = 65/(1+0.05) + 65/(1+0.05)^2 + \cdots + 65/(1+0.05)^8 + 1\ 065/(1+0.05)^8$
  $= 1\ 097.095$（美元）

（三）金边债券

金边债券，又称统一公债（Consols），是一种没有到期日的特殊的定息债券。最典型的金边债券是英格兰银行在18世纪发行的英国统一公债（English Consols），英格兰银行保证对该公债的投资者永久性支付固定的利息。直至如今，在伦敦的证券市场上仍然可以买卖这种公债。历史上，美国政府为巴拿马运河融资时也曾发行过类似的统一公债。但是，由于在该种债券发行时含有赎回条款，所以美国的统一公债已经退出了流通。因为优先股的股东可以无限期地获得固定的股息，所以在优先股的股东无限期地获取固定股息的条件得到满足的条件下，优先股实际上也是一种统一公债。统一公债的内在价值的计算公式如下：

$$V_d = \frac{C}{r}$$

【例3.6】某种统一公债每年的固定利息是50美元，假定市场利率水平为10%，那么，该债券的内在价值为500美元，即：

$$V_d = 50/0.1 = 500\text{（美元）}$$

六、债券投资收益

债券投资收益是投资人因持有债券而获得的报酬。债券收益来自两方面，一是债券的利息收益，其收益取决于债券的票面利率和付息方式。除了保值贴补债券和浮动利率债券，债券的利息一般不变。债券收益来源的另一个方面是资本利得，即因债券价格上涨而获得的资本收入或因债券价格下降而遭受的资本损失。

衡量债券投资收益率的指标有名义收益率、即期收益率、持有期收益率、到期收益率和贴现债券收益率等。

七、资产证券化

资产证券化是以特定资产组合或特定现金流为支持，发行可交易证券的一种融资形式。传统的证券发行以企业为基础，而资产证券化则以特定的资产池为基础发行证券。根据证券化的基础资产不同，可以将资产证券化分为不动产证券化、应收账款证券化、信贷资产证券化、未来收益证券化（如高速公路收费）、债券组合证券化等类别。根据资产证券化发起人、发行人和投资者所属地域不同，可将资产证券化分为境内资产证券化和离岸资产证券化。根据证券化产品的金融属性不同，可以分为股权型证券化、债权型证券化和混合型证券化。

（一）重要当事人

资产证券化交易比较复杂，涉及的当事人较多，一般而言，下列当事人在证券化过程中具有重要作用。

1. 发起人

发起人也被称为"原始权益人",是证券化基础资产的原始所有者,通常是金融机构或大型工商企业。

2. 特定目的机构或特定目的受托人

特定目的机构或特定目的受托人是指接受发起人转让的资产,或受发起人委托持有资产,并以该资产为基础发行证券化产品的机构。

3. 资金和资产存管机构

为保证资金和基础资产的安全,特定目的机构通常聘请信誉良好的金融机构进行资金和资产的托管。

4. 信用增级机构

此类机构负责提升证券化产品的信用等级,为此要向特定目的机构收取相应费用,并在证券违约时承担赔偿责任。

5. 信用评级机构

如果发行的证券化产品属于债券,发行前必须经过评级机构的信用评级。

6. 承销人

承销人是指负责证券设计和发行承销的投资银行,如果交易涉及金额较大,可能会组成承销团。

7. 证券化产品投资者

证券化产品投资者,即证券化产品发行后的持有人。

除上述当事人外,证券化交易还可能需要金融机构充当服务人,服务人负责对资产池中的现金流进行日常管理,通常可由发起人兼任。

(二) 资产证券化的基本运作程序

通常来讲,资产证券化的基本运作程序主要有以下几个步骤。

1. 重组现金流,构造证券化资产

发起人(一般是发放贷款的金融机构)根据自身的资产证券化融资要求,确定资产证券化目标,对自己拥有的能够产生未来现金收入流的信贷资产进行清理、估算和考核,根据历史经验数据对整个组合的现金流的平均水平有一个基本判断,决定借款人信用、抵押担保贷款的抵押价值等并将应收和可预见现金流资产进行组合,对现金流的重组可按贷款的期限结构、本金和利息的重新安排或风险的重新分配等进行,根据证券化目标确定资产数,最后将这些资产汇集成一个资产池。

2. 组建特设信托机构,实现真实出售,达到破产隔离

特设信托机构是一个以资产证券化为唯一目的的、独立的信托实体,有时也可以由发起人设立。注册后的特设信托机构的活动受法律的严格限制,其资本化程度很低,资金全部源于发行证券的收入。

3. 完善交易结构,进行信用增级

为完善资产证券化的交易结构,特设机构要完成与发起人指定的资产池服务公司签订贷款服务合同、与发起人一起确定托管银行并签订托管合同、与银行达成必要时提供流动性支持的周转协议、与券商达成承销协议等一系列的程序。同时特设信托机构对证券化资产进行一定风险分析后，就必须对一定的资产集合进行风险结构的重组，并通过额外的现金流来对可预见的损失进行弥补，以降低可预见的信用风险，提高资产支持证券的信用等级。

4. 资产证券化的信用评级

资产支持证券的评级为投资者提供证券选择的依据，因而构成资产证券化的又一重要环节。评级由国际资本市场上广大投资者承认的独立私营评级机构进行，评级考虑因素不包括由利率变动等因素导致的市场风险，而主要考虑资产的信用风险。

5. 安排证券销售，向发起人支付

在信用提高和评级结果向投资者公布之后，由承销商负责向投资者销售资产支持证券，销售的方式可采用包销或代销。特设信托机构从承销商处获取证券发行收入后，按约定的购买价格，把发行收入的大部分支付给发起人。至此，发起人的筹资目的已经达到。

6. 挂牌上市交易及到期支付

资产支持证券发行完毕到证券交易所申请挂牌上市后，即实现了金融机构信贷资产流动性的目的。但资产证券化的工作并没有全部完成。发起人要指定一个资产池管理公司或亲自对资产池进行管理，负责收取、记录由资产池产生的现金收入，并将这些收款全部存入托管行的收款专户。

第三节 证券投资基金

一、证券投资基金概述

证券投资基金是指通过公开发售基金份额募集资金，将众多投资者的资金集中起来，形成独立财产，由基金托管人托管、由基金管理人管理和运用，为基金份额持有人的利益，以资产组合方式进行证券投资的一种利益共享、风险共担的集合投资方式。

（一）证券投资基金的特点

1. 集合投资

基金的特点是将零散的资金汇集起来，交给专业机构投资于各种金融工具，以谋取资产的增值。基金对投资的最低限额要求不高，投资者可以根据自己的经济能力决定购买数量，因此，基金可以最广泛地吸收社会闲散资金，集腋成裘，汇成规模巨大的投资资金。

2. 分散风险

以科学的投资组合降低风险、提高收益是基金的另一大特点。基金可以凭借其集中的巨额资金，在法律规定的投资范围内进行科学的组合，分散投资于多种证券，实现资产组合多样化。通过多元化的投资组合，一方面借助资金庞大和投资者众多的优势使每个投资者面临的投资风险变小；另一方面又利用不同投资对象之间收益率变化的相关性，达到分散投资风险的目的。

3. 专业理财

将分散的资金集中起来以信托方式交给专业机构进行投资运作，既是证券投资基金的一个重要特点，也是它的一个重要功能。因基金实行专业理财制度，对于那些没有时间，或者对市场不太熟悉的中小投资者来说，投资于基金，可以获得基金管理人在市场信息、投资经验、金融知识和操作技术等方面所拥有的优势，从而尽可能地避免盲目投资带来的失误。

（二）证券投资基金的作用

1. 基金为中小投资者拓宽了投资渠道

对中小投资者来说，存款或买债券较为稳妥，但收益率较低；投资于股票有可能获得较高收益，但风险较大。证券投资基金作为一种新型的投资工具，将众多投资者的小额资金汇集起来进行组合投资，由专家来管理和运作，经营稳定，收益可观，为中小投资者提供了较为理想的间接投资工具，大大拓宽了中小投资者的投资渠道。

2. 有利于证券市场的稳定和发展

基金的发展有利于证券市场的稳定。基金由专业投资人士经营管理，其投资经验比较丰富，收集和分析信息的能力较强，投资行为相对理性，客观上能起到稳定市场的作用。同时，基金一般注重资本的长期增长，多采取长期的投资行为，较少在证券市场上频繁进出，能减少证券市场的波动。

同时，基金作为一种主要投资于证券市场的金融工具，它的出现和发展增加了证券市场的投资品种，扩大了证券市场的交易规模，起到了丰富和活跃证券市场的作用。

（三）证券投资基金与股票、债券的区别

1. 反映的经济关系不同

股票反映的是所有权关系，债券反映的是债权债务关系，而基金反映的则是信托关系，但公司型基金除外。

2. 筹集资金的投向不同

股票和债券是直接投资工具，筹集的资金主要投向实业；而基金是间接投资工具，筹集的资金主要投向有价证券等金融工具。

3. 风险水平不同

股票的直接收益取决于发行公司的经营效益，不确定性强，股票投资有较大的风险。债券的直接收益取决于债券利率，而债券利率一般是事先确定的，投资风险较小。基金主要投资于有价证券，投资选择灵活多样，从而使基金的收益有可能高于债券，投资风险又可能小于股票。因此，基金能满足那些不能或不宜直接参与股票、债券投资的个人或机构的需要。

（四）证券投资基金的分类

1. 按基金的不同组织形式，可分为契约型基金和公司型基金

（1）契约型基金又称单位信托基金，是指将投资者、管理人、托管人三者作为信托关系的当事人，通过签订基金契约的形式发行受益凭证而设立的一种基金。契约型基金是基于信托原理而组织起来的代理投资方式，没有基金章程，也没有公司董事会，而是通过基金契约来规范三方当事人的行为。基金管理人负责基金的管理操作；基金托管人作为基金资产的名义持有人，负责基金资产的保管和处置，对基金管理人的运作实行监督。

（2）公司型基金是依据基金公司章程设立，在法律上具有独立法人地位的股份投资公司。公司型基金以发行股份的方式募集资金，投资者购买基金公司的股份后，以基金持有人的身份成为投资公司的股东，凭其持有的股份依法享有投资收益。公司型基金在组织形式上

与股份有限公司类似，由股东选举董事会，由董事会选聘基金管理公司，基金管理公司负责管理基金的投资业务。

2. 按基金运作的不同方式，可分为封闭式基金和开放式基金

（1）封闭式基金是指经核准的基金份额总额在基金合同期限内固定不变，基金份额可以在依法设立的证券交易场所交易，但基金份额持有人不得申请赎回的基金。由于封闭式基金在封闭期内不能追加认购或赎回，投资者只能通过证券经纪商在二级市场上进行基金的买卖。

（2）开放式基金是指基金份额总额不固定，基金份额可以在基金合同约定的时间和场所申购或者赎回的基金。为了满足投资者赎回资金、实现变现的要求，开放式基金一般会从所筹资金中拨出一定比例，以现金形式保持这部分资产。这虽然会影响基金的盈利水平，但作为开放式基金来说是必需的。

3. 按投资标的不同划分，可分为债券基金、股票基金、货币市场基金等

（1）债券基金。债券基金是一种以债券为主要投资对象的证券投资基金。由于债券的年利率固定，因而这类基金的风险较低，适合于稳健型投资者。债券基金的收益会受市场利率的影响，当市场利率下调时，其收益会上升；反之，若市场利率上调，其收益将下降。除此以外，如果基金投资于境外市场，汇率也会影响基金的收益，管理人在购买国际债券时，往往还需要在外汇市场上进行套期保值。

（2）股票基金。股票基金是指以上市股票为主要投资对象的证券投资基金。股票基金的投资目标侧重于追求资本利得和长期资本增值。基金管理人拟定投资组合，将资金投放到一个或几个国家，甚至全球的股票市场，以达到分散投资、降低风险的目的。

（3）货币市场基金。货币市场基金是以货币市场工具为投资对象的一种基金，其投资对象期限在1年以内，包括银行短期存款、国库券、公司短期债券、银行承兑票据及商业票据等货币市场工具。货币市场基金的优点是资本安全性高，购买限额低，流动性强，收益较高，管理费用低，有些还不收取赎回费用。因此，货币市场基金通常被认为是低风险的投资工具。

（4）衍生证券投资基金。衍生证券投资基金是一种以衍生证券为投资对象的基金，包括期货基金、期权基金、认股权证基金等。这种基金风险大，因为衍生证券一般是高风险的投资品种。

4. 按投资目标不同划分，可分为成长型基金、收入型基金和平衡型基金

（1）成长型基金。成长型基金追求的是基金资产的长期增值。为了达到这一目标，基金管理人通常将基金资产投资于信誉度较高、有长期成长前景或长期盈余的成长公司的股票。成长型基金又可分为稳健成长型基金和积极成长型基金。

（2）收入型基金。收入型基金主要投资于可带来现金收入的有价证券，以获取当期的最大收入为目的。收入型基金资产的成长潜力较小，损失本金的风险相对也较低，一般可分为固定收入型基金和股票收入型基金。固定收入型基金的主要投资对象是债券和优先股，因而尽管收益率较高，但长期成长的潜力很小，而且当市场利率波动时，基金净值容易受到影响。股票收入型基金的成长潜力比较大，但易受股市波动的影响。

（3）平衡型基金。平衡型基金将资产分别投资于两种不同特性的证券上，并在以取得收入为目的的债券及优先股和以资本增值为目的的普通股之间进行平衡。这种基金一般将25%~50%的资产投资于债券及优先股，其余的投资于普通股。平衡型基金的主要目的是从其投资组合的债券中得到适当的利息收益，与此同时还可以获得普通股的升值收益。投资者既可获得当期收入,又可得到资金的长期增值。平衡型基金的优点是风险比较低,缺点是成长的潜力不大。

5. 按不同的投资理念,可分为主动型基金和被动型基金

(1) 主动型基金。主动型基金是指力图取得超越基准组合表现的基金。

(2) 被动型基金。被动型基金一般选取特定指数为跟踪对象,因此通常又被称为指数基金。指数基金是20世纪70年代以来出现的新基金品种。由于其投资组合模仿某一股价指数或债券指数,收益随着即期的价格指数上下波动。基金因始终保持即期的市场平均收益水平,因而收益不会太高,也不会太低。

6. 按基金的募集方式划分,可分为公募基金和私募基金

(1) 公募基金。公募基金是可以面向社会公众公开发售的基金。公募基金的基金募集对象不固定,基金份额的投资金额要求较低,适合中小投资者参与;基金必须遵守有关的法律法规,接受监管机构的监管并定期公开相关信息。

(2) 私募基金。私募基金是向特定的投资者发售的基金。私募基金只能采取非公开方式发行;基金份额的投资金额较高,风险较大,监管机构对投资者的资格和人数会加以限制;基金的投资范围较广,在基金运作和信息披露方面所受的限制和约束较少。

7. 特殊类型的基金

(1) ETF。交易型开放式指数基金(Exchange Traded Fund,ETF)是一种在交易所上市交易、基金份额可变的基金运作方式。ETF结合了封闭式基金与开放式基金的运作特点,一方面可以像封闭式基金一样在交易所二级市场进行买卖,另一方面又可以像开放式基金一样申购、赎回,但它的申购是用一篮子股票换取ETF份额,赎回时也是换回一篮子股票而不是现金。这种交易方式使该类基金存在一、二级市场之间的套利机制,可有效防止类似封闭式基金的大幅折价现象。

(2) LOF。上市开放式基金(Listed Open-ended Fund,LOF)是一种既可以同时在场外市场进行基金份额申购、赎回,又可以在交易所进行基金份额交易和基金份额申购或赎回,并通过份额转托管机制将场外市场与场内市场有机地联系在一起的开放式基金。

(3) 保本基金。保本基金是指通过采用投资组合保险技术,保证投资者在投资到期时至少能够获得投资本金或一定回报的证券投资基金。保本基金的投资目标是在锁定下跌风险的同时力争有机会获得潜在的高回报。

(4) QDII基金。合格的境内机构投资者(Qualified Domestic Institutional Invester,QDII)基金是指在一国境内设立,经该国有关部门批准从事境外证券市场的股票、债券等有价证券投资的基金。它为国内投资者参与国际市场投资提供了便利。

(5) 分级基金。分级基金又被称为"结构型基金"或"可分离交易基金",是指在一只基金内部通过结构化的设计或安排,将普通基金份额拆分为具有不同预期收益与风险的两类(级)或多类(级)份额并可分离上市交易的一种基金产品。

二、证券投资基金相关关系人

证券投资基金相关关系人主要由基金份额持有人(或基金投资人)、基金管理人、基金托管人和基金销售代理人组成。

（一）证券投资基金相关关系人的组成

1. 基金份额持有人

基金份额持有人，也就是基金投资人，指基金单位或受益凭证的持有人，可以是自然人，也可以是法人。基金份额持有人是基金资产的最终所有人，其基本权利包括：①分享基金财产收益；②参与分配清算后的剩余基金财产；③依法转让或者申请赎回其持有的基金份额；④按照规定要求，召开基金份额持有人大会；⑤对基金份额持有人大会审议事项行使表决权；⑥查阅或者复制公开披露的基金信息资料；⑦对基金管理人、基金托管人、基金份额发售机构损害其合法权益的行为，依法提起诉讼；⑧基金合同约定的其他权利。

基金份额持有人应当履行下列义务：①遵守基金契约；②缴纳基金认购款项及规定的费用；③承担基金亏损或终止的有限责任；④不从事任何有损基金及其他基金投资人合法权益的活动；⑤在封闭式基金存续期间，不得要求赎回基金份额；⑥在封闭式基金存续期间，交易行为和信息披露必须遵守法律、法规的有关规定；⑦法律、法规及基金契约规定的其他义务。

2. 基金管理人

基金管理人是指具有专业的投资知识与经验，根据法律、法规及基金章程或基金契约的规定，经营管理基金资产，谋求基金资产的不断增值，以使基金持有人收益最大化的机构。基金管理人负责基金资产投资运作，主要职责就是按照基金契约的规定，制定基金资产投资策略，组织专业人士，选择具体的投资对象，决定投资时机、价格和数量，运用基金资产进行有价证券投资。

按照我国有关规定，基金管理人享有如下权利：①按基金契约及其他有关规定，运作和管理基金资产；②获取基金管理人报酬；③依照有关规定，代表基金行使股东权利；④《证券投资基金法》、基金契约以及有关法律法规规定的其他权利。

基金管理人的义务主要有：①按照基金契约的规定运用基金资产投资并管理基金资产；②及时、足额向基金持有人支付基金收益；③保存基金的会计账册、记录15年以上；④编制基金财务报告，及时公告，并向中国证监会报告；⑤计算并公告基金资产净值及每一基金单位资产净值；⑥履行基金契约规定的其他职责。

3. 基金托管人

基金托管人是投资人权益的代表，是基金资产的名义持有人或管理机构。为了保证基金资产的安全，按照资产管理和资产保管分开的原则运作基金，基金设有专门的基金托管人保管基金资产。基金托管人应为基金开设独立的基金资产账户，负责款项收付、资金划拨、证券清算、分红派息等，所有这些，基金托管人都是按照基金管理人的指令行事，而基金管理人的指令也必须通过基金托管人来执行。

基金托管人的权利主要有：①保管基金的资产；②监督基金管理人的投资运作；③获取基金托管费用。

基金托管人的义务主要包括：①保管基金资产；②保管与基金有关的重大合同及有关凭证；③负责基金投资于证券的清算交割，执行基金管理人的投资指令，负责基金名下的资金往来。

4. 基金销售代理人

基金销售代理人是基金管理人的代理人，代表基金管理人与基金投资人进行基金单位的买卖活动。基金销售代理人一般由商业银行、证券公司或者信托投资公司来担任。在美国，大多数开放式基金的发行是通过经纪商批发,再由它们零售给投资者。有些大的投资基金还设有自己的基金销售公司。在日本,基金的承销公司则为指定的证券公司。在我国,封闭式基金的发行一般仍由证券公司作为发行协调人,开放式基金的发行一般由商业银行作为主要的销售代理人,证券公司也是重要的基金分销代理人。

(二)证券投资基金当事人之间的关系

1. 基金份额持有人与基金管理人之间的关系

在基金的当事人中,基金份额持有人通过购买基金份额或基金股份,参加基金投资并将资金交给基金管理人管理,享有基金投资的收益权,是基金资产的终极所有者和基金投资收益的受益人。基金管理人则是接受基金份额持有人的委托,负责对所筹集的资金进行具体的投资决策和日常管理,并有权委托基金托管人保管基金资产的金融中介机构。因此,基金份额持有人与基金管理人之间是委托人、受益人与受托人的关系,也是所有者和经营者之间的关系。

2. 基金管理人与基金托管人之间的关系

基金管理人与基金托管人之间是相互制衡的关系。基金管理人是基金的组织者和管理者,负责基金资产的经营,是基金运营的核心;基金托管人由主管机关认可的金融机构担任,负责基金资产的保管,依据基金管理机构的指令处置基金资产并监督基金管理人的投资运作是否合法合规。它们的权利和义务在基金合同或基金公司章程中已预先界定清楚,任何一方有违规之处,对方都应当监督并及时制止,甚至可以请求更换违规方。这种相互制衡的运行机制,有利于基金信托财产的安全和基金运用的绩效。但是这种机制的作用得以有效发挥的前提是基金托管人与基金管理人必须严格分开,由不具有任何关联关系的不同机构或公司担任,两者在财务、人事、法律地位上应该完全独立。

3. 基金份额持有人与基金托管人之间的关系

基金份额持有人与基金托管人之间是委托与受托的关系,也就是说,基金份额持有人将基金资产委托给基金托管人保管。对基金份额持有人而言,将基金资产委托给专门的机构保管,可以确保基金资产的安全;对基金托管人而言,必须对基金份额持有人负责,监管基金管理人的行为,使其经营行为符合法律法规的要求,为基金份额持有人的利益勤勉尽责,保证资产安全,提高资产的报酬。

三、基金的认购

在基金募集期内购买基金份额的行为即基金的认购。

(一)开放式基金的认购

1. 开放式基金的认购步骤

投资人认购开放式基金,一般通过基金管理人或管理人委托的商业银行、证券公司等经国务院证券监督管理机构认定的其他机构办理。

认购开放式基金通常分开户、认购和确认三个步骤。

(1)开户。拟进行基金投资的投资人,必须先开立基金账户和资金账户。基金账户是基金注册登记机构为基金投资人开立的、用于记录其持有的基金份额及其变动情况的账户;资金账户是投资人在基金代销银行、证券公司开立的用于基金业务的资金结算账户。

(2) 认购。投资人在办理基金认购申请时，须填写认购申请表，并按销售机构规定的方式全额缴款。投资者在募集期内可以多次认购基金份额。一般情况下，已经正式受理的认购申请不得撤销。

(3) 确认。销售机构对认购申请的受理并不代表该申请一定成功，而仅代表销售机构接受了认购申请。申请的结果应以注册登记机构的确认结果为准。认购申请无效的，认购资金将退回投资人资金账户。认购的最终结果要待基金募集期结束后才能确认。

2. 开放式基金的认购方式

开放式基金的认购采取金额认购的方式，即投资者在办理认购时，认购申请不是直接填写需要认购多少份基金份额，而是填写需要认购多少金额的基金份额。基金注册登记机构在基金认购结束后，再按基金份额的认购价格，将申请认购基金的金额换算成投资人应得的基金份额。

3. 开放式基金的认购费率和收费模式

根据相关规定，开放式基金的认购费率不得超过认购金额的5%。在具体实践中，基金管理人会针对不同的基金类型、不同的认购金额设置不同的认购费率。基金份额的认购通常采用前端收费和后端收费两种模式。前端收费是指在认购基金份额时就支付认购费用的付费模式；后端收费是指在认购基金份额时不收费，在赎回基金份额时才支付认购费用的收费模式。后端收费模式设计的目的是鼓励投资者长期持有基金，所以后端收费的认购费率一般设计为随着基金份额持有时间的延长而递减，持有至一定时间后费率可降为零。

4. 开放式基金认购费用及认购份额的计算

根据规定，基金认购费率将统一以净认购金额为基础收取，计算公式为：

$$净认购金额 = 认购金额 / (1 + 认购费率)$$

$$认购费用 = 净认购金额 \times 认购费率$$

$$认购份额 = (净认购金额 + 认购利息) / 基金份额面值$$

式中 认购金额——投资人在认购申请中填写的认购金额总额；

认购费率——与投资人认购金额对应的认购费率；

认购利息——认购款项在基金合同生效前产生的利息。

【例3.7】某投资人投资10 000元认购基金，认购资金在募集期产生的利息为3元，其对应的认购费率为1.2%，基金份额面值为1元，则其认购费用及认购份额为：

$$净认购金额 = 10\,000 \div (1 + 1.2\%) = 9\,881.42\,(元)$$

$$认购费用 = 9\,881.42 \times 1.2\% = 118.58\,(元)$$

$$认购份额 = (9\,881.42 + 3) \div 1 = 9\,884.42\,(份)$$

（二）封闭式基金的认购

封闭式基金发售方式主要有网上发售和网下发售两种。网上发售指通过与证券交易所的交易系统联网的全国各地的证券营业部，向公众发售基金份额的发售方式。网下发售是指通过基金管理人指定的营业网点和承销商的指定账户，向机构或者个人投资者发售基金份额的发售方式。

封闭式基金的认购价格一般采用1元基金份额面值加计0.01元发售费用的方式确定。拟认购封闭式基金份额的投资人必须开立深、沪证券账户或深、沪基金账户及资金账户，根据自己计划的认购量，在资金账户中存入足够的资金，并以份额为单位提交认购申请。认购申请一经受理不能撤单。

(三) ETF 与 LOF 份额的认购

1. ETF 份额的认购

与普通的开放式基金不同，ETF 份额可以用现金认购，也可用证券认购。现金认购是投资者使用现金认购 ETF 份额的行为；证券认购是投资者使用指定的证券换购 ETF 份额的行为。

我国投资者一般可选择场内现金认购、场外现金认购以及证券认购等方式认购 ETF 份额。场内现金认购是指投资者通过基金管理人指定的发售代理机构以现金方式参与证券交易所上网定价发售；场外现金认购是指投资者通过基金管理人及其指定的发售代理机构以现金进行的认购；证券认购是指投资者通过基金管理人及其指定的发售代理机构以指定的证券进行的认购。

投资者进行场内现金认购时须具有沪、深证券账户。投资者进行场外现金认购时须具有开放式基金账户或沪、深证券账户。投资者进行证券认购时须具有沪、深 A 股账户。

2. LOF 份额的认购

LOF 份额的认购分场外认购和场内认购两种方式。场外认购的基金份额注册登记在中国结算公司的开放式基金注册登记系统；场内认购的基金份额登记在中国结算公司的证券登记结算系统。

基金募集期内，投资者可通过具有基金代销业务资格的证券经营机构营业部场内认购 LOF 份额，也可通过基金管理人及其代销机构的营业网点场外认购 LOF 份额。

场内认购 LOF 份额，应持深圳人民币普通证券账户或证券投资基金账户；场外认购 LOF 份额，应使用中国结算公司深圳开放式基金账户。

(四) QDII 基金份额的认购

QDII 基金份额的认购程序与一般开放式基金的认购程序基本相同，主要包括开户、认购、确认三个步骤。

QDII 基金份额的认购渠道与一般开放式基金类似。在募集期间内，投资者应当在基金管理人、代销机构办理基金发售业务的营业场所或按基金管理人、代销机构提供的其他方式办理基金的认购。

QDII 基金主要投资于境外市场，与仅投资于境内证券市场的其他开放式基金相比，在募集认购的具体规定上有如下特点。

(1) 发售 QDII 基金的基金管理人必须具备合格境内机构投资者资格和经营外汇业务资格。

(2) 基金管理人可以根据产品特点确定 QDII 基金份额的面值。

(3) QDII 基金份额除可以用人民币认购外，也可以用美元或其他外汇货币为计价货币认购。

四、基金的价格

(一) 开放式基金的价格

由于经常按客户的要求购回或者卖出基金单位，因此，开放式基金的价格分为两种，即申购价格和赎回价格。开放式基金的申购价格也是基金管理公司卖出基金单位的价格，即基金投资者的买入价，包括资产净值和一定的附加费用。开放式基金的赎回价格是基金管理公司买入基金单位的价格，即基金管理公司的买入价，对于不收取任何费用的开放式基金来说，它等于基金资产净值；对于收取费用的开放式基金来说，则等于基金资产净值加按一定赎回费率计算的赎回费用。

1. 开放式基金的卖出价

卖出价里包括销售机构的佣金。销售机构的佣金在卖出基金单位时收取称为前收费，在投资者赎回时收取则称为后收费（前收费和后收费只能任选一次）。

在前收费的方式下，卖出价等于单位净资产价值和销售佣金之和。

2. 开放式基金的买入价

基金的买入价有三种计算方法：买入价等于基金的单位净值，买入价等于单位资产净值减去后收费，买入价在前两种价格基础上减去赎回费。

有的基金管理公司报价时只报一个价，即基金资产净值，但是在卖出基金单位时会加上前收费，在赎回时可能会减去赎回费。

（二）封闭式基金的价格

1. 封闭式基金的三种具体价格形式

按照买卖标的的具体形式划分，封闭式投资基金的价格包括面值、净值和市价三种。在基金发行阶段，一般以基金面值为发行价格，即平价发行，我国基金发行时一般按照1.01元/基金单位的价格发行，其中0.01元为发行费用。基金在发行期满后至基金上市日之间的价格，按照资产净值计算。基金价格在基金上市交易后的阶段，是由交易双方在证券交易市场上通过公开竞价的方式来确定的，即按照市价来进行买卖。

2. 封闭式基金的溢价或折价

当基金的市价高于其净值时称为溢价交易，当基金的市价低于其净值时称为折价交易。溢价率或折价率的计算公式为：

$$溢价率或折价率 = [(市价 - 净值)/净值] \times 100\%$$

在我国证券市场中，会出现部分封闭式基金溢价交易，主要发生在一些小盘基金和由老基金改制过来的新基金。一般来说，基金的溢价交易主要是由下列因素引起的。

（1）市场供求关系。如果投资者对基金的需求超过基金的供给，投资者就只能在价格上付出相应的代价，即按照溢价购买基金。

（2）基金的超额利润。在有效的股票市场上，基金是不可能获得超额利润的，但是我国的基金市场不是很完善。基金有可能凭借其信息和投资管理方面的优势获得超额利润，或者由于政府对基金发展初期采取的积极扶持政策获得超额利润，或者由于监管还存在漏洞获得非正常利润，或者通过人为的大量买卖操作制造出虚假的超额利润等。

（3）市场的不正常。庄家的炒作和投资者认识上的错误等不正常现象，使基金的溢价得以存在。

（4）改制老基金的历史原因和扩募背景。老基金改制是我国基金市场的一个特色，老基金改制成新基金的过程大多是"爆炒"的过程，导致了目前改制扩募的小盘基金基本上处于溢价交易的格局。

3. 基金价格的计算方法

目前,基金有效申购申请的申购费用及申购份额的计算统一采用外扣法,基金的申购金额包括申购费用和净申购金额,其计算公式为:

净申购金额 = 申购金额/(1 + 申购费率)

申购费用 = 申购金额 − 净申购金额

申购份额 = 净申购金额/T日基金份额净值

【例3.8】若T日基金份额净值为1.20元,申购金额为1 000元,适用费率为1.5%,那么:

基金净申购金额 = 1 000/(1 + 1.5%) = 985.22(元)

申购费用 = 1 000 − 985.22 = 14.78(元)

申购份额 = 985.22/1.20 = 821.02(份)

开放式基金认购、申购、赎回价格是以单位基金资产净值(Net Asset Value,NAV)为基础计算出来的。单位基金资产净值,即每一基金单位代表的基金资产的净值,其计算公式为:

单位基金资产净值 =(总资产 − 总负债)/基金单位总数

【例3.9】一位投资人要赎回100万份基金单位,假定赎回的费率为1%,单位基金净值为1.5元,那么:

赎回价格 = 1.5 ×(1 − 1%) = 1.485(元)

赎回金额 = 1 000 000 × 1.485 = 148.5(万元)

(三)影响基金价格波动因素

对基金价格影响因素的分析,可从基本分析和技术分析两个角度进行。

1. 基本分析

基本分析主要是通过分析影响证券市场供求关系的基本因素来判断市场的走势,该方法主要用来分析基金价格的中长期走势。

(1)经济因素。影响基金市场价格变动的宏观因素很多,主要有经济周期与景气循环、利率、通货膨胀与通货紧缩、对外贸易和汇率变动等。从长远的观点看,基金市场价格波动应与经济增长和经济景气循环具有一致性。在证券交易中,如果其他条件不变,基金的市场价格与利率水平的变动方向是相反的。通货膨胀和通货紧缩可以通过影响经济的增长和景气循环变动,从而影响基金市场价格变动;此外,通货膨胀还可以创造社会虚假繁荣,基金公司投资收益会相应提高。一国对外贸易的发展对促进国民经济的增长和发展具有重大意义,国民经济的增长和发展必然会使证券市场包括基金市场的市场价格趋涨;对外贸易的发展会扩大外贸顺差,增加盈余,基金市场价也会趋涨。汇率能从一定角度反映企业经营业绩,汇率提高,公司盈利上升,基金价格便会随之上升。

微观经济的变动同样会影响基金市场价格的变动。基金公司自身的业绩状况便是一个关键因素,基金价格随业绩变化而调整。基金公司的投资状况在相当大的程度上会决定其经营收益。基金公司的组织管理状况影响着基金公司的经营收益。

(2)政治因素。尽管投资基金是经济发展的产物,但是一国经济的发展与其政治是息息相关的。战争、政局变动和重大政治事件影响股市,相应也会牵连基金市场价格。

(3)心理因素。基金市场上,投资者的心理状况变化会影响价格波动,常见的有预期心理、跟风心理、贪低心理、赌博心理等。相关内容在第七章中有专门介绍。

（4）非法投机因素。非法投资活动主要有假交易、轧空和套牢、联手操作、散布谣言、内幕交易等。非法投资活动对基金市场的健康运行造成很大伤害，会影响基金市场的平稳，从而使基金价格大幅震荡。

2. 技术分析

技术分析是根据各种图表及技术型指标预测基金未来价格的趋势。技术分析的前提是基金价格由市场供求决定，市场必须是自由竞争的市场。基金的技术分析与股票等其他证券的技术分析并没有本质的不同。关于技术分析的基本原理与技术指标的运用，将在第六章进行具体介绍。

第四节　金融衍生工具

一、金融衍生工具的概述

金融衍生工具，又称金融衍生产品，是与基础金融产品相对应的一个概念，是指建立在基础产品或基础变量之上，其价格取决于基础金融产品价格（或数值）变动的派生金融产品。这里所说的基础产品是一个相对的概念，不仅包括现货金融产品（如债券、股票），也包括金融衍生工具。金融衍生工具基础的变量种类繁多，主要是各类资产价格、价格指数、利率、汇率、费率、通货膨胀率以及信用等级等。近些年来，某些自然现象（如气温、降雪量、霜冻、飓风）甚至人类行为（如选举、温室气体排放）逐渐成为金融衍生工具的基础变量。

（一）金融衍生工具的基本特征

金融衍生工具具有下列四个显著特性。

1. 跨期性

金融衍生工具是交易双方通过对利率、汇率、股价等因素变动趋势的预测，约定在未来某一时间，按照一定条件进行交易或选择是否交易的合约。无论是哪一种金融衍生工具，都会影响交易者在未来一段时间内或未来某时点上的现金流，其跨期交易的特点十分突出。这就要求交易双方对利率、汇率、股价等价格因素的未来变动趋势进行判断，而判断的准确与否直接决定了交易者的交易盈亏。

2. 杠杆性

金融衍生工具交易一般只需要支付少量的保证金或权利金就可签订远期大额合约或互换不同的金融工具。金融衍生工具的杠杆效应在一定程度上也决定了它的高投机性和高风险性。

3. 联动性

联动性是指金融衍生工具的价值与基础产品或基础变量紧密联系，其联动关系既可以是简单的线性关系，也可以表达为非线性函数或者分段函数。

4. 不确定性或高风险性

基础金融工具的价格不确定性也仅仅是金融衍生工具风险性的一个方面。国际证监会组织在1994年7月公布的一份报告中,认为金融衍生工具还伴随着以下几种风险。

(1) 交易中对方违约,没有履行承诺造成损失的信用风险。

(2) 因资产或指数价格不利变动可能带来损失的市场风险。

(3) 因市场缺乏交易对手而导致投资者不能平仓或变现所带来的流动性风险。

(4) 因交易对手无法按时付款或交割可能带来的结算风险。

(5) 因交易或管理人员的人为错误或系统故障、控制失灵而造成的操作风险。

(6) 因合约不符合所在国法律、无法履行,或合约条款遗漏及模糊导致的法律风险。

(二) 金融衍生工具的类型

金融衍生工具的分类标准很多,目前主要有以下四种分类方法。

1. 按产品形态分类

根据产品形态不同,金融衍生工具可分为独立衍生工具和嵌入式衍生工具。

(1) 独立衍生工具。这是指本身即为独立存在的金融合约,例如期权合约、期货合约或者互换交易合约等。

(2) 嵌入式衍生工具。这是指嵌入到非衍生合同(简称"主合同")中的衍生金融工具,该衍生工具使主合同的部分或全部现金流量将按照特定利率、金融工具价格、汇率、价格或利率指数、信用等级或信用指数,或类似变量的变动而发生调整,例如公司债券条款中包含的赎回条款、返售条款、转股条款、重设条款等。

2. 按交易场所分类

按交易场所不同,金融衍生工具可以分为两类。

(1) 交易所交易的衍生工具。这是指在有组织的交易所上市交易的衍生工具,例如在股票交易所交易的股票期权产品,在期货交易所和专门的期权交易所交易的各类期货合约、期权合约等。

(2) OTC交易的衍生工具。这是指通过各种通信方式,不通过集中的交易所,实行分散的、一对一交易的衍生工具,例如金融机构之间、金融机构与大规模交易者之间进行的各类互换交易和信用衍生品交易。从近年来的发展看,这类衍生品的交易量逐年增大,已经超过交易所市场的交易额,市场流动性也得到增强,还发展出专业化的交易商。

3. 按基础工具分类

从基础工具分类角度,金融衍生工具可以分为股权类产品的衍生工具、货币衍生工具、利率衍生工具、信用衍生工具以及其他衍生工具。

(1) 股权类产品的衍生工具。这是指以股票或股票指数为基础工具的金融衍生工具,主要包括股票期货、股票期权、股票指数期权以及上述合约的混合交易合约。

(2) 货币衍生工具。这是指以各种货币为基础工具的金融衍生工具,主要包括远期外汇合约、货币期货、货币期权、货币互换以及上述合约的混合交易合约。

(3) 利率衍生工具。这是指以利率或利率的载体为基础工具的金融衍生工具,主要包括远期利率协议、利率期货、利率期权、利率互换以及上述合约的混合交易合约。

(4) 信用衍生工具。这是指以基础产品所蕴含的信用风险或违约风险为基础变量的金融衍生工具,用于转移或防范信用风险。信用衍生工具是20世纪90年代以来发展最为迅速的一类衍生产品,主要包括信用互换、信用联结票据等。

(5) 其他衍生工具。除以上四类金融衍生工具之外,还有相当数量金融衍生工具是在非金融变量的基础上开发的，例如用于管理气温变化风险的天气期货、管理政治风险的政治期货、管理巨灾风险的巨灾衍生产品等。

4. 按照金融衍生工具自身交易的方法及特点分类

金融衍生工具根据其自身交易的方法和特点，可以分为金融远期合约、金融期货、金融期权、金融互换和结构化金融衍生工具。下面详细讲解这五种金融衍生工具。

二、金融远期合约

金融远期合约是指交易双方在场外市场上通过协商，按约定价格，在约定的未来日期（交割日）买卖某种标的金融资产（或金融变量）的合约。金融远期合约规定了将来交割的资产、交割的日期、交割的价格和数量，合约条款根据双方需求协商确定。金融远期合约主要包括股权类资产的远期合约、债权类资产的远期合约、远期外汇合约和远期股票合约。

我国现有的金融远期交易产品包括债券远期交易、远期利率协议和人民币外汇远期交易。

（一）债券远期交易

债券远期交易是指交易双方约定在未来某一日期，以约定价格和数量买卖标的债券的行为。债券远期交易通过全国银行间同业拆借中心交易系统进行，标的债券券种为已在全国银行间债券市场进行现券交易的国债、央行票据、金融债券和经中国人民银行批准的其他债券券种等，交易双方自行协商确定交易价格以及其他交易要素，交易期限由交易双方确定，但最长不得超过 365 天，交易时间为营业日的 9：00—12：00、13：30—16：30。远期交易的市场参与者为进入全国银行间债券市场的机构投资者。远期交易实行净价交易，全价结算。

（二）远期利率协议

远期利率协议是指交易双方约定在未来某一日，交换协议期间内，在一定名义本金基础上分别以固定利率和参考利率计算利息的金融合约。其中，远期利率协议的买方支付以固定利率计算的利息，卖方支付以参考利率计算的利息。远期利率协议的参考利率应为经中国人民银行授权的全国银行间同业拆借中心等机构发布的银行间市场具有基准性质的市场利率或中国人民银行公布的基准利率，具体由交易双方共同约定。远期利率协议交易既可以通过交易中心的交易系统达成，也可以通过电话、传真等其他方式达成。未通过交易中心交易系统的，金融机构应于交易达成后的次一工作日将远期利率协议交易情况送交易中心备案。全国银行间债券市场参与者中，具有做市商或结算代理业务资格的金融机构可与其他所有市场参与者进行远期利率协议交易，其他金融机构可以与所有金融机构进行远期利率协议交易，非金融机构只能与具有做市商或结算代理业务资格的金融机构进行以套期保值为目的的远期利率协议交易。交易时间为营业日 9：00—12：00、13：30—16：30。

（三）人民币外汇远期交易

人民币外汇远期交易是指交易双方以约定的外汇币种、金额、汇率，在约定的未来某一日期（距成交日两个工作日以上）交割的外汇对人民币的交易。交易的外币币种、金额、期限、汇率、保证金和结算安排等由交易双方协商议定。交易时间为每个营业日的 9：30—16：30。由交易双方按约定方式进行清算，目前主要采用双边清算。符合相关资格条件，向交易中心申请，经国家外汇管理局备案，经获准的金融机构或非金融企业具有远期交易资格。

三、金融期货

所谓期货，一般指期货合约，是由期货交易所统一制定的、规定在将来某一特定的时间和地点交割规定数量和质量标的物的标准化合约。合约标的物又称基础资产，可以是某种商品，如铜或原油，也可以是某种金融工具，如外汇、债券，还可以是某个金融指标，如同业拆借利率或股票价格指数。当期货合约的标的物为金融工具或金融指标时，称为金融期货。金融期货主要包括货币期货、利率期货、股票指数期货和股票期货四种。

（一）金融期货的特征

与金融现货交易相比，金融期货的特征具体表现在以下几个方面。

1. 交易对象不同

金融现货交易的对象是某一具体形态的金融工具。通常，它代表着一定所有权或债权关系的股票、债券或其他金融工具，而金融期货交易的对象是金融期货合约。金融期货合约是由期货交易所设计的一种对指定金融工具的种类、规格、数量、交收月份、交收地点都有统一规定的标准化协议。

2. 交易目的不同

金融工具现货交易的首要目的是筹资或投资，即为生产和经营筹集必要的资金，或为暂时闲置的货币资金寻找生息获利的投资机会。金融期货交易与金融现货交易不同，它不能创造价值，不是投资工具，是一种风险管理工具。

3. 交易价格的含义不同

金融现货的交易价格是在交易过程中通过公开竞价或协商议价形成的，这一价格是实时的成交价，代表在某一时点上供求双方均能接受的市场均衡价格。金融期货的交易价格也是在交易过程中形成的，但这一交易价格是对金融现货未来价格的预期，这相当于在交易的同时发现了金融现货基础工具（或金融变量）的未来价格。

4. 交易方式不同

金融工具现货交易一般要求在成交后的几个交易日内完成资金与金融工具的全额结算，成熟市场中通常也允许进行保证金买入或卖空，但所涉及的资金或证券缺口部分系由经纪商出借给交易者，并收取相应利息。期货交易则实行保证金交易和逐日盯市制度，交易者并不需要在成交时拥有或借入全部资金或基础金融工具。

5. 结算方式不同

金融现货交易通常随着基础金融工具与货币的转手而结束交易活动。而在金融期货交易中，仅有极少数的合约到期进行交割交收，绝大多数的期货合约是通过做相反交易实现对冲而平仓的。

（二）金融期货交易与普通远期交易之间的区别

作为一种标准化的远期交易，金融期货交易与普通远期交易之间也存在以下区别。

1. 交易场所和交易组织形式不同

金融期货必须在有组织的交易所进行集中交易，而远期交易在场外市场进行双边交易。

2. 交易的监管程度不同

在世界各国，金融期货交易至少要受到1家监管机构监管，交易品种、交易者行为均须符合监管要求，而远期交易则较少受到监管。

3. 交易标准化程度不同

金融期货交易中，基础资产的质量、合约时间、合约规模、交割安排、交易时间、报价方式、价格波动限制、持仓限额、保证金水平等内容都由交易所明确规定，金融期货合约具有显著的标准化特征。而远期交易的具体内容可由交易双方协商确定，具有较大的灵活性。

4. 保证金制度和每日结算制度导致违约风险不同

金融期货交易实行保证金制度和每日结算制度，交易者均以交易所（或期货清算公司）为交易对手，基本不用担心交易违约。而远期交易通常不存在上述安排，存在一定的交易对手违约风险。

（三）金融期货的基本功能

金融期货具有套期保值、价格发现、投机和套利四项基本功能。

1. 套期保值

套期保值是指企业为规避外汇风险、利率风险、商品价格风险、股票价格风险、信用风险等，指定一项或一项以上套期工具，使套期工具的公允价值或现金流量变动，预期抵销被套期项目全部或部分公允价值或现金流量变动。其基本做法是：在现货市场买进或卖出某种金融工具的同时，做一笔与现货交易品种、数量、期限相当但方向相反的期货交易，以期在未来某一时间通过期货合约的对冲，以一个市场的盈利来弥补另一个市场的亏损，从而规避现货价格变动带来的风险，实现保值的目的。

2. 价格发现

价格发现功能是指在一个公开、公平、高效、竞争的期货市场中，通过集中竞价形成期货价格的功能。期货价格具有预期性、连续性和权威性的特点，能够比较准确地反映出未来商品价格的变动趋势。期货市场之所以具有价格发现功能，是因为期货市场将众多影响供求关系的因素集中于交易所内，通过买卖双方公开竞价，集中转化为一个统一的交易价格。这一价格一旦形成，立即向世界各地传播，并影响供求关系，从而形成新的价格。如此循环往复，使价格不断趋于合理。

3. 投机功能

与所有有价证券交易相同，期货市场上的投机者也会利用对未来期货价格走势的预期进行投机交易，预计价格上涨的投机者会建立期货多头，反之则建立空头。

4. 套利功能

严格意义上的期货套利是指利用同一合约在不同市场上可能存在的短暂价格差异进行买卖，赚取差价，称为跨市场套利。行业内通常也根据不同品种、不同期限合约之间的比价关系进行双向操作，分别称为跨品种套利和跨期限套利，但其结果不一定可靠。对于股价指数等品种，还可以和成分股现货联系起来进行指数套利，当股指期货价格高于理论值时，做空股指期货，买入指数组合，称为正套；反之，若股指期货价格低于理论值，则做多股指期货，做空指数组合，称为反套。

（四）金融期货的交易规则

金融期货交易有一定的交易规则，这些规则是期货交易正常进行的制度保证，也是期货市场运行机制的外在体现。

1. 集中交易制度

金融期货在期货交易所或证券交易所进行集中交易。期货交易所是专门进行期货合约买卖的场所，是期货市场的核心，承担着组织、监督期货交易的重要职能。

2. 标准化的期货合约和对冲机制

期货合约是由交易所设计、经主管机构批准后向市场公布的标准化合约。期货合约设计成标准化的合约是为了便于交易双方在合约到期前分别做一笔相反的交易进行对冲，从而避免实物交收。实际上绝大多数的期货合约并不进行实物交割，通常在到期日之前即已对冲平仓。

3. 保证金制度

为了控制期货交易的风险和提高效率，期货交易所的会员经纪公司必须向交易所或结算所缴纳结算保证金，而期货交易双方在成交后都要通过经纪人向交易所或结算所缴纳一定数量的保证金。由于期货交易的保证金比率很低，因此有高度的杠杆作用，这一杠杆作用使套期保值者能用少量的资金为价值量很大的现货资产找到回避价格风险的手段，也为投机者提供了用少量资金营利的机会。

4. 结算所和无负债结算制度

结算所是期货交易的专门清算机构，通常附属于交易所，但又以独立的公司形式组建。结算所实行无负债的每日结算制度，又被称为逐日盯市制度，就是以每种期货合约在交易日收盘前规定时间内的平均成交价为当日结算价，与每笔交易成交时的价格做对照，计算每个结算所会员账户的浮动盈亏，进行随市清算。

5. 限仓制度

限仓制度是交易所为了防止市场风险过度集中和防范操纵市场的行为，而对交易者持仓数量加以限制的制度。

6. 大户报告制度

大户报告制度是交易所建立限仓制度后，当会员或客户的持仓量达到交易所规定的数量时，必须向交易所申报有关开户、交易、资金来源、交易动机等情况，以便交易所审查大户是否有过度投机和操纵市场行为，并判断大户交易风险状况的风险控制制度。

7. 每日价格波动限制及断路器规则

为防止期货价格出现过大的非理性变动，交易所通常对每个交易时段允许的最大波动范围有所规定，一旦达到涨（跌）幅限制，则高于（低于）该价格的买入（卖出）委托无效。

8. 强行平仓制度

强行平仓制度是与持仓限额制度和涨跌停板制度等相互配合的风险管理制度。因交易所会员或客户的交易保证金不足且并未在规定时间内补足，或当会员或客户的持仓量超出规定的限额，当会员或客户违规时，交易所为了防止风险进一步扩大，将对其持有的未平仓合约进行强制性平仓处理，这就是强行平仓制度。

9. 强制减仓制度

强制减仓是期货交易出现涨跌停板、单边无连续报价等特别重大的风险时，交易所为迅速、有效化解市场风险，防止会员大量违约而采取的措施。强制减仓是指交易所将当日以涨跌停板申报的未成交平仓报单，以当日涨跌停板价格与该合约净持仓盈利客户按照持仓比例自动撮合成交。由于强制减仓会导致投资者的持仓量以及盈亏发生变化，因此需要投资者引起特别注意。

(五) 金融期货交易的基本特征

金融期货交易的基本特征可概括如下。

1. 合约标准化

金融期货交易的标的物是金融商品或金融指标,金融期货合约对合约标的物、交易数量和单位、最小变动价位、每日价格最大波动限制、合约月份、交易时间、交割日期等合约条款都进行了标准化规定,唯一不确定的是成交价格。

2. 场所固定化

金融期货交易是在依法建立的期货交易所内进行的,一般不允许进行场外交易。

3. 结算统一化

所有在交易所内达成的交易,必须送到结算所进行结算,经结算处理后才算最后达成,才成为合法交易。

4. 交易经纪化

期货交易不是由实际需要买进和卖出期货合约的买方和卖方在交易所内直接见面进行的,而是由场内经纪人(即出市代表)代表所有买方和卖方在期货交易所内进行。交易者下达指令,所有的交易指令最后都由场内出市代表负责执行。

5. 保证金制度化

期货交易需要交纳一定的保证金。交易者在进入期货市场开始交易前,必须按照交易所的有关规定交纳一定的履约保证金,并且要在交易过程中维持一个最低保证金水平,以便为所买卖期货合约提供保证。

沪深300指期货合约内容如表3.4所示。

表3.4 沪深300指数期货合约

合约标的	沪深300指数
合约规模	1点=300元
合约价值	沪深300指数点×300元
报价单位	指数点
最小变动价位	0.10点(30元)
合约月份	当月、下月及随后两个季月
每日价格波动限制	上一个交易日结算价的正负7%,详见交易细则
合约保证金	合约价值的12%,交易所有权根据交易规则进行调整
交易时间	上午9:30—11:30,下午13:00—15:15
最后交易日交易时间	上午9:30—11:30,下午13:00—15:00
到期结算方式	以最后结算价格进行现金结算,结算每日结算价格
每日结算价格	每日交易收盘后的结算价格为当日最后1小时的成交量加权平均价
最后结算价格	到期日沪深300指数最后1小时所有指数点算术平均价。特殊情况交易所有权调整计算方法
最后交易日	合约到期月份的第三个周五,遇国家法定假日顺延

续表

合约标的	沪深300指数
最后结算日	同最后交易日
交易手续费	30元/张（含风险准备金）
结算手续费	20元/张（含风险准备金）
最大持仓限制	单个投资者对某月份合约的单边持仓限额为2 000张。如果确实需要保值，可以向交易所提交申请，经过批准以后，可超限持仓；否则交易将会在规定时间内进行强制平仓处理
交易代码	IF

四、金融期权

与金融期货相比，金融期权的主要特征在于它仅仅是买卖权利的交换，期权是买方在向卖方支付一定费用（称为期权费或期权价格），在约定日期内（或约定日期）享有按事先确定的价格向合约卖方买卖某种金融工具的权利的契约。期权的买方可以选择行使他所拥有的权利，没有必须履行以事先确定的价格向期权的卖方买进或卖出某种金融工具的权利的义务，期权的卖方在收取期权费后就承担着在规定时间内履行该期权合约的义务。

根据选择权的性质划分，金融期权可以分为看涨期权和看跌期权；按照合约所规定的履约时间，金融期权可以分为欧式期权、美式期权和修正的美式期权；按照金融期权基础资产的性质，金融期权可以分为股权类期权、利率期权、货币期权、金融期货合约期权、互换期权等。由于金融期权与金融期货有类似的功能，从一定的意义上说，金融期权是金融期货功能的延伸和发展，具有与金融期货相同的套期保值和发现价格的功能，是一种行之有效的控制风险的工具。

（一）金融期权与金融期货的区别

金融期权与金融期货的区别表现在以下几个方面。

1. 基础资产不同

金融期权与金融期货的基础资产不尽相同。一般地说，凡可作期货交易的金融工具都可作期权交易。然而，可作期权交易的金融工具却未必可作期货交易。一般而言，金融期权的基础资产多于金融期货的基础资产。

2. 交易者权利与义务的对称性不同

金融期货交易双方的权利与义务对称，即对任何一方而言，都既有要求对方履约的权利，又有自己对对方履约的义务。而金融期权交易双方的权利与义务存在着明显的不对称性，期权的买方只有权利没有义务，而期权的卖方只有义务没有权利。

3. 履约保证不同

金融期货交易双方均需开立保证金账户，并按规定缴纳履约保证金。而在金融期权交易中，只有期权出售者，尤其是无担保期权的出售者才需要开立保证金账户，并按规定缴纳保证金，以保证其履约的义务。至于期权的购买者，因期权合约未规定其义务，无须开立保证金账户，也无须缴纳保证金。

4. 现金流转不同

金融期货交易双方在成交时不发生现金收付关系，但在成交后，由于实行逐日结算制度，交易双方将因价格的变动而发生现金流转，即盈利一方的保证金账户余额将增加，而亏损一方的保证金账户余额将减少。当亏损方保证金账户余额低于规定的维持保证金时，亏损方必须按规定及时缴纳追加保证金。因此，金融期货交易双方都必须保有一定的流动性较高的资产，以备不时之需。而在金融期权交易中，在成交时，为期权购买并取得期权合约所赋予的权利，必须向期权出售者支付一定的期权费，但在成交后，除了到期履约外，交易双方将不发生任何现金流转。

5. 盈亏特点不同

金融期货交易双方都无权违约，也无权要求提前交割或推迟交割，而只能在到期前的任一时间通过反向交易实现对冲或到期进行实物交割。因此，从理论上说，金融期货交易中心的盈利和亏损都是无限的。但由于期权购买者与出售者在权利和义务上的不对称性，他们在交易中的盈利和亏损也具有不对称性。从理论上说，期权购买者在交易中的潜在亏损是有限的，仅限于他所支付的期权费，而他可能取得的盈利却是无限的。相反，期权出售者在交易中所取得的盈利是有限的，仅限于所收取的期权费，而他可能遭受的损失却是无限的。

6. 套期保值的作用与效果不同

金融期权与金融期货都是人们常用的套期保值工具，但它们的作用与效果是不同的。人们利用金融期货进行套期保值，在避免价格不利变动造成损失的同时，也必须放弃若价格有利变动可能获得的利益。人们利用金融期权进行套期保值，若价格发生不利变动，套期保值者可通过执行期权来避免损失；若价格发生有利变动，套期保值者又可通过放弃期权来保护利益。这样通过金融期权交易，既可避免价格不利变动造成的损失，又可在相当程度上保住价格有利变动带来的利益。但是，这并不是说金融期权比金融期货更为有利。如从保值角度来说，金融期货通常比金融期权更为有效，也更为便宜。因此，金融期权与金融期货各有所长，在现实的交易活动中，人们往往将二者结合起来，通过一定的组合或搭配来实现某一特定目标。

（二）我国目前的期权产品种类

我国目前的期权产品主要包括人民币外汇期权、权证和股票期权三类。在一定意义上，可转换债券也可视为期权类衍生产品。

1. 人民币外汇期权

人民币外汇期权是指在未来某一交易日以约定汇率买卖一定数量外汇资产的权利。期权买方以支付期权费的方式拥有权利；期权卖方收取期权费，并在买方选择行权时履行义务。人民币外汇期权为普通欧式期权，合约标的物为外币，交易币种、金额、期限、定价参数（波动率、执行价格、即期价格/远期汇率、本外币利率等）、成交价格（期权费）和结算安排等由交易双方协商议定。交易方式为双边询价。交易时间为每个营业日的9：30—16：30，由交易双方按约定方式进行清算，目前主要采用双边清算。人民币外汇期权交易主要用于管理汇率风险和锁定财务成本。

2. 权证

权证是指标的证券发行人或其以外的第三方发行的，约定持有人在规定期间内或特定到期日有权按约定价格向发行人购买或出售标的证券，或以现金结算方式收取结算差价的有价证券。

（1）根据各种标准，可将权证分为不同的类型。按照持有人买入或卖出的权利，权证可以分为认购权证和认沽权证。认购权证的持有人可以在约定的期限内以约定的价格买入标的股票；认沽权证的持有人可以在约定的期限内以约定的价格卖出标的股票。

按照持有人可以行权的时间不同，权证可以分为欧式权证、美式权证和百慕大式权证。欧式权证只有在到期日才能行权；美式权证在到期日之前都可以行权；百慕大式权证介于欧式权证和美式权证之间，可以在到期日之前的若干个交易日内行权。

（2）权证的基本要素。权证的基本要素包括标的证券、行权价格、行权比例、行权时间。标的证券指发行人承诺按约定条件向权证持有人购买或出售的证券。行权价格指发行人发行权证时约定的，持有人向发行人购买或出售标的证券的价格。行权比例指一份权证可以购买或出售标的证券的数量。行权时间指权证持有人可以行使权利的时间。

（3）权证交易与股票交易的不同。权证交易在交易时间、交易机制（竞价方式）等方面的规则都与股票相同，与股票交易的规则不同之处在于以下几点。

①权证实行"T+0"交易，即当日买入的权证，当日可以卖出。另外，当日买进的权证，还可以当日行权。但当日行权取得的标的证券，当日不得卖出。

②权证买卖单笔申报数量不得超过100万份。权证买入申报数量为100份的整数倍，也就是说投资者每次申报买入的最少数量应为100份或100的整数倍。

③权证最小价格变动单位是0.001元人民币，而股票是0.01元人民币。

④目前股票涨跌幅采取10%的比例限制，而权证涨跌幅是以涨跌的价格而不是百分比来限制的。

⑤权证的停牌。权证作为证券衍生产品，其价值主要取决于标的证券的价值。根据规定，标的证券停牌的，权证相应停牌；标的证券复牌的，权证复牌。

（4）影响权证价格的因素。影响权证价格的因素主要有标的资产价格、标的资产价格波动性、行权价、行权日期、市场利率和股利支付等。

①标的资产价格。由于权证是以标的资产价格为基础的衍生工具，因此标的资产价格对权证价格具有决定性影响，权证价格往往随着标的资产价格的波动而波动。认股权证持有人所获得的是标的资产价格与行权价的差价，标的资产价格越高（低），认购（沽）权证行权后可能获得的收益也越高，所以认购（沽）权证价格与标的资产价格成同（反）方向变动。

②标的资产价格的波动性。标的资产价格波动性越大，标的资产达到较高（低）价格水平的概率也就越大，因此权证价格也就越高，对于美式权证来说尤其如此，因为美式权证可以在持有期间任何一天行权，认购（沽）权证持有人不关心价格有多低（高），只要有一天价格达到了较高（低）水平，认购（沽）权证持有人就可以行权获取收益。

③行权价。由于行权价是认购权证持有人的付出和认沽权证持有人的收益，所以行权价格越低（高），认购（沽）权证就越有价值。

④行权日期。权证的时间价值随着行权日期的增加而增加。一般来说，其他条件相同，行权日期较长的权证价格要高于行权日期较短的权证价格。

⑤市场利率。市场利率对权证价格的影响不那么直接，当市场利率上升时，预期的股票价格增长率也将会上升，另外，市场利率的上升导致未来收益的现值下降，这两者都将导致认沽权证价格下跌。

⑥股利支付。在行权价格不随支付股利而进行调整的情况下，支付股利后股票价格将下降，从而引起认购权证价格的下跌和认沽权证价格的上涨。

（5）权证的价值理论。权证的理论价值包括两部分：内在价值和时间价值。若以 s 表示标的股票的价格，x 表示权证的执行价格，则认股权证的内在价值为 $\max(s-x, 0)$，认沽权证的内在价值为 $\max(x-s, 0)$。权证的时间价值等于理论价值减去内在价值，它随着存续期的缩短而减小。

（6）权证的风险。虽说权证要比投资股票收益率高，但也存在风险。权证持有者可以在指定期限到来时选择行权或不行权。行权是权证特有的操作，是指权证持有人在行权期内行使权证所包含的权利操作，通常指以行权价格向发行人买入或卖出一定数量的证券（如股票）。而行权与否，就取决于届时权证是否具有行权价值。存续期一过，不论持有者有没有行使这种权利，权证都将变得无任何价值，所以，权证主要风险是行权风险。

第一种情况是应该行权而没有行权。以长江电力的认购权证为例，其行权价格为 5.35 元，行权起始日期为 2009 年 5 月 18 日，截止日期为 2009 年 5 月 24 日。行权期间，长江电力平均价格在 14 元多，远远高于行权价格，因此，长江电力认购权证的持有者应该选择行权，这样一来，每股的行权收益就有 8 元多，这部分收益扣除投资者购买权证的费用，便是其所得净利润；否则，投资者所持有的认购权证在行权期结束后将没有任何价值，之前购买认购权证的费用便成为其净损失。

第二种情况是不应该行权而误行权。以盐湖钾肥的认沽权证为例，其行权价格为 15.10 元，行权起始日期为 2009 年 6 月 25 日，截止日期为 2009 年 6 月 29 日。如果投资者选择行权，就是以 15.10 元/股的价格向盐湖钾肥的大股东出售盐湖钾肥股票。而盐湖钾肥股价在 40 元以上，远高于行权价，行权会导致投资者产生较大的损失。在很多深度价外认沽权证到期的时候，部分投资者不了解权证行权的含义，对这些认沽权证进行了误行权，从而导致了不必要的损失，应该引起投资者重视。

目前，我国法律法规对权证的行权规则有如下主要规定：①权证持有人行权的，应委托交易所会员通过交易所交易系统申报；②权证行权以份为单位进行申报，数量为 100 份的整数倍；③当日行权申报指令，当日有效，可多次申报行权，也可以撤单；④当日买进的权证，当日可以行权。当日行权取得的标的证券，当日不得卖出；⑤申报行权时间为每个交易日 9:30—11:30、13:00—15:00；⑥标的证券的除权、除息，权证的发行人应对权证的行权价格、行权比例进行相应调整并及时提交交易所。这样规定的目的是维持权证价格和标的股票之间的互动关系，使权证价格主要由标的股票决定的特点得到更有效的体现。

（7）权证的结算。权证的交易佣金、费用等，参照在上海证券交易所和深圳证券交易所具体的标准执行。具体为权证交易的佣金不超过交易金额的 0.3%，行权时向登记公司按股票过户面值缴纳 0.05% 的股票过户费，不收取行权佣金。权证的结算方式主要包括三种。

①证券给付结算方式。这是指权证持有人行权时，发行人有义务按照行权价格向权证持有人出售标的证券，如按行权比例买给持有人证券。

②现金结算方式。这是指权证持有人行权时，发行人按照约定向权证持有人支付行权价格与标的证券结算价格之间的差额，即按当日标的证券（股票）的价格减去行权价格的差额支付给持有人。

3. 股票期权

股票期权合约是证券交易所统一制定的、规定买方有权在将来特定时间以特定价格买入或者卖出约定股票或者跟踪股票指数的交易型开放式指数基金（ETF）等标的物的标准化合约。2015 年 2 月，上海证券交易所推出了上证 50 ETF 期权合约，基本条款如表 3.5 所示。

表 3.5 上证 50 ETF 期权合约基本条款

项目	具体内容
合约标的	上证 50 交易型开放式指数证券投资基金（"50 ETF"）
合约类型	认购期权和认沽期权
合约单位	10 000 份
合约到期月份	当月、下月及随后两个季月
行权价格	5 个（1 个平值合约、2 个虚值合约、2 个实值合约）
行权价格间距	3 元或以下为 0.05 元，3 元至 5 元（含）为 0.1 元，5 元至 10 元（含）为 0.25 元，10 元至 20 元（含）为 0.5 元，20 元至 50 元（含）为 1 元，50 元至 100 元（含）为 2.5 元，100 元以上为 5 元
行权方式	到期日行权（欧式）
交割方式	实物交割（业务规则另有规定的除外）
到期日	到期月份的第四个星期三（遇法定节假日顺延）
行权日	同合约到期日，行权指令提交时间为 9：15—9：25、9：30—11：30、13：00—15：30
交收日	行权日次一交易日
交易时间	上午 9：15—9：25、9：30—11：30（上午 9：15—9：25 为开盘集合竞价时间） 下午 1：00—3：00（下午 2：57—3：00 为收盘集合竞价时间）
委托类型	普通限价委托、市价剩余转限价委托、市价剩余撤销委托、全额即时限价委托、全额即时市价委托以及业务规则规定的其他委托类型
买卖类型	买入开仓、买入平仓、卖出开仓、卖出平仓、备兑开仓、备兑平仓以及业务规则规定的其他买卖类型
最小报价单位	0.000 1 元
申报单位	1 张或其整数倍
涨跌幅限制	认购期权最大涨幅 = max｛合约标的前收盘价×0.5%，min［（2×合约标的前收盘价 – 行权价格），合约标的前收盘价］×10%｝ 认购期权最大跌幅 = 合约标的前收盘价×10% 认沽期权最大涨幅 = max｛行权价格×0.5%，min［（2×行权价格 – 合约标的前收盘价），合约标的前收盘价］×10%｝ 认沽期权最大跌幅 = 合约标的前收盘价×10%
熔断机制	连续竞价期间，期权合约盘中交易价格较最近参考价格涨跌幅度达到或者超过 50% 且价格涨跌绝对值达到或者超过 5 个最小报价单位时，期权合约进入 3 分钟的集合竞价交易阶段
开仓保证金最低标准	认购期权义务仓开仓保证金 =［合约前结算价 + max（12%×合约标的前收盘价 – 认购期权虚值，7%×合约标的前收盘价）］×合约单位 认沽期权义务仓开仓保证金 = min｛合约前结算价 + max（12%×合约标的前收盘价 – 认沽期权虚值，7%×行权价格），行权价格｝×合约单位

续表

项目	具体内容
维持保证金最低标准	认购期权义务仓维持保证金＝［合约结算价＋max（12%×合约标的收盘价－认购期权虚值，7%×合约标的收盘价）］×合约单位 认沽期权义务仓维持保证金＝min［合约结算价＋max（12%×合标的收盘价－认沽期权虚值，7%×行权价格），行权价格］×合约单位

五、金融互换

互换（Swap）是指两个或两个以上的经济主体，在约定的条件下，将所持资产或负债与对方交换的合约。金融互换主要有货币互换和利率互换。

（一）货币互换

货币互换是指两个交易主体约定期初以即期汇率互换本金来取得各自所需货币，并定期以互换所得货币，支付利息给债权人，期末再以期初所约定的汇率完成本金互换，结束互换交易。在货币互换交易中，不仅互换本金，也互换利息支付。货币互换通常分三阶段进行，期初阶段议定合约内容及本金交换；期中阶段进行利息互换；期末阶段以期初议定的汇率换回本金。例如，假设中国A公司计划投资美国，需要筹集1亿美元，但以该公司的国际知名度，难以取得符合该公司成本要求的美元资金；同时美国B公司计划到中国开设分公司，需要筹集人民币资金，但该公司不熟悉中国的信贷市场，难以取得低成本资金。如果两家公司均愿意筹集固定利率债务，在两个市场上的贷款利率如表3.6所示。

表3.6 中国A公司和美国B公司的美元贷款利率和人民币贷款利率　　　　　单位：%

公司	美元贷款利率	人民币贷款利率
中国A公司	12	6
美国B公司	10	8

在期初阶段，B公司在美国以10%的利率筹集1亿美元，期限3年，每半年付息一次；A公司在中国以6%的利率筹集人民币资金6.471 6亿元，期限3年，每半年付息一次。以汇率6.471 6（美元/人民币）互换本金，利息每半年支付一次，在期末换回本金，汇率仍然为6.471 6（美元/人民币）。

在期中阶段，双方每半年互换利息一次，因此B公司每半年必须支付年息6%的人民币利息给A公司，而A公司也必须每半年支付年息10%的美元利息给B公司。

在期末阶段，A公司和B公司以期初约定的汇率6.471 6（美元/人民币）换回本金，偿还贷款，结束互换交易。

通过货币互换，交易双方不仅筹集了成本相对较低的资金，而且消除了汇率波动带来的风险，可谓一举两得。

（二）利率互换

利率互换是交易双方在相同的货币基础上，交换不同计息方式的债务利息。在互换过程中，本金不需要交换，但是交易双方必须约定名义本金的金额，作为支付利息费用的计算基础。利率互换的动机源自比较优势原理，对两个借款人甲和乙来说，假设乙在固定利率借款和浮动利率借款的信用评级都高于甲，从而融资成本相对要低，具有绝对优势；但只要乙与甲在固定利率借款的利差与两者在浮动利率借款的利差不同，即甲在固定利率借款或者浮动利率借款中具有相对优势，那么通过利率互换则可以降低交易双方的融资成本。假设借款人甲和乙在固定利率和浮动利率方面的情况如表3.7所示。

表3.7 借款人甲和乙各自借款的利率成本

利率类型	借款人甲	借款人乙	利差（甲－乙）
浮动利率借款	银行同业拆借利率+0.5%	银行同业拆借利率	0.5%
固定利率借款	8%	7%	1%

如果乙以7%的固定利率借入资金，甲以银行同业拆借利率+0.5%的浮动利率借入资金，然后进行互换。乙支付给甲浮动利率银行同业拆借利率+0.25%；甲支付给乙固定利率7.5%。通过互换，甲和乙的融资成本分别为：

借款人乙的融资成本 = 7% +（银行同业拆借利率+0.25%）－7.5%
= 银行同业拆借利率－0.25%

借款人甲的融资成本 = 银行同业拆借利率+0.5%+7.5%－（银行同业拆借利率+0.25%）= 7.75%

通过利率互换，借款人乙取得浮动利率资金的成本降低了0.25%，借款人甲取得固定资金的成本也降低了0.25%，交易双方均有效地降低了融资成本，实现了双赢。

六、结构化金融衍生工具

结构化金融衍生工具是运用金融工程结构化方法，将若干种基础金融商品和金融衍生产品相结合设计出的新型金融产品。目前最为流行的结构化金融衍生工具主要是由商业银行开发的各类结构化理财产品以及在交易所市场上市交易的各类结构化票据，它们通常与某种金融价格相联系，其投资收益随该价格的变化而变化。

目前，我国内地尚无交易所交易的结构化产品，但是，很多商业银行通过柜台销售各类"挂钩理财产品"。这些理财产品的预期收益与某种利率、汇率或者黄金、股票、能源价格相联系，通过事先约定的计算公式进行计算。

【复习思考题】
1. 股票具有哪些特征？
2. 普通股票的持有者具有哪些权利？
3. 股份公司的股利政策一般包括哪几种方式？与此相对应的还会形成哪几个重要日期？
4. 影响股票发行价格的主要因素有哪些？
5. 债券的票面要素包括哪些？
6. 债券的特征包括哪些？
7. 国债和其他债券相比具有哪些特点？
8. 债券与股票相比，有哪些相同点和不同点？

9. 我国国债的发行方式主要包括哪些？
10. 影响国债销售价格的因素主要有哪些？
11. 证券投资基金具有哪些特点和作用？
12. 证券投资基金与股票、债券相比，有哪些区别？
13. 证券投资基金当事人之间有什么样的关系？
14. 基金资产估值须考虑的因素一般有哪些？
15. 影响基金价格波动的因素一般有哪些？
16. 金融衍生工具具有哪些基本特征？

【实训任务】

1. 通过互联网、行情软件系统等途径找到某只上市公司的股票（A 股票）或某只国债（B 国债），并寻找该公司的股票或该国债相关资料。

2. 先阅读 A 股票的发行公告，然后据该股票的相关财务数据对该股票进行价值估值，并写成分析报告。

3. 先阅读 B 国债的发行公告，然后据国债的发行条款对国债进行估值。

4. 通过互联网、行情软件系统等途径找到某只基金，并寻找该基金的相关资料。

（1）选择一只封闭式基金。

（2）收集该基金的基本概况。

（3）分析该基金所在的基金系。

（4）分析该基金的历史分红。

（5）分析该基金的净值变动。

（6）分析该基金的投资组合。

5. 参加期货模拟交易。

（1）进入期货网站。

（2）注册新用户并登录。

（3）报名参加模拟期货交易。

（4）下载期货行情软件。

（5）进行期货模拟交易。

第四章

证券投资理论分析

第一节 证券投资组合理论

一、证券投资组合理论的形成与发展

(一) 证券投资组合理论的产生

1952年,哈里·马柯维茨发表了一篇题为"证券组合选择"的论文,标志着现代证券组合理论的开端。马柯维茨考虑的问题是单期投资问题:投资者在某个时间(称为"期初")用一笔自有资金购买一组证券并持有一段时期(称为"持有期"),在持有期结束时(称为"期末"),投资者出售他在期初购买的证券并将收入用于消费或再投资。马柯维茨注意到投资者在寻求预期收益最大化的同时也追求收益的不确定性最小,在期初进行决策时必然力求使这两个相互制约的目标达到某种平衡。马柯维茨通过对投资者同时购买多种证券组合进行分析,分别用期望收益率和收益率的方差来衡量投资的预期收益水平和不确定性(风险),建立均值方差模型来阐述如何全盘考虑上述两个目标,从而进行决策。

(二) 证券投资组合理论的发展

早在证券组合理论广泛传播之前,威廉·夏普、约翰·林特耐和简·摩辛三人便几乎同时独立地提出了以下问题:假定每个投资者都使用证券组合理论来经营他们的投资,这将会对证券定价产生怎样的影响?他们在回答这一问题时,分别于1964年、1965年和1966年提出了著名的资本资产定价模型(Capital Asset Pricing Model,CAPM)。这一模型在金融领域盛行十多年。1977年,理查德·罗尔对这一模型提出了批评,认为该模型永远无法用经验事实来检验。与此同时,史蒂芬·罗斯突破性地发展了资本资产定价模型,提出套利定价理论(Arbitrage Pricing Theory,APT)。这一理论认为,只要任何一个投资者都不能通过套利获得收益,那么期望收益率就一定与风险相联系。理查德·罗尔和史蒂芬·罗斯在1984年认为,这一理论至少在原则上是可以检验的。

二、资产组合的含义

资产组合一般是指投资者在金融市场的投资活动中,根据自己的风险—收益偏好所选择的几种金融工具的集合。投资者进行资产组合,是为了避免因投资的孤注一掷而可能导致的全军覆没的惨败。在评估一个资产组合的风险时,投资者必须考虑到资产收益之间的相互作用。签订保险合约、交一大笔保险金是降低风险的好办法。当资产组合中的一部分资产(如房屋或工厂)遭受火灾的巨大损失时,购买的火险就派上了用场。房产与保险这两种资产收益相互抵消,稳定了整个资产组合的风险。投资于补偿形式的资产,使之抵消可能遇到的风险被称为套期保值(Heding)。保险合约便是明显的套期保值工具。控制资产组合风险的另一个工具是分散化(Diversification),这意味着投资是散布于各类资产中的,以保证任何特定证券所暴露风险的有限性。通过把鸡蛋放在许多篮子中,整个资产组合的风险实际上要比资产组合中任何一个孤立证券所有的风险低得多。

三、证券投资组合的收益与风险度量

(一)证券投资组合的期望收益率

证券投资组合的预期收益是投资组合中所有证券预期收益的加权平均。记 r_p 为投资组合 p 的实际收益率,$E(r_p)$ 或 μ_p 为投资组合 p 的期望收益率,则投资组合中第 i 种证券的比例(权重)为:x_i($i=1, 2, \cdots, n$);$\sum_{i=1}^{n} x_i = 1$。

如果证券市场不允许卖空,则 $x_i \geq 0$;如果允许卖空,则 $x_i \leq 0$,可以为负。

投资组合 p 的收益计算公式为:

$$r_p = x_1 r_1 + x_2 r_2 + \cdots + x_n r_n = \sum_{i=1}^{n} x_i r_i$$

$$E(r_p) = \mu_p = x_1 E(r_1) + x_2 E(r_2) + \cdots + x_n E(r_n) = \sum_{i=1}^{n} x_i E(r_i)$$

(二)证券投资组合的风险衡量

由于任何投资组合的本身都可以作为一单项资产来对待,因此,投资组合的风险也可用与单种风险证券的风险计量类似的方法进行计算。

任意两只证券 i 和 j,两者之间的协方差为:

$$\sigma_{ij} = E[(r_i - \bar{r}_i)(r_j - \bar{r}_j)]$$

两者的相关系数为:

$$\rho_{ij} = \frac{\sigma_{ij}}{\sigma_i \sigma_j}$$

从而 N 种证券的协方差矩阵为:

$$V = \begin{bmatrix} \sigma_1^2 & \sigma_{12} & \cdots & \sigma_{1N} \\ \sigma_{21} & \sigma_2^2 & \cdots & \sigma_{2N} \\ \vdots & \vdots & & \vdots \\ \sigma_{N1} & \sigma_{N2} & \cdots & \sigma_N^2 \end{bmatrix}$$

一个包含 N 种证券的投资组合 p 的方差为：

$$\begin{aligned}\sigma_p^2 &= E[(r_p - \bar{r}_p)^2] = E[(x^T r - x^T \bar{r})^2] \\ &= E[x^T(r-\bar{r})(r-\bar{r})^T x] = x^T E[(r-\bar{r})(r-\bar{r})^T] x \\ &= \sum_{i=1}^N \sum_{j=1}^N X_i X_j \sigma_{ij} = \sum_{i=1}^N \sum_{j=1}^N X_i X_j \rho_{ij} \sigma_i \sigma_j \\ &= x^T V x \end{aligned}$$

式中　x——权重列向量；

　　　$\bar{r}_p$——投资组合 p 的期望收益率；

　　　$\bar{r}$—— p 种证券的期望收益向量。

对于只有两种证券构成的投资组合 p 来说，其标准差为：

$$\sigma_p = \sqrt{x_1^2 \sigma_1^2 + x_2^2 \sigma_2^2 + 2x_1 x_2 \sigma_1 \sigma_2 \rho_{12}}$$

由此可以看出，投资组合的风险（方差或标准差）并非是构成组合的各种证券的风险（方差或标准差）的加权平均数。

（三）相关系数对证券投资组合风险的影响

从上述讨论已经知道，投资组合的风险与构成组合的各证券收益率之间的相关系数有很大的关系。为了便于分析，我们仅考虑两种证券投资组合，并且仅考虑相关系数是 1、0、-1 这三种情况。多种证券构成的投资组合也有类似的规律。

由上述公式可知，当 $\rho = 1$ 时，有：

$$\begin{aligned}\sigma_p &= \sqrt{x_1^2 \sigma_1^2 + x_2^2 \sigma_2^2 + 2x_1 x_2 \sigma_1 \sigma_2} \\ &= x_1 \sigma_1 + x_2 \sigma_2 \end{aligned}$$

即，当构成组合的各证券的收益率成完全正相关时，投资组合的风险就等于构成组合的各证券的风险的加权平均数。在这种情形下，投资组合并不能带来风险的降低。同理，据公式可推出：当 $\rho = 0$ 和 $\rho = -1$ 时，投资组合的风险都小于构成组合的各证券的风险的加权平均数，因而都在一定程度上降低了风险。

由此可以看出，除了构成投资组合的所有证券的收益率之间全都成完全正相关的极端情形外，投资组合的风险要小于构成组合的各证券风险的加权平均数，也就是说，投资组合具有分散风险的功能。实际上，同一股票市场的各种股票之间一般是正相关的，但相关系数小于 1。所以，在这种情况下挑选出来的股票所构成的投资组合可以减少风险，但不能完全消除风险。

【例 4.1】已知证券组合 P 是由证券 A 和 B 构成，证券 A 和 B 的期望收益、标准差以及相关系数如表 4.1 所示。

表 4.1　证券组合的期望收益、标准差及相关系数

证券名称	期望收益率/%	标准差/%	相关系数	投资比重/%
A	10	6	0.12	30
B	5	2		70

那么，组合 p 的期望收益为：
$$E(r_p) = (0.1 \times 0.3 + 0.05 \times 0.7) \times 100\% = 0.065 \times 100\% = 6.5\%$$
组合 p 的方差为：
$$\sigma_p^2 = 0.3 \times 0.3 \times 0.06 \times 0.06 + 0.7 \times 0.7 \times 0.02 \times 0.02 + 2 \times 0.3 \times 0.7 \times 0.06 \times 0.02 \times 0.12$$
$$= 0.032\ 7$$

选择不同的组合权数，可以得到包含证券 A 和证券 B 的不同证券组合，从而得到不同的期望收益率和方差。投资者可以根据自己对收益率和方差（风险）的偏好，选择自己最满意的组合。

四、投资组合理论的内容

（一）马柯维茨资产组合理论的基本假设

马柯维茨的资产组合理论建立在严格的假设之上。这些假设一类是关于投资者的，一类是关于资本市场的。

1. 关于投资者的假设

（1）投资者基于收益率—风险，即均值—方差范式进行投资决策。期望收益率反映投资者对未来收益水平的衡量，而收益的方差则反映了投资者对风险的估计。

（2）投资者是理性的、风险厌恶的，其对收益率具有不满足性，即期望收益一定时，投资者选择风险程度较低的证券或证券组合；而在给定风险程度下，选择期望收益最高的证券或证券组合。

（3）独创性地提出投资者的目标是期望效用 $E(u) = f(E(R), \sigma^2)$ 最大化，而不是期望收益最大化。其中 $E(R)$、σ^2 分别为投资的期望收益与方差。

2. 关于资本市场的假设

（1）资本市场是有效的，证券的价格反映了其内在价值；市场无摩擦，不存在税收和佣金、保证金、买卖差价等交易成本。

（2）资本市场上证券有风险，收益都服从正态分布，不同证券之间有一定的相关性。

（3）资本市场上证券无限可分，可买任意小数量的股票、债券；且任何证券的购买不影响市场价格，即资本市场的供给具有无限弹性。

（4）市场允许卖空。

（二）投资者的效用函数与无差异曲线

1. 效用函数

所谓效用是指人们从某事或某物上所得到的主观上的满足程度，因而效用属主观范畴。效用可以用效用函数或效用的无差异曲线来表示。效用函数是一个数学表达式，它为所有可

能的选择赋予了一个值。这个值越高，效用就越大，表达了经济实体对可了解的风险和期望收益率的偏好。一般来说，一个投资者的效用函数受许多因素的影响，但在一定的条件下，投资者的效用函数可以仅仅表示为期望收益率和标准差的函数，从而投资者可以只把期望收益率和标准差作为选择的目标。在这种情况下，可以用无差异曲线来表示投资者的效用。

2. 无差异曲线

所谓无差异曲线，是指在由期望收益率和标准差为坐标轴的平面上，将期望效用值相同的点所连成的一条曲线。对某投资者而言，同一条无差异曲线上的不同投资组合给他带来的效用期望值相等。无差异曲线具有如下的重要性质。

（1）风险厌恶者的无差异曲线凸向横轴，即随着风险的增加，对于相同幅度的风险增加额，投资者所要求的风险补偿不断增加，即随着风险的增加，无差异曲线上各点的斜率越来越大。

（2）无差异曲线向右上方倾斜（或者说无差异曲线上各点的斜率为正值），即随着风险的增加，要想保持相同的效用期望值，只有增加期望收益率，也就是说，必须给增加的风险提供风险补偿。

上述两个性质是由投资者的永不满足及风险厌恶特性所导致的。

（3）无差异曲线是密集的，即任何两条无差异曲线中间，必然有另外一条无差异曲线。我们把某个投资者密集的无差异曲线构成的集合，称为无差异曲线群。

（4）在无差异曲线群中，越往左上方的无差异曲线，其效用期望值越大。

（5）任何两条无差异曲线不可能相交。

无差异曲线的上述性质可以保证对任一投资者来说，必然有一条无差异曲线与下面所讲的投资有效边界相切。每个投资者都有一条自己的无差异曲线，而且对每个投资者来说，这条无差异曲线是唯一的。

投资者对待风险和期望收益率的态度也可以从他的无差异曲线的形状来分析。较陡峭的无差异曲线反映了投资者对风险持较保守的态度，即为承受额外的风险需要较多的额外预期收益来补偿；相反，较平缓的无差异曲线则反映了投资者敢于冒险的精神，即为了获取额外的预期收益愿意承受较多风险。图4.1展示了三种不同风险厌恶程度投资者的无差异曲线。

为了确定一个投资者的无差异曲线，一种办法是给投资者提供一系列假想的投资组合及相应的期望收益率和标准差，然后要求他选择一个最满意的组合。给定选择，投资者的无差异曲线的形状和位置就可以被估计出来了。

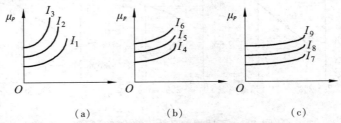

图4.1 三种不同类型风险厌恶程度投资者的无差异曲线

(a) 高度风险厌恶；(b) 中度风险厌恶；(c) 轻微风险厌恶

（三）投资的可行集或机会集

投资的可行集或机会集是指资本市场上可能形成的所有投资组合的总体。图形内部即为可行集，任意投资组合所代表的一点都落在可行集边界上或边界内。一般情况下，可行集的左侧边界为一条双曲线的一部分，是向左凸的，如图 4.2 所示。

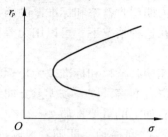

图 4.2　投资的可行集或机会集

为说明可行集的这个性质，我们先从两证券的投资组合进行介绍。

假设市场上仅有两种证券 A 和 B，证券 A、B 构成了两证券投资组合 p，其期望收益率 $\bar{r}_p$ 和标准差 σ_p 表示如下：

$$\bar{r}_p = x\bar{r}_1 + (1-x)\bar{r}_2$$

$$\sigma_p = \sqrt{x^2\sigma_1^2 + (1-x)^2\sigma_2^2 + 2x(1-x)\sigma_1\sigma_2\rho_{12}}$$

式中　$\bar{r}_1$、$\bar{r}_2$——证券 A、B 的期望收益率；

σ_1、σ_2——证券 A、B 收益率的标准差；

x——投资组合中证券 A 的投资比重；

$1-x$——证券 B 在组合中的投资比重；

ρ_{12}——证券 A、B 收益率间的相关系数。

当 x 不断变动时，就可以不断地得到新的投资组合。众多投资组合构成了投资组合的集合，即投资的可行集或机会集。

【例 4.2】假设市场上仅有两种证券 A 和 B，证券 A、B 构成了两证券投资组合 p，其 $\bar{r}_1 = 2.5\%$，$\sigma_1 = 2\%$，$\bar{r}_2 = 4\%$，$\sigma_2 = 5\%$，当两种证券收益率间的相关系数 ρ_{12} 分别等于 1、0、-1 这三种不同的相关状态时，试画出不同相关系数下的投资可行集，并对各种相关状态下的投资组合可行集加以说明。当 $-1 < \rho_{12} < 1$ 时，又是如何？

分析：不同相关系数下的投资可行集如图 4.3 所示。

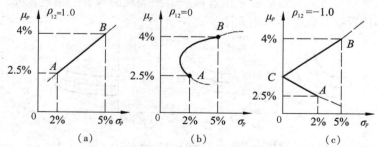

图 4.3　不同相关系数下的投资可行集

(a) $\rho_{12} = 1$ 时的投资可行集；(b) $\rho_{12} = 0$ 时的投资可行集；(c) $\rho_{12} = -1$ 时的投资可行集

(1) 当 $\rho_{12} = 1$ 时：

$$\bar{r}_p = x\bar{r}_1 + (1-x)\bar{r}_2$$

$$\sigma_p^2 = x^2\sigma_1^2 + (1-x)^2\sigma_2^2 + 2x(1-x)\rho_{12}\sigma_1\sigma_2$$

$$\sigma_p = x\sigma_1 + (1-x)\sigma_2$$

假设存在着证券卖空限制,则 $0 \leqslant x \leqslant 1$,投资组合可行集为图 4.3(a)中的实线 AB。如果允许对证券卖空,并将所得的价款及原有的资金投资于另一证券,即 x 或 $1-x$ 小于 0,并且 x 或 $1-x$ 大于 1,投资的可行集为图 4.3(a)中的实线和虚线。假如仅对证券 B 卖空,则投资组合可行集是自点 A 处延伸出去的虚线;假如仅对证券 A 卖空,则投资组合可行集是自点 B 处延伸出去的虚线。

(2) 当 $\rho_{12}=0$ 时:

$$\bar{r}_p = x\bar{r}_1 + (1-x)\bar{r}_2$$
$$\sigma_p = \sqrt{x^2\sigma_1^2 + (1-x)^2\sigma_2^2}$$

假设存在着证券卖空限制,即 $0 \leqslant x \leqslant 1$,投资可行集为图 4.3(b)中的实曲线 AB。如果允许对证券卖空,并将所得的价款及原有资金投资于另一证券,即 x 或 $1-x$ 小于 0,并且 x 或 $1-x$ 大于 1,投资组合可行集为图 4.3(b)中的实曲线和虚曲线。假如仅对证券 B 卖空,则投资组合可行集是自点 A 处延伸出去的虚曲线;假如仅对证券 A 卖空,则投资组合可行集是自点 B 处延伸出去的虚曲线。

(3) 当 $\rho_{12}=-1$ 时:

$$\bar{r}_p = x\bar{r}_1 + (1-x)\bar{r}_2$$
$$\sigma_p = |x\sigma_1 - (1-x)\sigma_2|$$

假设存在着证券卖空限制,即 $0 \leqslant x \leqslant 1$,但 $x\sigma_1 - (1-x)\sigma_2$ 的符号不定。

当 $x\sigma_1 \geqslant (1-x)\sigma_2$ 时,即 $x \geqslant \dfrac{\sigma_2}{\sigma_1+\sigma_2}$,此时,$\sigma_p = x\sigma_1 - (1-x)\sigma_2$。

当 $x\sigma_1 \leqslant (1-x)\sigma_2$ 时,即 $x \leqslant \dfrac{\sigma_2}{\sigma_1+\sigma_2}$,此时,$\sigma_p = -x\sigma_1 - (1+x)\sigma_2$。

这样,投资组合可行集为图 4.3(c)中的两条实线 CB 和 CA。如果允许对证券卖空,并将所得的价款及原有的自有资金投资于另一证券,即 x 或 $1-x$ 小于 0,并且 x 或 $1-x$ 大于 1,投资组合可行集为图 4.3(c)中的实线和虚线。假如仅对证券 B 卖空,则投资组合可行集是自点 A 处延伸出去的虚线;假如仅对证券 A 卖空,则投资组合可行集是自点 B 处延伸出去的虚线。

(4) 当 $-1<\rho_{12}<1$ 时:

$$\bar{r}_p = x\bar{r}_1 + (1-x)\bar{r}_2$$
$$\sigma_p^2 = x^2\sigma_1^2 + (1-x)^2\sigma_2^2 + 2x(1-x)\rho_{12}\sigma_1\sigma_2$$

整理后可得:

$$\sigma_p^2 = D\bar{r}_p^2 + F\bar{r}_p + G$$

式中

$$D = \frac{\sigma_1^2 + \sigma_2^2 - 2\rho_{12}\sigma_1\sigma_2}{(\bar{r}_1 - \bar{r}_2)^2} > 0$$

当相关系数 ρ_{12} 在 -1 和 $+1$ 之间时,可将 $\rho_{12}=-1$ 和 $\rho_{12}=+1$ 的投资组合可行集同时标在图上,这构成了三角形 ABC,如图 4.4 所示。

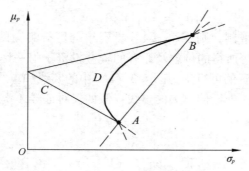

图 4.4 $-1 \leqslant \rho_{12} \leqslant 1$ 的投资可行集

由图 4.4 可知，投资的可行集必然落在三角形 ABC 中，如曲线 ADB。ρ_{12} 越大，曲线 ADB 就越靠近直线 AB；ρ_{12} 越小，曲线 ADB 就远离直线 AB。ADB 是凸向纵轴的曲线，曲线上必存在一点 D，离纵轴距离最近。

以上是两种证券投资组合的情形。如证券种类增至三种或三种以上，且各证券都是风险证券，此时的投资可行集是一个区域而不是一条曲线。按照类似的方法，可以构造多项证券组合投资的可行集。假设不得对证券卖空，则投资可行集为图 4.5 上的点 B、点 C、点 A、点 D、点 E 所围成的伞形区域，区域中的左边界 BCA 曲线凸向纵轴。

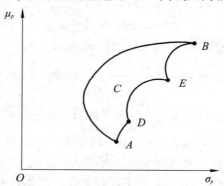

图 4.5   多种证券组合的投资可行集

（四）投资的有效集或有效边界

由于风险厌恶者所追求的目标是既定期望收益条件下的风险最小化或者既定风险条件下的期望收益最大化，这一目标导致投资者在投资时应在风险和期望收益方面进行权衡。虽然有无数种可能的投资组合（即可行集）可供选择，但投资者不可能去评估市场上现存的每一种投资组合，这一工作简直是不可能完成的任务。实际上，投资者只需对一个被称为投资的有效集（The Efficient Set）或马柯维茨的有效边界（Markowitz's Efficient Frontier）进行评估和进行选择即可。

一个投资者将从在各种风险水平上能够带来最大收益率的，以及在各种期望收益率水平上风险最小的证券组合集合中选择出最佳证券组合。满足这个定理的证券组合边界即有效边界。

这一定义中包含着如下两个条件：①给定的风险水平、期望收益率最大；②给定的期望收益率、风险水平最小。

满足上述条件的投资组合集合才是投资的有效集或有效边界。因此，投资可行集中的投资组合并非都是有效集中的组合。例如，图 4.6 中的投资机会集左边界 ACB，现在作一条垂线与曲线 ACB 相切，切点为点 C。在曲线 ACB 的 CB 部分为无效的投资组合。因为我们在曲线 CB 上任取一点，如点 B，与在曲线 CA 上的点 A 与点 B 具有相同的风险（标准差），但点 A 的投资组合的期望收益率要高于点 B 投资组合的期望收益率。因而，理性的投资者会选择点 A 的投资组合，而不会选择点 B 的投资组合。因此，曲线 CA 才是投资的有效集或有效边界。

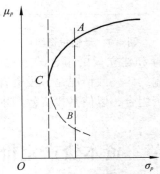

图 4.6　不具有无风险借贷机会的投资有效边界

很显然，投资的有效边界是向右上方倾斜的、凸向纵轴的曲线。另外，构成组合的证券间的相关系数越小，投资的有效边界就弯曲得越厉害。

（五）最优投资组合

所谓最优投资组合（The Optimal Portfolio）或最佳投资组合，是指某投资者在可以得到的各种可能的投资组合中，唯一可获得最大效用期望值的投资组合。利用投资者共同偏好规则可以确定哪些组合是有效的、哪些是无效的。特定投资者可以在有效组合中选择自己最满意的组合，这种选择依赖于投资者的偏好，投资者的偏好通过其无差异曲线来反映。通过前面分析，可知风险厌恶者的无差异曲线是递增的、凸向纵轴的，而投资的有效边界也是递增的，却是凸向横轴的，因此，无差异曲线与有效边界的切点是唯一的。该切点组合便是投资者最满意的有效组合，最优证券组合正是无差异曲线族与有效边缘的切点所在的组合。

现在将有效边界与无差异曲线放在一块进行分析，就可以确定最优投资组合了。图 4.7 中，曲线 ABC 表示有效边界，投资者将在这条边界上选择某一点建立自己的投资组合。曲线①、②、③表示投资者甲的三条无差异曲线，而曲线④、⑤、⑥则表示另一投资者乙的三条无差异曲线。

对于投资者甲来说，点 B 是最佳的效益组合，因为在这一点，他获得了最高可能的效用；对于投资者乙来说，点 C 是其最佳的投资组合，同样在点 C，乙获得了最高可能的效用。

以上分析表明，只要知道了投资者的投资偏好（通过无差异曲线的形状来反映），并且掌握了证券市场上的投资机会（由有效边界来表示），就有可能确定最佳投资组合。这就是投资者最高的一条无差异曲线与有效边界相切的那一点。

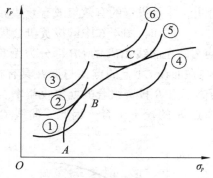

图 4.7 最佳投资组合

需要注意的是，投资者在选择和建立投资组合的过程中，既受自身对待风险态度的影响，也受市场上现存投资机会的制约。一般情况是，投资者在有效边界与其尽可能高的无差异曲线相切之点上建立自己的投资组合，以使其投资效用水平或满足限度达到最大化。

第二节 资本资产定价模型

资本资产定价模型（CAPM）是在马柯维茨提出的资产组合理论的基础上，由经济学家威廉·夏普等人创建的。该理论的主要特点是将资产的预期收益率与被称为 β 系数的风险值相联系，从理论上探讨在多样化的资产搭配中如何有效地计算单项证券的风险，从而说明风险证券是如何在证券市场上确定价格的。由于该理论论证严谨，可操作性强，能较好地解释证券定价的一些基本问题，因而在西方现代证券投资理论中占有极其重要的地位。

一、资本资产定价模型的原理

（一）假设条件

1. 马柯维茨模型和资本资产定价理论的共同假设

（1）投资者是回避风险的，追求期望效用最大化。
（2）投资者根据期望收益率的均值和方差来选择投资组合。
（3）所有投资者处于同一单一投资期。

2. 资本资产定价理论的附加假设

（1）投资者可以以无风险利率、无限制地进行借入和贷出。
（2）投资者们对证券收益率的均值、方差和协方差具有相同的期望值（同质预期）。
（3）资本市场没有摩擦。所谓摩擦，是指市场对资本和信息自由流动的阻碍。

因此，该假设意味着：在分析问题的过程中，不考虑交易成本和对红利、股息及资本利得的征税，信息在市场中自由流动，任何证券的交易单位都是无限可分的。市场只有一个无风险借贷利率，在借贷和卖空上没有限制。

（二）分离定理

由资本资产定价理论的假设可知，由于证券市场上每个投资者对证券的期望收益率、方差、相互之间的协方差以及无风险利率的估计是一致的,所以,在证券市场达到均衡时,每个投资者的切点证券组合相同,每个投资者的线性有效边界也相同,即每个投资者以相同的无风险利率借或者贷,再投资到相同的切点证券组合上。

由于所有的投资者都有相同的有效边界,不同的投资者由于对风险和收益的偏好不同,将从同一个有效边界上选择不同的投资组合。例如,在图4.8中,不同风险承受能力的投资者会选择不同的投资组合。如果投资者是风险回避者,他将以一部分资金投资于无风险资产,将剩下资金投资于切点证券组合M(即在线段r_fM上某一点形成的投资组合)。而如果投资者是一个风险偏好者,为了追求较高的投资收益率,愿意承担较高的风险,他可能将所有的资金全部投资于切点证券组合M,更有甚者,他将可能以无风险利率借入资金,并将其与自有资金一起投资于切点证券组合M(即在直线r_fM上的点B右边的某一点所形成的投资组合)。这意味着,除了全部持有无风险证券的特殊情况外,所有敢于承受风险的投资者都会选择切点证券组合M,只是在借贷规模上存在差异。所有偏离切点证券组合M而对其他风险证券或风险证券组合进行投资都是不经济的或缺乏理性的。

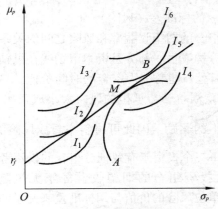

图4.8 分离定理

注意,尽管所选的证券组合不同,但每个投资者选择的风险资产的组合比例是一样的,即均为切点证券组合M。为获得风险和收益的最佳组合,每个投资者以无风险利率借或者贷,再把所有的资金按相同的比例投资到风险资产上。资本资产定价模型的这一特性被称为分离定理,最早由美国芝加哥大学教授詹姆斯·托宾(James Tobin)于1958年提出,它告诉我们,无论投资者是保守型的,还是敢于冒风险的,在他们选择的投资组合中,都应当持有或多或少的风险资产——最优风险资产组合。分离定理的具体表述为:不需要知道投资者对风险和收益的偏好,就能够确定风险资产的最优组合。换句话说,在确定某个投资者的无差异曲线之前,就可以知道其风险资产的最优组合了。

(三) 资本市场线

在均衡状态下,较保守的投资者贷出一些资金,而将其余的资金投资于市场证券组合M上;进取的投资者将借入以便将比初始资金更多的资金投资于市场证券组合上,但所有点都将停留在该直线上,这条线就称为资本市场线(Capital Market Line,CML),如图4.9所示。

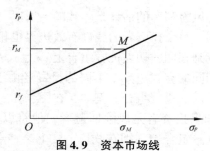

图 4.9 资本市场线

从形式上，资本市场线表示为下列直线方程：

$$\bar{r}_p = r_f + \frac{r_M - r_f}{\sigma_M} \sigma_p = r_f + b\sigma_p$$

式中 $\bar{r}_p$——任意有效证券组合 p 的期望收益率；

r_f——无风险收益率；

b——资本市场线的斜率；

σ_p——有效证券组合 p 的标准差（风险）。

资本市场线方程对有效组合的期望收益率和风险之间的关系提供了十分完整的阐述。有效组合的期望收益率由两部分构成：一部分是资本市场线在纵轴上的截距 r_f，是无风险收益率，它表示放弃即期消费的补偿，也称 r_f 为资金的时间价值；另一部分则是 $b\sigma_p$，是对承担风险 σ_p 的补偿，通常称为风险溢价，与承担的风险大小成正比。其中的斜率表示承担单位风险所能获得的期望收益率上的奖励，因此可将斜率看成风险的价格，故将斜率 $\frac{r_M - r_f}{\sigma_M}$ 称为风险的价格，这个价格对每一个投资于有效证券组合的投资者是一样的。

资本市场线表明，有效投资组合的期望收益等于无风险利率加上风险升水（Risk Premium），而风险升水等于单位风险的价值与用标准差来衡量的组合的风险的乘积，即：

期望收益率 = 无风险利率 + 单位风险价值 × 风险数量

即，CML 给出每一个证券组合的风险水平应得的收益回报。因而，不同投资者可根据自己的无差别曲线在资本市场线上选择自己的资产组合。对于风险承受能力弱、偏爱低风险的投资者，可在 CML 上的左下方选择自己的资产组合。一般可将全部资金分为两部分，一部分投资于无风险资产，一部分投资于风险资产。越是追求低风险，在无风险资产上投资越大，所选择的资产组合上越接近于纵轴上的 r_f；对于风险承受能力强、偏爱高风险的投资者可在 CML 上的右上方选择自己的资产组合。一般将全部资金投资于风险资产组合后，还按照无风险利率借入资金投资于风险资产。风险偏好越强，借入资金越多，所选择的资产组合点越远离 CML 上的点 M。

（三）证券市场线

资本市场线反映了有效资产组合的期望收益与风险之间的关系，但未展现出每一证券自身的风险与收益的关系。而证券市场线正是在均衡市场条件下反映每一证券的风险与收益的关系。

证券市场线的数学公式为：

$$\bar{r}_i = r_f + \beta_i (r_M - r_f)$$

其中，
$$\beta_i = \frac{\mathrm{Cov}(r_i, r_M)}{\sigma_M^2}$$

它有一个特殊的名称——证券 i 的 β 系数（贝塔系数），用来衡量个别资产受系统风险影响的程度，即衡量当市场投资组合报酬率变化 1% 时，个别资产预期报酬率的变化幅度。幅度越大代表个别资产对市场报酬率变化的敏感度越大，反之则越小。例如，A、B、C 股票的 β 系数分别为 2、1、0.5，代表当市场报酬率变化 1% 时，股票 A 的预期报酬率会变化 2%，股票 B 的预期报酬率会变化 1%，而股票 C 的预期报酬率则只会变化 0.5%。因此，β 系数是衡量个别资产系统风险的指针。

夏普所推导的证券市场线如图 4.10 所示。

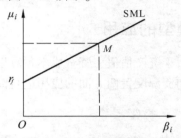

图 4.10　证券市场线

证券市场线是以 r_f 为截距，以 $r_M - r_f$ 为斜率的直线。因为斜率是正的，所以 β_i 越高的证券，其期望收益率也越大。一般地，我们把证券市场线的斜率 $r_M - r_f$ 称为风险价格，而把 β_i 称为第 i 种证券的风险。由 β_i 的定义我们可以看到，在均衡的证券市场上，衡量某种证券风险的正确量是其与市场证券组合的协方差而不是其方差。

设市场证券组合由证券 1，证券 2，……，证券 n 构成，组合中各证券的投资比重分别为 x_1, x_2, …, x_n，则市场证券组合的标准差为：

$$\sigma_M = \sqrt{\sum_{i=1}^{n}\sum_{j=1}^{n} x_i x_j \sigma_{ij}}$$

$$= \sqrt{x_1 \sum_{j=1}^{n} x_j \sigma_{1j} + x_2 \sum_{j=1}^{n} x_j \sigma_{2j} + \cdots + x_n \sum_{j=1}^{n} x_j \sigma_{nj}}$$

由于第 i 种证券与市场证券组合的协方差 σ_{iM} 可以表示为组合中的每一证券与第 i 种证券的协方差的加权平均数，即：

$$\sigma_{iM} = \sum_{j=1}^{n} x_j \sigma_{ij}$$

所以，

$$\sigma_M = \sqrt{x_1 \sigma_{1M} + x_2 \sigma_{2M} + \cdots + x_n \sigma_{nM}}$$

市场证券组合的标准差等于它和组合中所有证券的协方差的加权和再开方，其中权数为各证券在市场证券组合中所占的比重。所以，组合中每一证券对市场证券组合标准差的贡献依赖于其与市场证券组合的协方差。这意味着，与市场证券组合的协方差越大的证券，对整个市场证券组合造成的风险也大，但是，标准差大的证券对整个市场造成的风险不一定比标准差小的证券造成的风险大。因此，当市场均衡时，衡量证券风险的正确量应是它与市场证券组合的协方差而不是它的标准差。

【例 4.3】假定 A 股票期望收益率为 12%，风险值 $\beta=1$；B 股票期望收益率为 13%，$\beta=1.5$；市场期望收益率为 11%，无风险利率为 5%。根据资本资产定价模型，购买哪只股票更好？

分析：根据资本资产定价模型，A 股票理论期望收益率为：

$$E(r_A) = 5\% + 1 \times (11\% - 5\%) = 11\%$$

B 股票理论期望收益率为：

$$E(r_B) = 5\% + 1.5 \times (11\% - 5\%) = 14\%$$

所以，A 股票的超额收益率为 1%，而 B 股票的超额收益率仅为 -1%，因此选择 A 股票更好。

二、资本资产定价模型的应用

资本资产定价模型主要应用于资产估值、资金成本预算以及资源配置等方面。这里，就资本资产定价模型在资产估值和资源配置两方面的应用进行简要介绍。

（一）资产估值

在资产估值方面，资本资产定价模型主要被用来判断证券是否被市场错误定价。

根据资本资产定价模型，每一证券的期望收益率应等于无风险利率加上该证券由 β 系数测定的风险溢价，即：

$$E(r_i) = r_f + [E(r_M) - r_f]\beta_i$$

一方面，当我们获得市场组合的期望收益率的估计和该证券的风险 β_i 的估计时，就能计算市场均衡状态下证券 i 的期望收益率 $E(r_i)$；另一方面，市场对证券在未来所产生的收入流（股息加期末价格）有一个预期值，这个预期值与证券 i 的期初市场价格及其预期收益率 $E(r_i)$ 之间有如下关系：

$$E(r_i) = E(股息+期末价格)/期初价格 - 1$$

在均衡状态下，上述两个 $E(r_i)$ 应有相同的值。因此，均衡期初价格应定为：

$$均衡的期初价格 = E(股息+期末价格)/[1+E(r_i)]$$

于是，我们可以将现行的实际市场价格与均衡的期初价格进行比较。两者不等，则说明市场价格被误定，被误定的价格应该有回归的要求。利用这一点，我们便可获得超额收益。具体来讲，当实际价格低于均衡价格时，说明该证券是廉价证券，我们应该购买该证券；相反，我们则应卖出该证券，而将资金转向购买其他廉价证券。

当把该公式中的期末价格视作未来现金流的贴现值时，该公式也可以被用来判断证券市场价格是否被误定。

【例 4.4】A 公司今年每股股息为 0.5 元，预期今后每股股息将以每年 10% 的速度稳定增长。当前的无风险利率为 0.03，市场组合的风险溢价为 0.08，A 公司股票的 β 值为 1.5。那么，A 公司股票当前的合理价格 p_0 是多少？

首先，根据股票现金流估价模型中的不变增长模型，得出 A 公司股票当前的合理价格 p_0，其为：

$$p_0 = 0.5/(k - 0.10)$$

式中 k——必要收益率（或风险调整贴现率）。

其次，根据证券市场线，有：
$$k = r_f + [E(r_M) - r_f]\beta_a$$
$$= 0.03 + 0.08 \times 1.5$$
$$= 0.15$$

最后，得出 A 公司股票当前的合理价格：
$$p_0 = 0.5 \div (k - 0.10) = 0.5 \div (0.15 - 0.10) = 10（元）$$

（二）资源配置

资本资产定价模型在资源配置方面的一项重要应用，就是根据对市场走势的预测来选择具有不同贝塔系数的证券或组合以获得较高收益或规避市场风险。

证券市场线表明，β 系数反映证券或组合对市场变化的敏感性，因此，当有很大把握预测牛市到来时，应选择那些高 β 系数的证券或组合。这些高 β 系数的证券将成倍地放大市场收益率，带来较高的收益；相反，在熊市到来之际，应选择那些低 β 系数的证券或组合，以减少因市场下跌而造成的损失。

三、资本资产定价模型的有效性

资本资产定价模型表明，β 系数作为衡量系统风险的指标，其与收益水平是正相关的，即风险越大，收益越高。由于资本资产定价模型是建立在对现实市场简化的基础上，因而现实市场中的 β 系数与收益是否具有正相关关系，是否还有更合理的度量工具以解释不同证券的收益差别，就是所谓的资本资产定价模型的有效性问题。

最近几十年来，资本资产定价模型的有效性一直是广泛争论的焦点。最初测试表明，β 系数与收益成正相关，因而用 β 系数度量风险具有合理性，纵使存在其他度量风险的工具（如方差）能解释实际收益的差别。然而，1977年，罗尔（R. Roll）指出，由于测试时使用的是市场组合的替代品，对资本资产定价模型的所有测试只能表明该模型实用性的强弱，而不能说明该模型本身有效与否。

第三节　套利定价理论

资本资产定价模型理论研究的是证券市场的预期报酬率和风险之间的关系，但其存在的缺陷为没有对证券报酬率变动的原因进行深入的分析。史蒂芬·罗斯（Stephen Ross）在1976年提出了套利定价理论（APT），对资本资产定价模型理论进行了发展。他认为，证券的收益率变动不只是受对市场组合变动的敏感性的影响，还可能受其他因素的影响，所以要正确地识别这些因素，找到影响证券收益变动的所有因素，以及判断这些因素的影响大小。

一、套利定价的基本原理

(一) 假设条件

套利定价理论模型与资本资产定价模型一样有如下几个假设：①投资者是收益的不满足者，追求投资收益的最大化；②投资者是风险的厌恶者，回避风险；③市场是完全的，交易成本为0；④投资者在同一风险水平下，选择收益率较高的证券；在同一收益水平下，选择风险较低的证券。但是，资本资产定价模型中单一投资期、税负为0、投资者可以无风险利率自由地借入和贷出资金、投资者以收益率的均值和方差为基础选择投资组合的四项假设没有包括在套利定价理论之中。

套利定价理论不同于资本资产定价模型的基本假设有：①影响证券价格的因素不仅有风险，还有其他一些因素，但是对于一个充分多元化的组合而言，只有几个共同因素需要补偿；②具有相同风险和收益率的证券，不能有两种或两种以上价格；③每个投资者都会去利用不增加风险而能增加组合预期收益的机会。利用这种机会的具体做法就是使用套利组合。如果市场处于不均衡状态，市场上就有投资者可以利用的套利机会，而随着套利者的买进和卖出，套利空间将逐渐缩小直到消失，市场则进入均衡状态，从而形成均衡价格。

(二) 套利机会与套利组合

通俗地讲，套利是指人们不需要追加投资就可获得收益的买卖行为。从经济学的角度讲，套利是指人们利用同一资产在不同市场间定价的不一致，通过资金的转移而实现无风险收益的行为。比如，如果你发现某种邮票在上海的卖价为1 000元，而在深圳的卖价为1 200元，那么你会在上海以1 000元买下该邮票，而后在深圳以1 200元卖给他人，从而赚取一定的收益。这种行为就是套利，这种机会就是套利机会。又如，LOF基金由于在交易所上市，又可以办理申购赎回，所以二级市场的交易价格与一级市场的申购赎回价格会产生背离，由此产生了套利的可能。当二级市场价格为1.25元，基金公司的申购价格为1.21元，投资者可以从基金公司申购LOF基金份额，再在二级市场卖出基金份额；如果二级市场价格为1.17元，基金赎回价格为1.21元，投资者就可以先在二级市场买入基金份额，再到基金公司办理赎回业务完成套利。

通过前面的分析可以看出，当套利机会出现时，投资者就会通过低买高卖赚取差价收益。这时，使套利机会存在的那些证券的定价是不合理的，因此市场上对这些证券的需求与供给就处于非均衡状态，其价格就为非均衡价格。随着套利的进行，这些证券的价格会随供需的变化而发生上升或下跌。当达到某种水平使套利机会不再存在时，套利者的套利行为就会终止，市场将处于均衡状态，各种证券的定价就处于合理水平。此时，市场不存在任何套利机会。这就是套利与均衡的关系，它是资本市场理论的一个基本论点。

在套利定价理论中，套利机会被套利组合描述。所谓套利组合，是指满足下述三个条件的证券组合。

(1) 该组合中各种证券的权数之和等于零，即它是一个不需要追加额外资金的组合。

(2) 该组合既没有系统风险，也没有非系统风险，即该组合因素灵敏度系数为零。

(3) 当市场不均衡时，该组合具有正的期望收益率。

套利组合的表达式可用以下公式表示：

(1) $x_1 + x_2 + \cdots + x_n = 0$

(2) $\begin{bmatrix} b_{11} & b_{21} & \cdots & b_{n1} \\ b_{12} & b_{22} & \cdots & b_{n2} \\ \vdots & \vdots & \vdots & \vdots \\ b_{1k} & b_{2k} & \cdots & b_{nk} \end{bmatrix} \begin{bmatrix} x_1 \\ x_2 \\ \vdots \\ x_n \end{bmatrix} = \begin{bmatrix} 0 \\ 0 \\ \vdots \\ 0 \end{bmatrix}$

(3) $x_1\mu_1 + x_2\mu_2 + \cdots + x_n\mu_n > 0$

式中 x_i——证券 i 的投资权重；

b——证券对因素（有 k 个）的敏感性；

μ_i——第 i 个证券的期望收益率。

套利组合的特征表明，投资者如果能发现套利组合并持有它，就可以实现不需要追加投资又可获得收益的套利交易，即投资者是通过持有套利组合的方式来进行套利的。所以套利定价理论认为，如果市场上不存在（即找不到）套利组合，那么市场就不存在套利机会。

【例4.5】假设投资者现在面对三只股票，并给定了三只股票的贝塔系数和预期收益率，如表4.2所示，投资者应当如何构建套利组合，以获取无风险套利利润？同时请问无风险套利收益来自何处？

表4.2 三只股票的贝塔系数和预期收益率

股票名称	β 系数	预期收益率/%
中石油	0.8	10.4
深万科	1	10
兰花科创	1.2	13.6

分析：假设中石油的投资权重为 x_1，深万科的投资权重为 x_2，兰花科创的投资权重为 x_3。

第一步：令权重之和 $=0$，即

$$x_1 + x_2 + x_3 = 0$$

一般来说，如果资产组合中各项资产的权重之和等于1，意味着投资者将全部资金用于购买各种资产；而权重之和等于0，说明投资者不打算投入一分钱的自有资金。

第二步：令组合的 β 系数 $= x_1\beta_1 + x_2\beta_2 + x_3\beta_3 = 0$，即：

$$0.8x_1 + x_2 + 1.2x_3 = 0$$

由第一步和第二步可以得出：

$$x_1 = x_3；x_2 = -2x_1 = -2x_3$$

第三步：令组合收益率大于0，即：

$$\begin{aligned} 组合收益率 &= 10.4\% \times x_1 + 10\% \times x_2 + 13.6\% \times x_3 \\ &= 10.4\% \times x_1 + 10\% \times (-2x_1) + 13.6\% \times x_1 \\ &= 4\% x_1 \end{aligned}$$

如果令 $x_1 = 50\%$，则 $x_3 = 50\%$，$x_2 = -100\%$，则

组合期望回报 $= 4\% \times 50\% = 2\%$。

投资比例 $= -100\% + 50\% + 50\% = 0$；相当于没有花1分钱，"空手套白狼"。

组合风险 $= 0.5 \times 0.8 + (-1) \times 1 + 0.5 \times 1.2 = 0$，$\beta = 0$，说明组合无风险。

组合收益 $= 50 \times 10.4\% + (-100) \times 10\% + 50 \times 13.6\% = 100 \times 2\% = 2$（万元）

此时我们应当这样理解，某投资者身无分文，但是他通过研究发现中石油、深万科、兰花科创存在套利机会，因此，他决定向证券公司融券，借入市值100万元的深万科，并将其抛出，从而套取现金100万元。然后他利用这100万元中的50万元投资中石油，50万元投资兰花科创。

那么 2% 的无风险套利收益来自何处？

β 等于 1 的深万科，收益率 $= 10\%$；β 等于 0.8 的中石油，收益率 $= 10.4\%$；β 等于 1.2 的兰花科创，收益率 $= 13.6\%$。

显然，如果将 50% 的资金投资于中石油，将 50% 的资金投资于兰花科创，则由中石油和兰花科创构成的组合的 β 等于 1，其组合的收益率为 12%。而深万科的 β 等于 1，但收益率只有 10%。

系统性风险相同，β 等于 1，但是深万科的收益率低（10%），应当卖出；中石油和兰花科创构成的组合的收益率高（12%），应当买入。

低买高卖的差价 $= 12\% - 10\% = 2\%$。

（三）套利定价模型

1. APT 单因素模型

前面，我们已经了解了系统风险与非系统性风险。系统风险主要来自影响所有证券的宏观经济因素；非系统风险等于公司特有风险，来源于某个公司或某个行业。

正是由于这两类风险的存在，所以：

证券的收益 = 期望部分 + 非期望部分

= 期望部分 + 系统性风险影响 + 非系统性风险影响

单因素模型认为证券收益率受到一种因素的影响，一般可以用下面的方程来表示：

$$R_i = A_i + \beta_i R_m + E_i$$

$R_i = [E(R_i) - R_f]$，代表单个证券的风险溢价；

$R_m = [E(R_m) - R_f]$，代表市场组合的风险溢价。

式中 A_i——单个证券的预期超额收益率，即确定性；$\beta_i R_m + E_i$ 表示偏离了预期的程度，即不确定性事件的影响。

β_i——宏观经济不确定性对证券收益率的影响程度。表示证券 i 对宏观事件变动的反应。如同样是大盘下挫 1%，大同煤业因此下挫 2%，我们就说大同煤业的 β_i 等于 2。

R_m——市场组合的超额收益率。

E_i——意料之外的公司特有事件的影响。

例如，我们预计大同煤业 2010 年的年收益率为 15%，无风险利率为 5%，所以大同煤业 2010 年的预期风险溢价应该是 10%。

而事实上，2010 年年底公布的大同煤业实际收益率是 10%，实际风险溢价为 5%。那

么10%和5%是有差距的。这5%的差距没有被预计到,这反映了不确定性事件的影响。

这种不确定性一方面是宏观经济的不确定性——系统性风险。例如,受经济不景气影响,大盘下挫2%,据估计,大同煤业的 β_i 等于2,所以大盘下挫会造成大同煤业收益率下降 $2\% \times 2 = 4\%$。

另一方面是公司或行业的不确定性——非系统性风险。例如,市场预计大同煤业的华南区市场份额将上升1%,结果只上升了0.5%。这是一个好消息还是坏消息?是系统性风险还是非系统性风险?显然这是一个公司特有事件,是一个坏消息,对公司股票的影响是非系统性的,公司收益率因此下挫1%,大同煤业的实际风险溢价 $= 10\% - 4\% - 1\% = 5\%$。 $4\% + 1\%$ 即不确定性事件的影响导致了大同煤业实际收益率与预计收益率5%的差距。

单个证券的总风险可以分解为两部分。

(1) 系统性风险 $\beta_i^2 \sigma_m^2$。应当注意的是,每只股票所蕴含的系统风险不仅取决于 R_m 的波动性,即 σ_m^2,也依赖于单只股票收益率对市场收益率波动的敏感性。即系统性风险一方面取决于市场的波动性水平,另一方面取决于市场波动性会在多大程度上影响单个证券收益率的波动。如同样是金融危机导致纽约股市收益率下挫5%,但是IBM和可口可乐受冲击的程度不同。IBM可能只因此下挫3%,而可口可乐可能因此下挫7%,这说明可口可乐比IBM更容易受到市场波动的影响,因此它的系统性风险更大。

(2) 非系统性风险 σ_i^2。多样化程度增加可以降低投资组合的总风险。实际上是减少非系统性风险 σ_i^2,而非系统性风险 $\beta_i^2 \sigma_m^2$ 大致不变。

2. APT多因素模型

很多情况下,一个共同因素不足以反映证券之间的关联性。要想较好地反映影响证券变动的因素,就必须增加共同因素的数量,如经济形势的好坏会影响大部分公司,从而影响证券的预期收益率,但经济形式不是一个单一因素,它可能通过两个或两个以上的共同因素来影响证券的收益,例如国民生产总值的预期增长率、实际利率增长率、预期通货膨胀率、石油资源等的价格增长率。

通常,证券收益率受到若干个共同因素的影响:F_1,F_2,F_3,F_4,…,F_n 等。这些因素对证券第 t 期收益的影响可通过如下方程来表示:

$$r_{it} = \alpha_i + \beta_{i1}F_{1t} + \beta_{i2}F_{2t} + \cdots + \beta_{ik}F_{kt} + \varepsilon_{it}$$

式中 F_{1t},F_{2t},…,F_{kt}——对证券收益有共同作用的 k 个因素第 t 期预期值;

β_{i1},β_{i2},…,β_{ik}——证券 i 对这 k 个因素的敏感性;

ε_{it}——残差项;

α_i——其他因素为零时证券的预期收益率,也称零因素。

在多因素模型下,证券的预期收益率可表示如下:

$$E(r_{it}) = (F_{1t}) + \beta_{i1}E(F_{1t}) + \beta_{i2}E(F_{2t}) + \cdots + \beta_{ik}E(F_{kt})$$

因此,要计算证券的预期收益率,先要计算各证券的 α_i,β_{i1},β_{i2},…,β_{ik} 等参数,还要估计出这些共同因素的预期值。

下面以中石油收益的要素为例,来说明以上公式的意义。

假定影响中石油收益的要素有三个:工业生产 I、利率 R、消费者信心 C,其风险溢价如表4.3所示。

表 4.3　影响中石油收益的三个要素

要素	风险溢价/%
工业生产 I	6
利率 R	2
消费者信心 C	4

则中石油的实际风险溢价计算公式为：
$$R = a + \beta_1 I + \beta_2 R + \beta_3 C + \varepsilon$$

式中　R——中石油的实际风险溢价，即中石油的实际收益率减去无风险利率的超额收益率；

　　　I——工业生产的风险溢价；

　　　β_1——工业生产对中石油收益的影响程度；

　　　R——利率的风险溢价；

　　　β_2——利率变化对中石油收益的影响程度；

　　　C——消费者信心的风险溢价；

　　　β_3——消费者信心变化对中石油收益的影响程度。

该公式说明，中石油的实际风险溢价包括三部分。

第一部分 a 表明常数项，是预料之内的中石油风险溢价，也就是说，通常情况下，专家预计中石油的实际收益率是 12%，无风险利率是 5%，因此中石油的 a 等于 7%（预料之内的）。然而到了年底，中石油的实际收益率变成了 15%，扣除无风险利率后，中石油的实际风险溢价是 10%。显然，实际风险溢价 10% – 预期风险溢价 7% = 3%。尚有 3% 的差距是预料之外的。那么如何来解释多余的 3% 的风险溢价呢？一方面可能是因为中国 GDP 的实际增长率上升，或者大盘预料之外的上涨，总之是来自宏观方面的意外惊喜导致了中石油实际收益率的上涨，这属于系统性风险。另一方面可能是中石油本身的原因，如突然在山西发现了油田。来自中石油公司的意外利好消息导致了中石油实际收益率要好于预期收益率，这属于非系统性风险。即：

$$\text{中石油的收益率} = \text{期望收益} + \text{非期望收益}$$
$$= \text{期望收益} + \text{系统性风险影响} + \text{非系统性风险影响}$$

在不考虑随机因素的影响下，$\varepsilon = 0$，则中石油的预期风险溢价为：
$$E(R) - R_f = a + \beta_1 I + \beta_2 R + \beta_3 C$$

在套利定价理论下，欲求得中石油的均衡收益率，前提是不存在套利机会，即 $a = 0$。

可以推出中石油的预期均衡收益率 $E(R)$：
$$E(R) = R_f + \beta_1 I + \beta_2 R + \beta_3 C$$
$$= \text{无风险利率} + \text{风险溢价}$$
$$= \text{无风险利率} + \text{各因素的风险溢价} \times \text{该因素对中石油收益的影响程度}$$

则中石油的预期均衡收益率为：
$$E(R) = 6\% + 1 \times 6\% + 0.5 \times 2\% + 0.75 \times 4\% = 16\%$$

类似于 CAPM，在这 16% 的收益中，无风险利率为 6%，风险溢价为 10%。

二、套利定价模型的应用

套利定价模型的应用和资本资产定价模型的应用相似：寻找价格被低估的证券或证券组合，并通过买卖获得利润。但套利定价模型的应用更灵活。

若投资者只想被动地避免风险，可以在已确定因素的情况下，建立一个最佳风险资产的资产组合，将某一种因素风险降为零。这种策略对只包含几种不同资产类型的大资产比较适合，因为不同类型的资产对不同因素有不同的敏感性。例如，债券和股票对利率变化的反应是反向的，它们的组合可以将利率风险抵消；当资产组合很大时，各组合证券的特殊风险就被分散化了。

投资者还能利用套利定价模型找到套利机会，实现非正常的收益：先确定对所有证券都有影响的共同因素及各个证券对各共同因素的敏感性，通过计算，证实是否存在套利机会，若存在就可以买卖证券组合中的资产获得无风险利润。但是，投资者必须对证券市场具有敏捷的反应，才能抓住稍纵即逝的机会，获得利润。

三、套利定价理论模型与资本资产定价模型的比较

由上可知，APT 在基本理念上与 CAPM 相似，两者皆认为在市场达成均衡时，个别证券的预期报酬率可由无风险名目利率加上风险溢酬来决定。不同的是，CAPM 纯粹从市场投资组合的观点来探讨风险与报酬的关系，认为市场报酬率才是影响个别证券预期报酬率的唯一因素；而 APT 则认为不止一个经济因子会对个别证券的报酬产生影响，因为不同证券的报酬受到特定因子的干扰程度不一。

不过，CAPM 虽然借助市场投资组合来代表整个市场，但市场投资组合几乎是不存在的，因此在实务上，CAPM 只能以特定的大盘指数来代替市场投资组合。而 APT 由于不需要市场投资组合（但也可视为因子之一），因此只要设定数个有效的经济因子加入模式中，配合实际数据进行统计运算，即可求出个别证券预期报酬率的估计式，作为预测之用。但 APT 的缺点也在于并未说明哪些因子是关于证券的预期报酬率，因而就理论上的贡献而言，似乎不如 CAPM 的单一因子模式，只要配合足够的假设，以 β 系数来解释就仍相对易于了解。

由此可知，APT 与 CAPM 两者各有利弊，但却同样地说明了风险与报酬间的关系——更多的系统风险，更高的预期报酬。

总之，套利定价理论模型较资本资产定价模型有以下优点。

(1) 资本资产定价模型要求投资者必须是风险厌恶者；套利定价理论模型则无此要求。

(2) 资本资产定价模型要求存在着有效率的市场证券组合；套利定价理论模型则无须此假设。

(3) 资本资产定价模型要求所有投资者的预期必须是同质的。

(4) 资本资产定价模型要求市场是无摩擦的，没有交易成本、税收，甚至是通货膨胀；而套利定价理论模型则无此假设。

第四节　有效市场理论

一、有效市场的含义

股票价格的上升或下跌是否有迹可循，始终是投资者最为关心的事件之一。1953年，莫里斯·肯德尔（Maurice Kendall）对股票价格的历史变化进行了研究，试图寻找某些变化规律。但他却惊异地发现股价的运行似乎是随机的，无法确定股价的可预测形式。肯德尔的结论让金融经济学家感到困惑，股票市场没有任何逻辑规律。尽管如此，经济学家们经过进一步研究认为，这并不意味着股票市场没有任何逻辑和规律可言，股价无法预测正是股票市场有效的结果，也是股价变化的规律。因为如果股价可以预测，投资者就可以根据预测结果买卖股票，轻松地赚钱。但是这种套利的前景会使大量资金投入股市，使股价在预期变化的时间到来之前就迅速上升或下跌。这样，许多投资者就会来不及在股价上涨之前购买。因此，说股价不可预测是因为任何可用于预测股价的信息已经在股价中被反映出来了，投资者通常只能得到与股票风险相称的收益率。这就是说，股价只对新的信息做出上涨或下跌的反应。这就是有效市场的定义。该定义容易使人们质疑：股价的预测分析和研究是不是就没有用处了？如果不是的话，是否与有效市场的定义相矛盾？如果是的话，为什么还有那么多投资机构和散户在进行这方面的研究？美国学者格罗斯曼和斯蒂格里茨回答了这个问题。他们认为，有效市场是竞争的结果，因此，有效市场假定与证券研究并不矛盾。市场之所以有效，有关信息之所以可以广为投资者所知，就是因为投资者进行了信息的搜集和有关的分析与研究，掌握了必要的信息，或者通过媒体和其他方式分享了有关的研究成果或信息。市场的有效性在于这些信息可以迅速地在投资者之间传播，而不是由少数人长时间垄断。有效市场理论认为，预测和研究并不能确保获利，因为研究者不知道还有多少其他投资者也在进行同样的研究，并获得了相同的信息。如果投资者知道肯定有数量众多的其他投资者在进行相同的研究并获得了相同的信息，他可能就不愿进行这样的研究，因为这种研究毕竟要花费很多时间和费用；如果投资者知道肯定没有人进行这样的研究，他的研究就肯定可以获得套利的机会和大量的盈利。正是这种不确定的情形，才使得投资者愿意不断地进行股价的预测和研究，希望自己可以得到他人得不到的信息，或者先他人一步，早一点知道有关的信息，以获得获利的空间。也正是这种不断寻找套利机会，并不断套利使市场变得有效起来。结论是，在一般情况下，你要想获得额外的信息，就需要付出额外的努力，也就是冒更高的风险，才有更高的期望收益。如果不这样，要打折扣的不是有效市场理论，而是市场的有效程度。

二、有效市场假说

美国学者尤金·法马（Eugene Fama）于1970年在多位学者研究的基础上提出了有效市场的假说，对理论界与实务界产生了巨大的影响。他在文章中指出，股价已经反映了所有已知信息，这种观点叫作有效市场假说。有效市场假说按市场有效性的程度分为三种情况。

（一）弱式有效市场

弱式有效市场认为，股价已经反映了全部能从市场交易数据中得到的信息，这些信息包括过去的股价、交易量等数据。因此，对市场的价格趋势进行分析是徒劳的。因为过去的股价资料是公开的，可以毫不费力地获得。弱式有效市场认为，如果这样的数据曾经传达了未来业绩的可靠信号，那么所有投资者肯定已经学会如何运用这些信号，随着这些信号变得广为人知，它们的价值会消失。所以，在弱式有效市场的情况下，技术分析没有任何价值。

（二）半强式有效市场

半强式有效市场认为，与公司前景有关的全部公开已知信息一定已经在股价中反映出来了。除了过去的价格信息外，这种信息还包括公司生产经营管理方面的基本情况、统计数据、技术状况、产品状况、各种会计与财务数据等。因此，如果某投资者能从公开已知渠道获取这类信息，可以认为这些信息已经反映在股价中了。

（三）强式有效市场

强式有效市场认为，股价反映了全部与公司有关的信息，甚至包括仅为内幕人员所知的信息。由于证券法规禁止公司管理层和了解公司经营活动和决策过程的内幕人士利用他们所知道的有关信息进行股票交易的盈利活动，因此从理论上说，一个机制完善、监管严格的市场是不存在利用内幕消息进行交易的。但实际上，内幕交易是很难界定，首先，法律无法确定所有在尚未广为人知之前就获得信息的投资者全是违规投资者。其次，市场监管也难以做到没有违规交易发生。当然，要求一个市场的股价能反映包括内幕信息在内的全部公司有关信息，这是太高的要求，在现实中并不存在这样的市场。

有效市场假说的意义和价值在于从理论上确定理想市场的标准，为内幕交易的违法性提供理论上的根据。

三、有效市场的检验

（一）弱式有效市场检验

弱式有效市场是比较容易检验的，也是人们最早进行实证检验的有效市场形式。弱式有效市场强调的是证券价格的随机游走，不存在任何可以识别和利用的规律。因此，对弱式有效市场的检验主要侧重于对证券价格时间序列相关性的研究，具体来讲，这种研究分别从自相关、操作试验、过滤法则和相对强度等不同方面进行。

1. 自相关检验

自相关是指时间序列的数据前后之间存在相互影响，如果股票价格的升降对后来的价格变化存在某种影响，那么在时间序列上应表现出某种自相关关系。但对股票价格的时间序列自相关性研究表明，价格变化并不存在这种自相关关系，即使少数交易量和交易次数较少的股票价格的自相关系数稍大，也仍无法用于价格预测。关于股票价格变化的自相关研究肯定了随机游走理论的正确性。

法马在1965年检验了股票价格是否存在"趋势"，即是否存在连续上升或连续下降的自相关现象。法马将道·琼斯30种工业指数股票分为正向变化、负向变化和零变化三组，以检验是否存在可利用的趋势。他的研究表明，并不存在与弱式有效市场相矛盾的现象。尽管股票价格变化存在轻度的自相关，但这种趋势很弱，考虑到证券交易成本，这种趋势不能用来谋取超额利润。

2. 操作检验

操作检验是一种非参数统计检验方法。这一方法将股票价格的变化方向用正负号表示，价格上升为正，下降为负。如果价格变化的自相关性较强，应能看到一个较长的同号序列，表示价格的连续下降或连续上升。但研究者们并未发现这种序列，因此，这一检验也肯定了随机游走模型。

3. 过滤法则检验

过滤法则检验是通过模拟股票买卖过程来检验随机游走理论的可信性。这一方法将股票价格变化作为买入卖出股票的指示器，如果股票价格上升，表明股市看好，则在次日买入一定比例的股票；如果股票价格下降，表明股市看跌，次日卖出一定比例的股票。如股票价格变化存在某种相关关系，这种买入卖出方法的收益应显示出一定的特性。但经过许多学者的研究，都未能找到价格变化对投资决策有重要影响的证据。

4. 相对强度检验

相对强度检验也是模拟证券投资过程对随机游走理论进行的检验。检验者首先选择一个与股票价格变化有关的指标，然后按照这一指标数值的指示决定买入或卖出某种股票的数额。研究结果并未找到价格变化对投资决策有重要影响的证据。

（二）半强式有效市场检验——事件研究

事件研究描述了一种经验财务研究技术，运用这种技术可以使观察者评估某一事件对一个公司股价的影响。例如，在任何一天，股价都对广泛的经济信息诸如最新的GDP预测、通货膨胀率、利率、公司盈利能力等做出反应，要分析一项已公开的红利变化的影响，研究任务是要把由红利变化公告引起的那部分股价变动分离出来。研究人员经常运用统计方法来测量由于某一信息发布而产生的影响，这种方法结合了市场有效理论和指数化模型。想要测量由某一事件引起的非期望收益，这便是真实股票收益与在给定市场业绩下的期望收益之间的差异。

半强式有效市场的检验，主要是验证证券价格能否完全反映所有的公开信息。在有效市场里，当信息公开时，证券价格将会立即调整到合理的价位。半强式有效市场的实证研究，在于检验证券价格对于新信息的反应速度和准确程度，检验的方法通常是针对一些会影响证券价格变动的事件进行研究，例如，盈利公告、并购公告等。

1. 事件研究法的步骤

事件研究法是进行半强式有效市场实证检验最常用的方法之一。该方法的具体步骤如下。

（1）选取一些有意外信息公告（即事件）的公司作为样本。注意只有令投资者意外的信息公告才会引起价格变化。对诸如公司并购公告的研究，任何相关的信息都可以看作出人意料的。但对诸如盈利公告的影响进行研究，就要复杂得多，因为需要对"出人意料"给出明确的定义。通常的做法是将公告与已经预期的部分，即专业分析师的平均估计相比较。

在盈利公告的事件研究中，为了得到有意外信息公告的公司样本，首先要找出那些公告信息与之前预测差异较大的公司，然后再根据盈利信息是正面的还是负面的将这些公司分为两组，因为正面消息和负面消息对证券价格的影响不同。

（2）确定信息公告的准确日期并将该日定为"0"日。当前多数的研究采用日数据，而最初的研究多采用月度数据。采用月度数据的困难之处在于除所要研究的公告效应之外，1个月内还会发生许多其他意外事件。因此，在对市场有效性的检验中，采用尽可能短的时间间隔衡量公告效应非常重要。

（3）确定要研究的期间。如果以事件发生前后60天为研究期，则记事件发生的前30天为-30，-29，-28，…，-1；记事件发生日当天为0；而记事件发生后的30天为+1，+2，+3，…，+30。

（4）计算样本中各公司股票在研究期内的每日收益率。在60天的研究期内，共应计算61个日收益率（包括事件发生前30天、事件发生当天以及事件发生后30天）。

（5）计算样本中各公司股票在研究期内的超常收益率。超常收益率等于实际收益率减去期望收益率。期望收益率的计算可以采用资本资产定价模型或市场模型，也可以直接选用股价指数收益率。

（6）计算研究期内所有样本公司股票的平均日超常收益率，然后可以将这些数据绘成图形进行研究，通常关注的是公告的总体平均效应而非对单个公司的影响。

（7）通常还要对各日的超常收益率进行加总，以计算从研究期初开始的累积超常收益率，然后对结果进行讨论。

2. 影响事件研究的因素

在半强式有效市场中，只有在公告日当天才会存在一定的超常收益，在其他交易日不会出现。弗斯（Firth，1975）对个人或公司持有某公司10%的股份公告的有效性进行了检验，发现从信息公告日前30天起直到公告日后的第1天，累积超常收益都是增加的，在公告日当天累积超常收益有较大幅度的增长，总的来看与市场有效性相符。戴维斯和凯恩斯（Davis & Canes，1978）对能否利用分析师提供的信息获得超常收益，或这些信息是否已被包含在股价中进行分析，他们将《华尔街日报》中"华尔街建议"专栏提供的信息作为研究对象，发现信息公告确实对收益有影响。根据《华尔街日报》的相关评论可获得超常收益说明，要么专栏中包含了投资者无法从分析师那里直接获得的信息，要么《华尔街日报》的材料对分析师的推荐建议起到了证实加强的作用。

使事件研究变得复杂的一件事就是信息泄露。泄露是指与一件相关事件有关的信息在官方公布之前已经发布给一小群投资者。在这种情况下，股价可能会在官方公布日的几天前或几周前上升（假设这是个好消息）。这样，官方公布日的任何非常规收益对于信息发布的影响便是一个粗略的指示器。一个较好的指示器将会是累积非常规收益，即该期间所有非常规收益的简单加总。这样，当市场对新信息做出反应时，累积非常规收益便包含了在整个期间厂商特定股票的全部变化。相关研究的结果表明，在信息发布当天（假定它为第0天），目标样本中的目标公司的平均累积非常规收益大幅上升，表明了公布日有大量正的非常规收益；注意，在紧接着公布日的几天中，累积非常规收益不再显著上升或下跌。这是与有效市场假定一致的，一旦信息被公开，股价几乎立刻跃升以响应好消息。公布日之后，累积非常规收益缺乏波动也是有效的市场将信息体现在股价之中的最清晰的证据。从公布日前几天的收益模式可以得出一些关于有效市场和信息泄露的有趣证据。如果内幕人员交易规则被严格遵守且得到完全实施,则在信息发布之前,股价不应显示存在非常规收益,因为在公布之前不可能获得任何厂商特定信息。

(三) 强式有效市场检验

如前所述,强式有效市场是一个极端的假设,对这一假设的检验主要是检验内部人员的股票交易和专业投资机构的股票交易的盈利状况。

公司内部人员从事股票交易是要受到严格限制的,他们只能在法律允许的范围内从事合法交易。如果公司人员利用内幕消息进行非法交易,他们无疑是可以赚钱的。但是,由于合法与非法的界限非常精细,在实际区分时比较困难,所以对公司内部人员合法交易的研究结果是不明确的。有些研究发现公司内部人员从事股票交易可以获得额外利润,有些研究发现公司高级职员(如总裁、经理人员等)的股票交易收益要高于其他公司内部人员,但也有些研究认为公司内部人员作为一个整体,在股票投资收益方面并没有太突出的表现。由于专业投资机构拥有专业投资人员,具备专门的分析技巧和预测方法,同各股份公司联系密切,人们通常认为他们能够比一般投资者掌握更多的信息和资料,能够发现一些在股票价格中未曾反映出来的信息,因此其投资收益也应优于一般投资者,但大量事实表明,这些投资机构的表现并不突出。这一发现是对强式有效市场假设的支持。

总之,早期的各项实证研究对弱式有效市场和半强式有效市场假设给予了较充分的肯定,但对强式有效市场假设的支持则明显不足。

(四) 市场上的异常事件

最后,简短回顾一下对有效市场理论的一些广为人知的异常事例。市场异常即表明市场无效。异常因素存在于有效市场理论的任何形式之中,但大多数情况下,它是在半强式有效市场理论下出现的。市场异常事件是指任何可能产生超额利润的事件。研究人员对这些异常事件进行了深入的分析,即通过研究过去的股价变动同异常事件的相互关系来加以检测。结果是显而易见的,只要这种异常事件发生,股价相互有所变动,这种效应就会产生。在这里,主要说明四种异常事件:季节异常、事件异常、公司异常和会计异常。

1. 季节异常

季节异常只与时间有关。例如,1月异常就是指股票价格在1月存在上升的趋势,这个效应是世界性的。1月份全球指数的平均月收益率为2.35%,这明显高于其他任何一个月。周末异常是指证券价格在星期五趋于上升,在星期一趋于下降的现象。这种现象在假日之前的周末更为显著。此外,还发现以下三种与时间有关的异常现象。

(1) 工作日异常:证券价格在一天中的最初45分钟和最后15分钟趋于上升。

(2) 季节异常:季节销售额高的公司在销售旺季价格趋于上升。

(3) 假日异常:在某假日前的最后一个交易日有正值收益。

2. 事件异常

事件异常是指某种容易辨明的事件发生后的价格变动。另一种这一类型的异常是指分析家们的推荐。分析家们对某种证券的推荐越多,在不久的将来这种证券的价格就越有可能下跌。这种令人困惑的结果可以解释如下:当一两个分析家发现了某种价格被低估的股票时,就会向他们的客户推荐这种股票,当客户们购买这种股票时会把价格抬高;价格的上升吸引了其他分析家的注意,他们随即也推荐这种股票,从而把价格推向更高的水平;这种价格上升的压力会延续下去,直到分析家们开始从购买推荐变为建议抛出为止,随后价格下跌。此外,还有以下几种事件异常现象。

(1)内幕知情人交易。购买某种股票的内幕知情人越多,这种股票的价格越有可能上升。

(2)价值线指数成分股变动。在价值线指数把某种股票纳入后,该证券价格将继续上升。

(3)上市。在某种证券宣布它将在某交易所挂牌交易后,该种证券价格将会上涨。

3. 公司异常

公司异常是由公司本身或投资者对公司的认同度引起的。例如,在排除风险因素之后,小公司的业绩好于大公司,这种异常称为规模效应。一种与之类似的异常是忽略公司效应,分析家对某一特定证券的了解越少,其平均收益就越大。这种异常可能是规模效应的一种,因为被忽略的公司往往是小公司。此外,还有以下几种公司异常现象。

(1)封闭式共同基金,以折价交易的封闭式基金的收益率较高。

(2)机构持有的公司,为少数机构持有的公司趋于较高收益。

4. 会计异常

会计异常是指在会计信息发布后发生的股价变动。主要有以下五种异常现象。

(1)市盈率,市盈率较低的股票往往有较高收益率。

(2)盈余意外,实际盈余大于预期盈余的股票在宣布盈余后,价格仍会上升。

(3)市净率,如果市净率(价格与账面价值比)较低,那么这种股票股价有上涨潜力。

(4)股利收益率,如果股利收益率高,那么这种股票有一定的投资价值。

(5)盈余增长,盈余上升率持续上升的公司,其业绩往往好于其他同类的股票,其股票具有投资价值。

四、积极与消极的资产组合管理

有效市场假说的拥护者相信,主动管理基本上是白费精力或者未必值得花那么多费用。因此,他们提倡一种被动投资策略,该策略并不试图战胜市场。被动策略的目的只在于建立一个充分分散化的证券投资组合,而不去寻找那些过低或过高定价的股票。被动管理常被描述为一种买入并持有策略。因为有效市场理论指出,当给定所有已知信息时,股价的水平是公正的,频繁地买入或抛出股票是没有意义的,只会浪费大笔经纪佣金而不会提高业绩。

被动管理的一个常用策略就是建立一个指数基金,它被设计成一个代表包含广泛股票的指数的股票基金。例如,沪深300指数基金持有的股票种类与沪深300指数中的成分股相同,其持有的每种股票数量与沪深300指数中成分股的权重成正比。沪深300指数基金的业绩反映了沪深300指数的走势。它的管理费用可以降至最低,因为基金经理无须付钱给分析家来评估股票前景,也无须为高周转率而付出交易费用。这种基金的投资者仅花较少的管理费就可获得广泛的多样化。

五、资产组合在有效市场中的作用

在完全有效的市场中,理性的资产组合管理也是十分重要的。组合选择的一条基本原则就是分散化。即使所有的股票价格都是公正的,每一种股票具有厂商特定风险,而这种风险是可以通过分散化来消除的。因此,即使在一个有效的市场中,理性的投资者也需建立与其风险厌恶水平相适应的充分分散化的资产组合。在国外,理性的投资者在选择证券时还要求考虑赋税。高税阶层的投资者通常不愿购入对低税阶层有利的证券。理性资产组合管理的第三个观点与投资者的特定风险范畴有关。例如,上海汽车公司的一个经理,其红利视公司的利润水平而定。通常他不应在汽车股上进行额外的投资,因为其薪水已经反映公司的业绩,该经理已经在上海汽车上过度投资了,不应再使其单一投资情况更加恶化。由此,可以得到的结论是,即使在有效的市场中,资产组合管理仍具作用。投资者资金的最佳部位将随税赋、风险厌恶程度以及职业等因素而变化。有效市场中的资产组合经理们的任务是确保资产组合适应这些需要,而不是冲击市场。

第五节 证券投资组合业绩的评估

一、证券投资组合业绩评估的意义

证券投资组合业绩评估包括两个基本方面:一是证券资产业绩评价,即对由投资形成的整个证券资产组合收益与风险的评价;二是对投资组合管理人员能力的评估。证券投资管理者的能力主要表现在证券品种选择和投资时机选择两个方面。只有依据具体的市场条件,才能对管理者的能力进行正确的评价。

证券投资组合评估的主体有两类,一类是投资者或服务于投资者的机构,另一类是投资管理者及为投资管理者服务的机构。投资者或服务于投资者的机构所进行的评估,不仅包括资产业绩评估,同时也包括对投资管理者能力的评估。评估的目的有三,一是作为投资者选择投资基金或投资公司的依据,二是作为投资者选择投资管理者的依据,三是作为投资者增加或减持某家投资基金股份的依据,优化投资组合管理。静态地看,资产业绩评估是投资组合管理的最后一个环节。但是,动态地看,投资组合管理是周而复始、循环反复的过程,因此,资产业绩评估又是投资管理者确定下一期投资目标、调整资产组合的重要依据。

(一) 投资收益率的计算

证券投资的收益包括两部分:一部分是资本利得,即投资组合的管理者利用证券市场价格的变动获得的买卖价差;另一部分是组合资产在评估期间获得的利息、股息等收益。投资收益率的计算方法如下:

$$r = \frac{V_t - V_0 + D}{V_0}$$

式中 V_0——组合资产期初的市价;
  V_t——组合资产期末的市价;

D——计算期内获得的利息和股息。

（二）风险因素调整后的收益率

尽管投资收益率是评估证券组合业绩的重要指标，但投资收益率的高低总是相对的。这就要求我们必须确立合理的参照系。我们知道，投资的收益总是与投资的风险相伴随的。因此，评估组合管理的业绩，应充分考虑投资风险因素，即计算风险因素调整后的收益率。主要方法有如下几种。

1. 夏普系数法

夏普系数法以资本资产定价模型为基础，其基本思想是以市场组合为评估特定资产组合业绩的参照系，计算公式为：

$$S_p = \frac{r_p - r_f}{\sigma_p}$$

式中 S_p——夏普系数；
r_p——投资组合的收益率；
r_f——市场无风险收益率；
σ_p——投资组合收益率的标准差。

夏普系数实际上就是投资组合的超额收益率与投资组合收益率的标准差之比，即投资组合承担单位风险所获得的超额收益。该系数值越大，表明投资组合的效益越高。

2. 特雷诺系数法

特雷诺系数法同样是以资本资产定价模型为基础的，和夏普系数法不同的是，它将 β 作为风险度量的标准，也就是说它只考虑了系统性风险，而不考虑非系统性风险。其计算公式为：

$$s_r = \frac{r_p - r_f}{\beta}$$

式中 s_r——特雷诺系数；
其他字母——含义与夏普系数法相同。

特雷诺系数实际上就是投资组合的超额收益率与投资组合的 β 值之比，即投资组合承担单位系统性风险所获得的超额收益。该系数值越大，表明投资组合的效益越高。

3. 詹森系数法

詹森系数法也是以资本资产定价模型为基础的，它所表示的是投资组合的收益率与证券市场线上具有相同风险值的投资组合的收益率之差，或者说就是特定投资组合的收益率与具有相同风险值的市场组合的收益率之差，其计算公式为：

$$\alpha_p = \bar{r}_p - r_f - \beta_p(\bar{r}_M - r_f)$$

式中 $\bar{r}_p$——投资组合的平均收益率。

当 $\alpha_p > 0$，组合的收益率优于市场组合；当 $\alpha_p < 0$，组合的收益率低于市场组合。

4. 特雷诺－布莱克估价比率法

特雷诺－布莱克估价比率法是由特雷诺（Treynor）和布莱克（Black）给出的。它用投资组合的 α 值除以其非系统性风险，表示每单位的非系统性风险所带来的超额收益的高低。其计算公式为：

$$TB_p = \frac{\alpha_p}{\sigma(l_p)}$$

式中 TB_p——特雷诺－布莱克估价比率；

$\sigma(l_p)$——在对 σ 系数进行回归分析的模型中误差项的标准差，反映非系统性风险的高低。

特雷诺－布莱克估价比率越高，表明投资组合的业绩越好。

三、多因素证券组合业绩评估法

（一）APT 法

APT 法是指运用套利定价理论确定基准投资组合，并以此为参照评估特定投资组合业绩的方法。这一方法是莱曼（Lehmann）和莫迪（Modest）提出的。依据套利定价理论，股票的投资收益率受多种因素的影响，股票投资组合的收益率则是由构成这个组合的股票的收益率决定的，因此，投资组合的收益率也同样受这些因素的影响。APT 法的计算公式为：

$$R_{pt} = \alpha_p + \sum_{i=1}^{n} b_i I_i + l_{pt}$$

式中 I_i——影响 i 种证券收益的各因素值；

b_i——证券收益率受第 i 个因素影响的程度；

α_p——资组合收益中独立于各因素变化的部分。

（二）Gruber – Sharpe 法

Gruber – Sharpe 法是由古伯（Gruber）和夏普（Sharpe）提出的，是一种选取代表不同投资风格的基准投资组合，对投资组合收益率进行拟合评估的方法。采用这种方法时，可以随意选择多个基准投资组合，每个基准投资组合代表某一投资风格或选股模式。某一时刻基金投资组合的收益率计算公式为：

$$R_{pt} - r_f = \alpha_p + \sum_{j=1}^{n} \beta_{jp}(R_{Ej} - r_f) + \varepsilon_{pt}$$

式中 R_{Ej}——第 j 个基准组合的收益率；

β_{jp}——基金投资组合超额收益率相对于第 j 个基准组合的超额收益率的斜率系数。

四、证券选择和时机选择能力评估

机构投资者管理投资组合的能力主要体现在证券选择和市场选择能力两个方面。因此，对投资组合管理者能力的评估也主要从这两个方面进行。

（一）证券选择能力的评估

证券的选择可分为三个层次，一是在股权、固定收益证券和货币市场工具之间的选择，二是各市场中行业的选择，三是行业中股票的选择。证券选择能力评估的主要方法为业绩贡献分析法。

业绩贡献分析法的基本思想是将实际的投资组合与某个基准组合进行对比，然后将每类资产的贡献分解为资产配置的贡献和证券选择的贡献两个部分，并以此来计算各类资产对整体业绩的贡献，由此测度出管理者选择证券的能力。具体方法包括三步。第一步，构建一个可比较的市场基准，如选择指数组合作为市场基准。这个组合的收益率是投资者完全采取消极策略所能获得的。投资者采取积极的投资策略，收益率超过市场组合才有意义。第二步，比较实际投资组合与市场组合收益率的差别。设 r_B 为市场组合收益率，X_{Bi} 为市场组合中第 i 类资产的权重，r_{Bi} 为评估期市场组合中第 i 类资产的收益率，r_p 为实际投资组合收益率，X_{pi} 为实际投资组合中第 i 类资产的权重，r_{pi} 为评估期实际投资组合中第 i 类资产的收益率。这样，实际投资组合与市场组合收益率的差额为：

$$r_p - r_B = \sum_{i=1}^{n}(X_{pi}r_{pi} - X_{Bi}r_{Bi})$$

第三步，将每类资产的贡献分解为资产配置的贡献和证券选择的贡献两部分，并以此来计算各类资产对整体业绩的贡献，设资产配置的贡献为 A，证券选择的贡献为 S，第 i 类资产对整体业绩的贡献为 AS，则：

$$A = (X_{pi} - X_{Bi})r_{Mi}$$
$$S = (r_{pi} - r_{Bi})X_{pi}$$
$$AS = X_{pi}r_{pi} - X_{Bi}r_{Bi}$$

（二）时机选择能力的评估

由詹森系数法公式可知，$\bar{r}_p = \alpha_p + r_f + \beta_p(\bar{r}_M - r_f)$。它表明，投资组合的平均收益率与其 β_p 值密切相关，同时也取决于市场组合收益率与无风险收益率的对比关系。据此，优秀的管理者，在预期市场行情将上升时，$\bar{r}_M > r_f$，应选择 β_p 值相对大的证券组合；相反，在预期市场行情将下跌时，$\bar{r}_M < r_f$，则应选择 β_p 值相对小的证券组合。调整 β_p 值，有两种基本途径，一是改变投资组合中风险证券与固定收益证券的比例，二是改变风险证券中高 β 值证券和低 β 值证券的比例。

为了评估管理者的市场时机选择能力，可以采取二次回归方法。二次回归模型为：

$$r_{pt} - r_{ft} = \alpha_p + b(r_{Mt} - r_{ft}) + c(r_{Mt} - r_{ft})^2 + \varepsilon_{pt}$$

式中 r_{pt}——投资组合在 t 时期的收益率；

ε_{pt}——随机误差项；

b——投资组合承担的系统性风险；

c——市场时机选择能力评价指标。

b、c 的值可用标准的二次回归法计算获得。如果 c 为正，表明管理者正确地选择了市场时机。值得指出的是，这里的 α 反映的是管理者证券选择的能力。因为经过二次回归后，管理者选择市场时机的能力已经通过 c 得到了反映，因此，二次回归法既能测度管理者的市场时机选择能力，同时也能测度管理者证券的选择能力。

【复习思考题】

1. 马柯维茨资产组合理论的基本假设有哪些？
2. 无差异曲线具有哪些重要性质？
3. 资本资产定价模型的原理是什么？

4. 套利定价的基本原理是什么？
5. APT 不同于 CAPM 的基本假设有哪些？
6. 套利定价理论模型较资本资产定价模型有哪些优点？
7. 列出并简短定义有效市场假设的三种形式。
8. 试述现实中不同程度上支持三种形式的有效市场的例子。
9. 某公司刚刚宣布其年收益增加的好消息，其股价却下跌了，可否对这一现象做出合理的解释？
10. 讨论组合资产管理者在绝对有效市场中扮演的角色。
11. 证券投资组合评估的目的是什么？
12. 对投资组合管理者能力的评估主要从哪几个方面进行？

【实训任务】

1. 就你所关注的证券，进行分析研究，利用模拟交易系统，建立起投资组合（至少3只证券），做相关的价格和收益率变化的记录。
2. 根据记录的数据结论，对所关注证券进行证券组合的风险——收益度量。
3. 在对风险收益度量的基础上，对投资组合的绩效进行评价。

第五章

证券投资基本分析

第一节 证券投资分析概述

证券投资是指投资者（法人或自然人）购买股票、债券、基金等有价证券以及这些有价证券的衍生产品，以获取红利、利息及资本利得的投资行为和投资过程。证券投资分析是指人们通过各种专业性分析方法，对影响证券价值或价格的各种信息进行综合分析以判断证券价值或价格及其变动的行为，是证券投资过程中不可或缺的一个环节。

一、证券投资分析的目的

（一）有利于提高投资决策的科学性

由于资金拥有量及其他条件的不同，不同的投资者会拥有不同的风险承受能力、不同的收益要求和不同的投资周期。同时，受到各种相关因素的作用，每一种证券的风险—收益特性并不是一成不变的。因此，在投资决策时，投资者应当正确认识每一种证券在风险性、收益性、流动性和时间性方面的特点，以此来选择同自己的要求相匹配的投资对象，并确定相应的投资策略。只有这样，投资者的投资决策才具有科学性。

（二）有利于正确评估证券的投资价位

投资者之所以对证券进行投资，是因为证券具有一定的投资价值，投资者在决定投资某种证券前，首先应该认真评估该证券的投资价值。只有当证券处于投资价值区域时，投资该证券才能有的放矢，否则可能会导致投资失败。证券投资分析正是通过对可能影响证券投资价值的各种因素进行综合分析，来判断这些因素及其变化可能会对证券投资价值带来的影响，因此它有利于投资者正确评估证券的投资价值。

（三）有利于降低投资者的投资风险

证券投资的目的是证券投资净效用（即收益带来的正效用减去风险带来的负效用）的

最大化。因此，在风险既定的条件下，投资收益率最大化和在收益率既定的条件下风险最小化，是证券投资的两大具体目标。然而，每一证券都有自己的风险—收益特性，理性投资者通过证券投资分析来考察每一种证券的风险—收益特性及机会，从而较为准确地确定某些证券风险的大小，避免不必要的风险和损失。从这个角度讲，证券投资分析有利于降低投资者的投资风险。

二、证券投资主要分析方法

目前，进行证券投资分析所采用的分析方法主要有三大类。

（一）基本分析法

基本分析法是指主要根据经济学、金融学、投资学等基本原理，对决定证券价值及价格的基本要素，如宏观经济指标、经济政策走势、行业发展状况、产品市场状况、公司销售和财务状况等进行分析，评估证券的投资价值，判断证券的合理价位，提出相应的投资建议的一种分析方法。

基本分析法的理论基础在于以下两点。

（1）任何一种投资对象都有一种可以称为"内在价值"的固定基准，且这种内在价值可以通过对该种投资对象的现状和未来前景的分析获得。

（2）市场价格和内在价值之间的差距最终会被市场纠正，因此市场价格低于（或高于）内在价值之日，便是买（卖）机会到来之时。

基本分析主要包括宏观经济分析、行业和区域分析、公司分析三大内容。基本分析法存在两种基本模式。一是自上而下的分析法，即从宏观经济分析出发，研究宏观经济的运行状态、所处的周期阶段以及未来的变化，在此基础上挑选出前景看好的行业，然后在所选行业中挑选具有投资价值的公司，最后配合市场分析选择买卖时机和买卖价格。二是自下而上的分析法，即专注于寻找具有投资价值的公司，然后配合宏观分析、行业分析和市场分析，来选择买卖时机和买卖价格。

（二）技术分析法

技术分析法是指主要从证券的市场行为来分析证券价格未来变化趋势的方法。证券市场行为复杂多样，其中证券的市场价格、成交量等的变化幅度以及完成这些变化所经历的时间等是市场行为的基本要素，也是技术分析的主要对象。技术分析法沿着日趋定量化、客观化和系统化的发展道路演进，经历了从图形化分析，到指标化分析，再到新型的数量化分析和研究开发中的智能化分析决策模式等阶段。

（三）证券组合分析法

证券组合分析法是根据投资者对收益率和风险的共同偏好以及投资者的个人偏好确定投资者的最优证券组合并进行组合管理的方法。

三、证券投资分析的信息来源

信息是进行证券投资分析的基础，来自不同渠道的信息最终都将通过各种方式对证券的价格发生作用，导致证券价格上升或下降，从而影响证券的收益率。从信息发布主体和发布渠道来看，证券市场上各种信息的来源主要有以下八个方面。

（一）政府部门

政府部门是国家宏观经济政策的制定者，是信息发布的主体，是我国证券市场上有关信息的主要来源。政府部门主要包括国务院、中国证券监督管理委员会、财政部、中国人民银行、国家发展和改革委员会、商务部、国家统计局以及国务院国有资产监督管理委员会。

（二）证券交易所

证券交易所向社会公布的证券行情、按日制作的证券行情表，以及就市场内成交情况编制的日报表、周报表、月报表与年报表等是技术分析中的首要信息来源与量价分析基础。

（三）中国证券业协会

中国证券业协会协助证券监督管理机构组织会员执行有关法律、维护会员的合法权益，为会员提供信息服务。中国证券业协会负责监管的代办股份转让信息平台提供非上市公司股份转让信息。

（四）证券登记结算公司

证券登记结算业务采取全国集中统一的运营方式，证券登记结算公司履行下列职能：证券账户、结算账户的设立和管理，证券的存管和过户，证券持有人名册登记及权益登记，证券和资金的清算交收及相关管理，受发行人的委托派发证券权益，依法提供与证券登记结算业务有关的查询、信息、咨询和培训服务。

（五）上市公司

上市公司作为经营主体，其经营状况直接影响到投资者对其价值的判断，从而影响其股价水平。一般来说，上市公司通过定期报告（如年度报告和中期报告）和临时公告等形式向投资者披露其经营状况的有关信息，如公司盈利水平、公司股利政策、增资减资和资产重组等重大事宜。作为信息发布主体，它所公布的有关信息，是投资者对其证券进行价值判断的最重要依据。

（六）中介机构

证券中介机构利用其人才、信息等方面的优势，为不同市场参与者提供相应的专业化服务，有助于投资者分析证券的投资价值，引导其投资方向。其中，由中介机构专业人员在资料收集、整理、分析的基础上撰写的，通常以有偿形式向使用者提供的研究报告，也是信息的一种重要形式。

（七）媒体

媒体是信息发布的主体之一，媒体专业人员通过实地采访与实地调研所形成的新闻报道或报告，节省信息使用者的时间，大大提高其工作效率。作为信息发布的主渠道，媒体发布的国家法律法规、政策信息、上市公司的年度报告和中期报告等有关信息是连接信息需求者和信息供给者的桥梁。

(八) 其他来源

除上述几种信息来源以外，投资者还可通过实地调研、专家访谈、市场调查等渠道获得有关的信息，也可通过家庭成员、朋友、邻居等获得有关信息，甚至包括内幕信息。但证券分析师从事面向公众的证券投资咨询业务时所引用的信息仅限于完整翔实、公开披露的信息资料，不得以虚假信息、内幕信息或者市场传言为依据向客户或投资者提供分析、预测或建议。

四、证券投资分析的主要步骤

一般来说，比较合理的证券分析应该由以下四个步骤构成。

(一) 资料的收集与整理

资料收集与整理阶段的主要工作包括以下几部分。
(1) 信息资料的收集。证券分析人员通过信息来源的各个渠道收集各种各样的信息资料。
(2) 信息资料的分类。根据不同的分类标准对所收集的证券投资信息资料进行分类归档，编制分类目录，便于查阅。
(3) 信息资料的保存和使用。

(二) 案头研究

首先是根据自己的研究主题和分析方向，确定所需的信息资料。如进行宏观经济分析，就可以寻找各种经济指标的统计资料；进行行业分析，就可以寻找有关行业的法规、政策、发展状况、竞争情况等方面的资料；进行公司分析，就可以寻找有关公司的经营管理、财务、销售、市场等方面的资料；进行技术分析，就可以寻找股票行情、交易量等有关数据资料。其次是利用证券投资分析的专门方法和手段，对收集的资料进行仔细的分析。案头研究就是要找出这些指标与证券价格走势之间的关系。最后是得出分析结论，也就是得出有关指标与证券价格之间相关关系的正确结论。

(三) 实地考察

实地考察是指分析人员就自己的研究分析主题到实际工作部门或公司企业等单位进行实地的考察和调查。

(四) 撰写分析报告

证券投资分析的最后一个步骤是撰写分析报告，也就是将分析人员的分析结论通过书面的形式反映出来。一般来说，无论什么样的分析报告，都应该包括以下几个方面的内容：①研究分析的主题；②所使用的数据来源和数据种类；③采用的分析方法和分析手段；④形成分析结论的理由；⑤所得出的分析结论及建议；⑥分析结论和建议的适用期限；⑦报告提供者或撰写者；⑧分析报告形成日期。

第二节 宏观经济分析

一、宏观经济分析的意义

(一) 把握证券市场的总体变动趋势

在证券投资中,宏观经济分析是一个重要环节,只有把握住宏观经济运行的大方向,才能把握证券市场的总体变动趋势,做出正确的投资决策;只有密切关注宏观经济因素的变化,尤其是货币政策和财政政策的变化,才能抓住证券投资的市场时机。

(二) 判断整个证券市场的投资价值

证券市场的投资价值是指整个市场的平均投资价值。从一定意义上说,整个证券市场的投资价值就是整个国民经济增长质量与速度的反映,宏观经济是个体经济的总和,企业的投资价值必然从宏观经济的总体中综合反映出来,因此宏观经济分析是判断整个证券市场投资价值的关键。

(三) 掌握宏观经济政策对证券市场的影响力度与方向

证券市场与国家宏观经济政策息息相关。在市场经济条件下,国家通过财政政策和货币政策来调控经济,或抑制经济过热,或促进经济增长。这些政策将会影响经济增长速度和企业经济效益,并进一步对证券市场产生影响。

二、宏观经济分析的基本方法

(一) 总量分析法

总量分析法是指对影响宏观经济运行总量指标的因素及其变动规律进行分析。它是一种动态分析,主要研究总量指标的变动规律,也包括考察同一时间内各总量指标的相互关系,如投资额、消费额和国民生产总值的关系等。

(二) 结构分析法

结构分析法是指对经济系统中各组成部分及其对比关系变动规律的分析。它是一种静态分析,即对一定时间内经济系统中各组成部分变动规律的分析。如国民生产总值中三种产业的结构分析、消费和投资的结构分析、经济增长中各因素作用的结构分析等。

总量分析侧重于对总量指标速度的考察,侧重分析经济运行的动态过程;结构分析侧重于对一定时期经济整体中各组成部分相互关系的研究,侧重分析经济现象的相对静止状态,二者是相互联系的,在实际使用中,往往会将它们结合起来。

三、宏观经济分析主要内容

证券投资的宏观经济分析主要有两个方面的内容，即宏观经济运行和宏观经济政策对证券市场的影响分析。

（一）宏观经济运行分析

1. 宏观经济运行对证券市场的影响

宏观经济运行对证券市场的影响主要表现在以下方面。

（1）企业经济效益。企业的经济效益会随着宏观经济运行周期、宏观经济政策、利率水平和物价水平等宏观经济因素的变动而变动。如果宏观经济运行趋好，企业总体盈利水平提高，证券市场的市值自然上涨；如果政府采取强有力的宏观调控政策，紧缩银根，企业的投资和经营会受到影响，盈利下降，证券市场市值就可能缩水。

（2）居民收入水平。在经济周期处于上升阶段或在提高居民收入政策的作用下，居民收入水平提高会在一定程度上拉动消费需求，从而提高相关企业的经济效益。另外，居民收入水平的提高也会直接促进证券市场投资需求。

（3）投资者对股价的预期。投资者对股价的预期，也就是投资者的信心，是宏观经济影响证券市场走势的重要途径。当宏观经济趋好时，投资者预期公司效益和自身的收入水平会上升，证券市场自然人气旺盛，从而推动市场平均价格走高；反之，则会令投资者对证券市场信心下降。

（4）资金成本。当国家经济政策发生变化，如采取调整利率水平、实施消费信贷政策、征收利息税等政策，居民、单位的资金持有成本将随之变化。如利率水平的降低和征收利息税的政策，将会促使部分资金由银行储蓄变为投资，从而影响证券市场的走向。

2. 宏观经济变动与证券市场波动的关系

（1）国内生产总值变动。国内生产总值（GDP）是一国经济成就的根本反映。在上市公司的行业结构与该国产业结构基本一致的情况下，股票平均价格的变动与GDP的变化趋势是相吻合的。但不能简单地认为GDP增长，证券市场就必将伴之以上升的走势，实际走势有时恰恰相反。我们必须将GDP与经济形势结合起来进行考察。

①持续、稳定、高速的GDP增长。在这种情况下，社会总需求与总供给协调增长，经济结构逐步合理，经济发展势头良好。这时证券市场由于上市公司利润持续上升，股息不断增长，企业经营环境不断改善，产销两旺，从而公司的股票和债券全面得到升值，促使价格上扬。

②高通货膨胀下的GDP增长。当经济处于严重失衡下的高速增长状态时，总需求大大超过总供给，这将表现为高的通货膨胀率。这是经济形势恶化的征兆，如不采取调控措施，必将导致未来的滞胀（通货膨胀与经济停滞并存）。这时经济中的各种矛盾会突出地表现出来，企业经营将面临困境，居民实际收入也将降低，因而失衡的经济增长必将导致证券市场行情下跌。

③宏观调控下的GDP减速增长。当GDP呈失衡的高速增长时，政府可能采取宏观调控措施以维持经济的稳定增长，这样必然减缓GDP的增长速度。如果调控目标得以顺利实现，GDP仍以适当的速度增长而未导致GDP的负增长或低增长，说明宏观调控措施十分有效，

经济矛盾逐步得以缓解,并为进一步增长创造了有利条件。这时证券市场将反映这种好的形势而呈平稳渐升的态势。

④转折性的 GDP 变动。如果 GDP 一段时期以来呈负增长,那么当负增长速度逐渐减缓并呈现向正增长转变的趋势时,表明恶化的经济环境逐步得到改善,证券市场走势也将由下跌转为上升。当 GDP 由低速增长转向高速增长时,表明新一轮经济高速增长已经来临,证券市场将伴之以快速上涨之势。

证券市场一般会提前对 GDP 的变动做出反应,即证券市场是反映预期的 GDP 变动;而 GDP 的实际变动公布时,证券市场只反映实际变动与预期变动的差别,因而分析 GDP 变动时必须着眼于未来。

(2) 经济周期变动。经济周期是一个连续不断的过程,表现为扩张和收缩的交替出现。既然股价反映的是对经济形势的预期,则其表现必定领先于经济的实际表现(除非预期出现偏差,经济形势本身才对股价产生纠错反应)。当经济形势逐渐被更多的投资者认识,供求趋于平衡直至供大于求时,股价便开始下跌。当经济形势的发展按照人们的预期走向衰退时,与上述相反的情况便会发生。这给我们以下几点启示。

①经济总是处在周期性运动中。股价伴随经济周期相应波动,但股价的波动超前于经济运动,股价波动是永恒的。

②收集有关宏观经济资料和政策信息,随时注意经济发展动向。正确把握当前经济发展处于经济周期的何种阶段,对未来做出正确判断。

③把握经济周期,认清经济形势。不要被股价的小涨、小跌迷惑而追逐小利或回避小失,这一点对中长期投资者尤为重要。

(3) 通货膨胀对证券市场的影响。通货膨胀对证券市场特别是个股的影响,没有一成不变的规律可循,完全可能产生反方向影响,所以应具体情况具体分析。因此,对这些影响进行分析和比较,必须从该时期通货膨胀的原因、通货膨胀的程度入手,配合当时的经济结构和形势、政府可能采取的干预措施等方面分析。以下是分析的几个一般性原则。

①温和的、稳定的通货膨胀对股价的影响较小。通货膨胀提高了债券的必要收益率,从而引起债券价格下跌。

②如果通货膨胀在一定的可容忍范围内持续,而经济处于景气(扩张)阶段,产量和就业都持续增长,那么股价也将持续上升。

③严重的通货膨胀是很危险的,经济将被严重扭曲,货币加速贬值,这时人们会囤积商品、购买房屋等进行保值。这可能从两个方面影响证券价格。一是资金流出证券市场,引起股价和债券价格下跌。二是经济扭曲和失去效率,企业筹集不到必需的生产资金;同时,原材料、劳务成本等价格飞涨,使企业经营严重受挫,盈利水平下降,甚至倒闭。

④政府往往不会长期容忍通货膨胀存在,因而必然会使用某些宏观经济政策工具来抑制通货膨胀,这些政策必然对经济运行造成影响。

⑤通货膨胀对企业的微观影响表现为:通货膨胀之初,税收效应、负债效应、存货效应和波纹效应等都有可能刺激股价上涨;但长期严重的通货膨胀必然恶化经济环境、社会环境,股价将受大环境影响而下跌。

⑥通货膨胀不仅产生经济影响,还可能产生社会影响,并影响投资者的心理和预期,从而对股价产生影响。

⑦通货膨胀使各种商品价格具有更大的不确定性，也使企业未来经营状况具有更大的不确定性，从而增加了证券投资的风险。

（4）通货紧缩对证券市场的影响。通货紧缩将与通货膨胀一样不利于币值稳定和经济增长，甚至被认为是导致经济衰退的"杀手"。从消费者的角度来说，通货紧缩持续下去，使消费者对物价的预期值下降，而更多地推迟购买。对投资者来说，通货紧缩将使投资产出的产品未来价格低于当前预期，这会促使投资者更加谨慎，或推迟原有投资计划。消费和投资的下降减少了总需求，使物价继续下降，从而步入恶性循环。从利率角度分析，通货紧缩形成了利率下调的稳定预期，由于真实利率等于名义利率减去通货膨胀率，下调名义利率降低了社会的投资预期收益率，导致有效需求和投资支出进一步减少，工资降低，失业增多，企业的效益下滑，居民收入减少，引致物价更大幅度的下降。可见，通货紧缩带来的经济负增长，使股票、债券及房地产等资产价格大幅下降，银行资产状况严重恶化。而经济危机与金融萧条的出现反过来又大大影响了投资者对证券市场走势的信心。

（二）宏观经济政策分析

1. 财政政策

财政政策是政府依据客观经济规律制定的指导财政工作和处理财政关系的一系列方针、准则和措施的总称。财政政策与货币政策并重，是当代市场经济条件下国家干预经济的一种手段。

（1）财政政策的手段及其对证券市场的影响。财政政策手段主要包括国家预算、税收、国债、财政补贴、财政管理体制、转移支付制度等。这些手段可以单独使用，也可以配合协调使用。

①国家预算。国家预算是财政政策的主要手段，其收支的规模和收支平衡状态可以对社会供求的总量平衡产生影响。在一定时期，当其他社会需求总量不变时，财政赤字具有扩张社会总需求的功能，财政采用结余政策和压缩财政支出具有缩小社会总需求的功能。国家预算的支出方向可以调节社会总供求的结构平衡。财政投资主要运用于能源、交通及重要的基础产业、基础设施建设，财政投资的多少和投资方向直接影响和制约国民经济的部门结构，因而具有造就未来经济结构框架的功能，也有矫正当期结构失衡状态的功能。

②税收。税收是国家凭借政治权力参与社会产品分配的重要形式。税收具有强制性、无偿性和固定性的特征，它既是筹集财政收入的主要工具，又是调节宏观经济的重要手段。税制的设置可以调节和制约企业间的税负水平。税收还可以根据消费需求和投资需求的不同对象设置税种或在同一税种中实行差别税率，以控制需求数量和调节供求结构。进口关税政策和出口退税政策对于国际收支平衡具有重要的调节功能。

③国债。国债是国家按照有偿信用原则筹集财政资金的一种形式，也是实现政府财政政策、进行宏观调控的重要工具。国债可以调节国民收入的使用结构和产业结构，用于农业、能源、交通和基础设施等国民经济的薄弱部门和瓶颈产业的发展，调整固定资产投资结构，促进经济结构的合理化。政府还可以通过发行国债调节资金供求和货币流通量。另外，国债的发行对证券市场资金的流向也有较大影响。如果一段时间内，国债发行量较大且具有一定的吸引力，将会分流证券市场的资金。

④财政补贴。财政补贴是国家为了某种特定需要，将一部分财政资金无偿补助给企业和

居民的一种再分配形式。我国财政补贴主要包括价格补贴、企业亏损补贴、财政贴息、房租补贴、职工生活补贴和外贸补贴等。

⑤财政管理体制。财政管理体制是中央与地方、地方各级政府之间以及国家与企事业单位之间资金管理权限和财力划分的一种根本制度，其主要功能是调节各地区、各部门之间的财力分配。

⑥转移支付制度。转移支付制度是中央财政将集中的一部分财政资金，按一定的标准拨付给地方财政的一项制度。其主要功能是调整中央政府与地方政府之间的财力纵向不平衡，调整地区间财力横向不平衡。

财政预算政策、税收政策除了通过预算安排、课税轻重影响财政收支，进而影响整个经济的景气外，更重要的是对某些行业、某些企业带来不同的影响。如果财政预算对能源、交通等行业在支出安排上有所侧重，将促进这些行业的发展。同样，如果国家对某些行业、某些企业实施税收优惠政策，诸如减税、提高出口退税率等措施，那么这些行业及其企业就会处于有利的经营环境，其税后利润增加，该行业及其企业的股票价格也会随之上扬。另外，证券投资收入所得税的征收情况也对证券市场具有直接影响。一些新兴市场国家为了加快发展证券市场，在一定时期内免征证券交易所得税，将加速证券市场的发展和完善。

（2）财政政策的种类及其对证券市场的影响。财政政策分为扩张性财政政策、紧缩性财政政策和中性财政政策。实施紧缩性财政政策时，政府财政除保证各种行政与国防开支外，并不从事大规模的投资。而实施扩张性财政政策时，政府积极投资于能源、交通、住宅等建设，从而刺激相关产业（如水泥、钢材、机械等行业）的发展。如果政府以发行公债方式增加投资的话，对经济景气的影响就更为深远。总的来说，紧缩性财政政策将使过热的经济受到控制，证券市场也将走弱，因为这预示着未来经济将减速增长或走向衰退；而扩张性财政政策将刺激经济发展，证券市场则将走强，因为这预示着未来经济将加速增长或进入繁荣阶段。具体而言，实施扩张性财政政策对证券市场的影响有以下几点。

①减少税收，降低税率，扩大减免税范围。其经济效应是：增加微观经济主体的收入，以刺激经济主体的投资需求，从而扩大社会供给，进而增加人们的收入，并同时增加他们的投资需求和消费支出。

②扩大财政支出，加大财政赤字。其经济效应是：扩大社会总需求，从而刺激投资，扩大就业。居民在经济复苏中增加了收入，企业的利润也增加了，将使股票价格和债券价格上升。但过度使用此项政策，财政收支出现巨额赤字，虽然进一步扩大了需求，却增加了经济的不稳定因素，通货膨胀加剧，物价上涨，反而造成股价下跌。

③减少国债发行（或回购部分短期国债）。国债是证券市场上重要的交易券种，国债发行规模的缩减使市场供给量减少，从而对证券市场原有的供求平衡发生影响，导致更多的资金转向股票，推动证券市场上扬。

④增加财政补贴。财政补贴往往使财政支出扩大。其经济效应是扩大社会总需求和刺激供给增加，从而使整个证券市场的总体水平趋于上涨。

紧缩性财政政策的经济效应及其对证券市场的影响与上述情况相反。

（3）分析财政政策对证券市场的影响应注意的问题。正确地运用财政政策为证券投资决策服务，应把握以下几个方面。

①关注有关的统计资料信息，认清经济形势。

②从各种媒介中了解经济界人士对当前经济形势的看法,关心政府有关部门主要负责人的日常讲话,分析其经济观点、主张,从而预见政府可能采取的经济措施和采取措施的时机。

③分析过去类似形势下的政府行为及其经济影响,据此预期政策倾向和相应的经济影响。

④关注年度财政预算,从而把握财政收支总量的变化趋势,更重要的是对财政收支结构及其重点进行分析,以便了解政府的财政投资重点和倾斜政策。

⑤在预见和分析财政政策的基础上,进一步分析相应政策对经济形势的综合影响(比如通货膨胀、利率等),结合行业分析和公司分析进行投资选择。

2. 货币政策

(1) 货币政策及其作用。所谓货币政策,是指政府为实现一定的宏观经济目标所制定的关于货币供应和货币流通组织管理的基本方针和基本准则。货币政策对宏观经济进行全方位的调控,其调控作用突出表现在以下几点。

①通过调控货币供应总量,保持社会总供给与总需求的平衡。当总需求膨胀导致供求失衡时,可通过控制货币量达到对总需求的抑制;当总需求不足时,可通过增加货币供应量提高社会总需求,使经济继续发展。同时,货币供给的增加有利于贷款利率的降低,可减少投资成本,刺激投资增长和生产扩大,增加社会总供给;反之,货币供给的减少将促使贷款利率上升,抑制社会总供给的增加。

②通过调控利率和货币总量控制通货膨胀,保持物价总水平的稳定。提高利率可使现有货币购买力推迟,减少即期社会需求,也使银行贷款需求减少;降低利率的作用则相反。中央银行还可以通过金融市场直接调控货币供应量。

③调节国民收入中消费与储蓄的比例。货币政策通过对利率的调节,能够影响人们的消费倾向和储蓄倾向。低利率鼓励消费,高利率则有利于吸收储蓄。

④引导储蓄向投资的转化并实现资源的合理配置。储蓄向投资的转化依赖于一定的市场条件。货币政策可以通过利率的变化影响投资成本和投资的边际效率,提高储蓄转化的比重,并通过金融市场有效运作实现资源的合理配置。

(2) 货币政策工具。货币政策工具是指中央银行为实现货币政策目标所采用的政策手段。货币政策工具可分为一般性政策工具(包括法定存款准备金率、再贴现政策、公开市场业务)和选择性政策工具(包括直接信用控制、间接信用指导等)。

①法定存款准备金率。法定存款准备率是指中央银行规定的金融机构为保证客户提取存款和资金清算需要而准备的在中央银行的存款占其存款总额的比例。当中央银行提高法定存款准备金率时,商业银行可运用的资金减少,贷款能力下降,货币乘数变小,市场货币流通量便会相应减少。所以,在通货膨胀时,中央银行可提高法定存款准备金率;反之,则降低法定存款准备金率。

②再贴现政策。再贴现政策是指中央银行对商业银行用持有的未到期票据向中央银行融资所做的政策规定。再贴现政策一般包括再贴现率的确定和再贴现的资格条件。再贴现率主要着眼于短期政策效应。中央银行根据市场资金供求状况调整再贴现率,以影响商业银行借入资金成本,进而影响商业银行对社会的信用量,从而调整货币供给总量。在传导机制上,若商业银行需要以较高的代价才能获得中央银行的贷款,便会提高对客户的贴现率或提高放

款利率，其结果就会使信用量收缩，市场货币供应量减少；反之，则相反。

③公开市场业务。在多数发达国家，公开市场业务操作是中央银行吞吐基础货币、调节市场流动性的主要货币政策工具，通过中央银行与指定交易商进行有价证券和外汇交易，实现货币政策调控目标。我国的公开市场业务包括人民币操作和外汇操作两部分。

④直接信用控制。直接信用控制是指以行政命令或其他方式，直接对金融机构尤其是商业银行的信用活动进行控制。其具体手段包括：规定利率限额与信用配额、信用条件限制，规定金融机构流动性比率，直接干预等。

⑤间接信用指导。间接信用指导是指中央银行通过道义劝告、窗口指导等办法来间接影响商业银行等金融机构行为的做法。

（3）货币政策的运作。货币政策的运作主要是指中央银行根据客观经济形势采取适当的政策措施调控货币供应量和信用规模，使之达到预定的货币政策目标，并以此影响整体经济的运行。通常，将货币政策的运作分为紧的货币政策和松的货币政策。

①紧的货币政策。紧的货币政策的主要政策手段是减少货币供应量，提高利率，加强信贷控制。如果市场物价上涨，需求过度，经济过度繁荣，被认为是社会总需求大于总供给，中央银行就会采取紧缩货币的政策以减少需求。

②松的货币政策。松的货币政策的主要政策手段是增加货币供应量，降低利率，放松信贷控制。如果市场产品销售不畅，经济运转困难，资金短缺，设备闲置，被认为是社会总需求小于总供给，中央银行则会采取扩大货币供应的办法增加总需求。

总的来说，在经济衰退时，总需求不足，采取松的货币政策；在经济扩张时，总需求过大，采取紧的货币政策。但这只是一个方面的问题，政府还必须根据现实情况对松紧程度进行科学合理的把握，必须根据政策工具本身的利弊及实施条件和效果选择适当的政策工具。

（4）货币政策对证券市场的影响。中央银行的货币政策对证券市场的影响，可以从以下四个方面加以分析。

①利率。中央银行调整基准利率的高低，对证券价格产生影响。一般来说，利率下降时，股票价格就上升；而利率上升时，股票价格就下降。原因有三个。第一，利率是计算股票内在投资价值的重要依据之一。当利率上升时，同一股票的内在投资价值下降，从而导致股票价格下跌；反之，则股价上升。第二，利率水平的变动直接影响公司的融资成本，从而影响股票价格。利率低，可以降低公司的利息负担，增加公司盈利，股票价格也将随之上升；反之，利率上升，股票价格下跌。第三，利率降低，部分投资者将把储蓄投资转成股票投资，需求增加，促成股价上升；反之，若利率上升，一部分资金将会从证券市场转向银行存款，致使股价下降。

②中央银行的公开市场业务对证券价格的影响。当政府倾向于实施较为宽松的货币政策时，中央银行就会大量购进有价证券，从而使市场上货币供给量增加。这会推动利率下调，资金成本降低，从而促使企业和个人的投资和消费热情高涨，生产扩张，利润增加，又推动股票价格上涨；反之，股票价格将下跌。

③调节货币供应量对证券市场的影响。中央银行可以通过法定存款准备金率和再贴现政策调节货币供应量，从而影响货币市场和资本市场的资金供求，进而影响证券市场。如果中央银行提高法定存款准备金率，会在很大程度上限制商业银行体系创造派生存款的能力，就等于冻结了一部分商业银行的超额准备。由于法定存款准备金率对应着数额庞大的存款总

量，并通过货币乘数的作用使货币供应量大幅度减少，证券市场价格便趋于下跌。如果中央银行提高再贴现率，对再贴现资格加以严格审查，商业银行资金成本增加，市场贴现利率上升，社会信用收缩，证券市场的资金供应减少，使证券市场行情走势趋软。反之，如果中央银行降低法定存款准备金率或降低再贴现率，通常会使证券市场行情上扬。

④选择性货币政策工具对证券市场的影响。为了实现国家的产业政策和区域经济政策，我国对不同行业和区域采取区别对待的方针。一般说来，该项政策会对证券市场整体走势产生影响，而且会因为板块效应对证券市场产生结构性影响。当直接信用控制或间接信用指导降低贷款限额、压缩信贷规模时，从紧的货币政策使证券市场行情呈下跌走势，但如果在从紧的货币政策前提下，实行总量控制，通过直接信用控制或间接信用指导区别对待，紧中有松，那么一些优先发展的产业，国家支柱产业，农业、能源、交通、通信等基础产业及优先重点发展地区的证券价格则可能不受影响，甚至逆势而上。

3. 汇率

汇率是国际贸易中最重要的调节杠杆。由于世界各国货币的名称不同，币值不一，所以一国货币对其他国家的货币要规定一个兑换率，即汇率。

（1）汇率制度。通常来讲，汇率制度主要有四种：自由浮动汇率制度、有管理的浮动汇率制度、目标区间管理和固定汇率制度。

①自由浮动汇率制度是指汇率由货币的供求关系决定，央行不对外汇市场实施任何干预措施，市场参与者根据物价水平变化、利差、经济增长和其他相关的变量决定买卖外汇。

②汇率大幅度波动可能会危害一个国家的经济稳定，因此，绝大部分实行浮动汇率制度的国家会采取措施避免汇率大幅度波动，这样的汇率制度即为有管理的浮动汇率制度。央行干预是避免汇率大幅度波动的手段，主要有三种干预措施。一是，一些中央银行的干预目标是平滑日常的波动，它们偶尔进入市场，但不会尝试干预货币的基本趋势；二是，另一种更加积极的干预是逆经济风向而行，阻止那些由于暂时性的事件引起的外汇市场上突然的短期或中期波动，然而，这种干预意在推延而非抵抗货币的基本趋势；三是，最后一种干预是指央行通过对市场的干预，使汇率变化不超出官方非公开的汇价上下限。

③目标区间管理是减少汇率波动的另一种汇率制度。在目标区间汇率制度下，一个国家的中央银行将调整其货币政策，让汇率保持在一个以中心汇率为基准上下浮动的区间内。目标区间管理降低了由汇率波动造成的不稳定性，而且，如果这种管理是可信的，汇率在没有央行干预时也会保持在区间内。可信性就是中央银行在面临偏离目标区间的威胁时，维护汇率的意愿和能力。

④在固定汇率制度下，政府将汇率维持在某一个目标水平。事实上，固定汇率制度相当于浮动区间很小的目标区间汇率制度。一旦这个国家的汇率偏离固定水平超过既定的百分比，央行将进入外汇市场进行干预。

（2）汇率变化对证券市场的影响。汇率对证券市场的影响是多方面的。一般来讲，一国的经济越开放，证券市场的国际化程度越高，证券市场受汇率的影响越大。

一般而言，以外币为基准，汇率上升，本币贬值，本国产品竞争力强，出口型企业将增加收益，因而企业的股票和债券价格将上涨；相反，依赖于进口的企业成本增加，利润受损，股票和债券的价格将下跌。同时，汇率上升，本币贬值，将导致资本流出本国，资本的流失将使本国证券市场需求减少，从而导致市场价格下跌。

另外，汇率上升时，本币表示的进口商品价格提高，进而带动国内物价水平上涨，引起通货膨胀。通货膨胀对证券市场的影响需根据当时的经济形势、具体企业以及政策行为进行分析。为维持汇率稳定,政府可能动用外汇储备,抛售外汇,从而减少本币的供应量,使证券市场价格下跌,直到汇率回落恢复均衡,反面效应可能使证券价格回升。如果政府利用债市与汇市联动操作达到既控制汇率的升势,又不减少货币供应量,即在抛售外汇的同时回购国债,则将使国债市场价格上扬。

4. 收入政策

收入政策是国家为实现宏观调控总目标和总任务,针对居民收入水平、收入差距在分配方面制定的原则和方针。与财政政策、货币政策相比,收入政策具有更高一层次的调节功能,它制约着财政政策和货币政策的作用方向和作用力度,而且收入政策最终也要通过财政政策和货币政策来实现。

收入政策目标包括收入总量目标和收入结构目标。收入总量目标着眼于近期的宏观经济总量平衡,着重处理积累和消费、人们近期生活水平改善和国家长远经济发展的关系以及失业和通货膨胀等问题。收入结构目标则着眼于处理各种收入的比例,以解决公共消费和私人消费、收入差距等问题。

收入总量调控政策主要通过财政、货币机制来实施,还可以通过行政干预和法律调整等机制来实施。财政机制通过预算控制、税收控制、补贴调控和国债调控等手段贯彻收入政策。货币机制通过调控货币供应量、调控货币流通量、调控信贷方向和数量、调控利息率等贯彻收入政策。因而收入总量调控通过财政政策和货币政策的传导对证券市场产生影响。

5. 产业政策

国家在实施产业政策时,对于需要重点支持的产业,往往配合财政政策和货币政策给予重点扶持。受国家产业政策倾斜的产业,将会有长足的进步,这些企业会具有长久的生命力,其股票价格将会走长期上升通道。国家限制发展的产业则相反,在长时期内其股价上涨会遇到巨大阻力。

四、政治及其他因素对股价的影响

(一) 国际形势的变化

国际形势缓和有利于经济的发展,作为经济"晴雨表"的股市会趋于上涨;反之,国际形势紧张则不利于股市上涨。而一国股票市场受国际形势变动的影响与该国经济开放程度有关。一国经济开放程度越高,国内股市受国际形势影响越大;反之则小。

(二) 国内政局及重大政治事件

国内政局的稳定有利于该国股票市场的平稳发展;反之,国内政局不稳,则不利于该国股市的发展,易引发股市下跌。

(三) 战争

战争使一国政局不稳、经济倒退、人心动荡,相应地就会引起股价下跌。但是战争对不同行业的股票价格影响又有所不同。比如战争使军需工业兴盛,使地产股遭受重创。

（四）自然灾害

一个国家一旦发生如洪涝、地震等无法抗拒的自然灾害，设备受损、生产停顿、经济停滞，对股市就会产生重大的影响。

第三节　行业分析

一、行业概述

所谓行业，是指从事国民经济中同性质的生产或其他经济社会活动的经营单位和个体等构成的组织结构体系，如林业、汽车业、银行业、房地产业等。从严格意义上讲，行业与产业有差别，主要是适用范围不一样。产业作为经济学的专门术语，有更严格的使用条件。

产业一般具有三个特点：一是规模性，即产业的企业数量、产品或服务的产出量达到一定的规模；二是职业化，即形成了专门从事这一产业活动的职业人员；三是社会功能性，即这一产业在社会经济活动中承担一定的角色，而且是不可缺少的。

行业虽然也拥有职业人员，也具有特定的社会功能，但一般没有规模上的约定。比如，国家机关和党政机关行业就不构成一个产业。证券分析师关注的往往是具有相当规模的行业，特别是含有上市公司的行业，所以业内一直约定俗成地把行业分析与产业分析视为同义语。

二、行业分类

（一）道·琼斯分类法

道·琼斯分类法是19世纪末为了选取在纽约证券交易所上市的有代表性的股票而对各公司进行的分类，它将所有公司分为工业、运输业和公用事业三类。其中，工业类股票取自工业部门的30家公司，包括了采掘业、制造业和商业；运输业类股票取自交通运输业的20家公司，包括了航空、铁路、汽车运输与航运业；公用事业类股票取自公用事业的15家公司，主要包括电话公司、煤气公司和电力公司等。

（二）标准行业分类法

标准行业分类法是联合国经济和社会事务统计局建议各自采用的行业划分方法。该法将国民经济划分为10个门类：农业、畜牧狩猎业、林业和渔业；采矿业及土、石采掘业；制造业；电、煤气和水；建筑业；批发和零售业、饮食和旅馆业；运输、仓储和邮电通信业；金融、保险、房地产和工商服务业；政府、社会和个人服务业；其他。对每个门类又可划分为大类、中类、小类。

（三）我国国民经济的行业分类

1985年，我国国家统计局明确将国民经济划分为三大产业：第一产业，农业，包括林业、牧业、渔业等；第二产业，工业，包括采掘业、制造业、自来水、电力、煤气和建筑业；第三产业，即第一、二产业以外的各行业，主要是指向全社会提供各种各样劳务的服务性行业，具体包括交通运输业、邮电通信业、仓储业、金融保险业、餐饮业、房地产业、社会服务业等。

2017年，我国推出了国家标准《国民经济行业分类》（GB/T 4754—2017）。最新标准共有行业门类20个、行业大类97个、行业中类473个、行业小类1 382个，基本反映出我国经济的行业结构状况。

（四）我国上市公司的行业分类

我国的上海证券交易所和深圳证券交易所分别编制的股票价格指数，对行业进行的分类不完全相同。上海证券交易所编制的沪市成分指数，将全部上市公司分为五类，即工业类、商业类、地产类、公用事业类和综合类，并分别计算和公布各类股价指数。深圳证券交易所自1995年2月20日开始发布其成分指数，该指数把深圳上市的全部公司分成六类，即工业类、商业类、地产类、金融业类、公用事业类和综合类，同时计算和发布各类股价指数。

近年来，随着证券市场的发展，我国上市公司的数量剧增，沪、深两交易所对上市公司原有的行业分类逐渐显现出其不足之处：分类过粗，给市场各方的上市公司分析带来诸多不便。2001年4月4日，中国证监会公布了《上市公司行业分类指引》。该指引是以我国国家统计局数据及相关行业标准为主要依据，并在借鉴联合国国际标准产业分类、北美行业分类体系相关内容的基础上制定的。

2012年，中国证监会对《上市公司行业分类指引》进行了修订。修订后将上市公司分成19个门类：农、林、牧、渔业，采矿业，制造业，电力、热力、燃气及水生产和供应业，建筑业，批发和零售业，交通运输、仓储和邮政业，住宿和餐饮业，信息传输、软件和信息技术服务业，金融业，房地产业，租赁和商务服务业，科学研究和技术服务业，水利、环境和公共设施管理业，居民服务、修理和其他服务业，教育，卫生和社会工作，文化、体育和娱乐业，综合类以及90个大类。

三、行业的一般特征分析

行业分析可以从行业的基本特征入手，包括行业的市场结构、行业的竞争结构、行业的生命周期，以及行业与经济周期之间的关系。

（一）行业的市场结构分析

市场结构是产业组织研究的一个重要方面，其核心是垄断与竞争的关系，因此行业的集中度也是衡量行业市场结构的重要标志。依据该行业中的企业数量、进入限制程度、产品差别、企业对价格的影响程度等因素，各行业基本可分为如下四种市场类型。

1. 完全竞争

完全竞争是指许多企业生产同质产品的市场情形。在完全竞争的市场中，生产者数量众多，所有的企业都无法控制产品的市场价格，生产者和消费者可以自由进入和退出市场，资源可以充分流动。完全竞争行业的特点可概述为以下几点。

（1）生产者众多，各种生产资料可以完全流动。

（2）产品不论是有形的还是无形的，都是同质的、无差别的。

（3）没有一家企业能够影响产品的价格。
（4）企业永远是价格的接受者而不是价格的制定者。
（5）企业的盈利基本上由市场对产品的需求来决定。
（6）生产者和消费者对市场情况非常了解，并可自由进入或退出这个市场。

从上述特点可以看出，完全竞争是一个理论性很强的市场类型，其根本特点在于所有的企业都无法控制市场的价格，企业产品无差异。在现实经济中，完全竞争的市场类型很少见，只有初级产品的市场类型较接近于完全竞争。

2. 垄断竞争

垄断竞争是指许多生产者生产同种但不同质产品的市场情形。在此，产品差别不仅指同一种产品在质量、构造、外观、销售服务条件等方面的差别，还包括商标、广告方面的差别和以消费者的想象为基础的虚构的差别。垄断竞争行业的特点可概述为以下几点。

（1）生产者众多，各种生产资料可以流动。
（2）生产的产品同种但不同质，即产品之间存在实际或想象上的差异，这是垄断竞争与完全竞争的主要区别。
（3）由于产品差异性的存在，生产者可以树立自己产品的信誉，从而对其产品的价格有一定的控制能力。在国民经济行业中，制成品的市场类型一般属于垄断竞争。

3. 寡头垄断

寡头垄断是指相对少量的生产者在某种产品的生产中占据很大市场份额的情形。寡头垄断行业的特点可概述为以下几点。

（1）在寡头垄断市场上，由于这些少数生产者的产量非常大，因此它们对市场的价格和交易具有一定的垄断能力。
（2）由于只有少量的生产者生产同一种产品，因而每个生产者的价格政策和经营方式及其变化都会对其他生产者产生重要影响。
（3）在该市场上，通常存在一个起领导作用的企业，其他企业随该企业定价与经营方式的变化而相应地进行某些调整。

资本密集型、技术密集型产品，如钢铁、汽车等，以及少数集中的矿产品（如石油等）的市场多属于这种类型，因为生产这些产品所必需的巨额投资、复杂的技术或产品储量分布，限制了新企业进入该市场。

4. 完全垄断

完全垄断是指独家企业生产某种特质产品的情形。特质产品是指那些没有或缺少相近的替代品的产品。完全垄断可分为两种类型。

（1）政府完全垄断，如国有铁路、邮电等部门。
（2）私人完全垄断，如根据政府授予的特许专营或根据专利产生的独家经营，以及由于资本雄厚、技术先进而建立的排他性的私人垄断经营。

完全垄断市场的形成，有以下几方面的原因。首先，规模经济的需要。有些产品的生产需要大量固定设备投资，规模经济效益十分显著，大规模生产可使成本大大降低。其次，专利与专营权的控制。对于厂商的专项发明创造，政府有专门的法律加以保护，禁止其他厂商擅自使用其专利技术，在这种情况下会形成独家生产和经营的垄断。有时，政府由于公众利益或其他方面的原因，对一些特定产品的生产经营进行了限制，只允许某家厂商生产经营，如军工生产和烟酒经营，在这种情况下就会形成垄断。最后，独家厂商控制了生产某种产品的全部资源或基本资源的供给。这种对生产资源的独占，排除了经济中的其他厂商生产同种产品的可能性，因而也会形成垄断。

完全垄断行业的特点可概述为以下两点。

（1）由于市场被独家企业控制，产品又没有或缺少合适的替代品，因此，垄断者能够根据市场的供需情况制定理想的价格和产量，在高价少销和低价多销之间进行选择，以获取最大的利润。

（2）垄断者在制定产品的价格与生产数量方面的自由性是有限度的，要受到反垄断法和政府管制的约束。

在现实生活中，公用事业（如发电厂、煤气公司、自来水公司和邮电通信等）和某些资金、技术高度密集型或稀有金属矿藏的开采等行业，属于完全垄断的市场类型。

上述四种类型的区别如表5.1所示。

表5.1 按市场结构分类的行业类型及其特点

行业类型	厂商数量	产品差异程度	对价格的影响	进入难易程度	举例
完全竞争	数量众多	同质无差别	不能影响价格	进退自由	农业
垄断竞争	数量较多	存在差别	有一定的影响	比较自由	牙膏生产
寡头垄断	数量很少	差别很小	垄断定价能力	难以进入	飞机制造
完全垄断	独家企业	无差别	垄断定价	不能进入	铁路运输

（二）行业的竞争结构分析

行业竞争结构分析的内容主要是本行业中的企业竞争格局以及本行业和其他行业的关系，行业的竞争状况会影响行业的整体获利能力。按照哈佛大学教授迈克尔·波特（Michael Porter）的观点，一个行业中的竞争不只在现有竞争对手中进行，而且在五种基本竞争力量中进行，即供应商的议价能力、买方的议价能力、现有竞争者的竞争、替代品的威胁以及潜在进入者的威胁。

1. 供应商的议价能力

企业在生产产品之前，必须向其供应商买入原料或半成品，如果关键投入品的供应商在行业中处于垄断地位，它就能对该产品索取高价，赚取高额利润，挤压企业的盈利空间。决定供应商议价能力的关键因素是需求方能否得到相关的替代品。如果存在替代品而且容易获得，供应商的议价能力就会被削弱。

2. 买方的议价能力

如果一个采购者购买了某一行业的大部分产品，那么它就掌握了很大的谈判主动权，具有强大的谈判能力，能够压低购买价格，从而压缩卖方企业的盈利空间。买方的议价能力取决于买方规模大小、行业内企业数量的多寡、买方信息取得的难易程度、产品标准化程度等因素。

3. 现有竞争者的竞争

当某一行业中存在若干竞争者时，由于都力图扩大各自的市场份额，于是市场中会发生价格战，从而降低利润。如果行业本身增长缓慢，这些竞争会更加激烈，因为此时扩张就意味着夺取竞争对手的市场份额。高固定成本也会对价格产生压力，因为高固定成本将迫使企业充分利用其生产能力来扩大产量以降低单位成本。如果各企业生产几乎相同的产品，那么它们就会承受更大的价格压力，因为此时企业不能在产品差异化的战略基础上进行竞争。

4. 替代品的威胁

对一个行业而言，替代产品的出现将使消费者在购买上有更多的选择，并将减少本行业产品的消费量。一个行业的产品存在替代品，就意味着它将面临与相关行业进行竞争的压力，替代品的存在限制了厂商向消费者索取高价的能力。当其替代程度提高时，本行业的产品价格势必要调低，以与替代品竞争，由此本行业的获利水平将下降。

5. 潜在进入者的威胁

行业的新进入者会对价格和利润造成巨大的压力，甚至当其他公司还未真正进入该行业时，进入威胁也会对价格施加压力。因为高价格和高利润率会吸引新的竞争者加入该行业，所以进入壁垒是行业获利能力的重要保障。进入壁垒可以表现为多种形式，例如，通过长期的商业关系，现有企业已经和消费者及供应商建立了牢固的分销渠道，而这对一个新进入的企业来说成本是很高的，分销渠道建设就可以成为进入壁垒。再如，商标、版权等知识产权壁垒使新进入者难以在市场中立足，因为专有技术和专利保护使现有企业具有一定的优势。此外，法定设立的资本额过高、规模经济的要求、政府的管制等也会成为行业进入壁垒。

每一个行业都有其独特的结构，在不同行业中，并非所有五种作用力都同等重要，某因素的重要性依据结构不同而不同。五种作用力的框架能使证券分析师透过复杂的表象看到本质，准确揭示对行业演变至关重要的竞争因素，并识别那些最能提高行业及企业本身盈利能力的战略创新。

（三）行业的生命周期分析

最早提出企业生命周期理论的是马森·海尔瑞（Mason Haire, 1959），他用生物学中的"生命周期"观点来看待企业，认为企业的发展符合生物学中的成长曲线，在其发展的过程中会出现停滞、消亡等现象。之后，加德纳（Gardner, 1965）进一步指出，企业和人及其他生物一样，也有一个生命周期。但是与生物学中的生命周期相比，企业的生命周期具有其特殊性。伊查克·爱迪思（Ichak Adizes, 1997）的生命周期理论认为，组织同样也有生命周期，会诞生和成长，也会衰老和死亡，遵循一种可预知的行为模式。

行业生命周期分析作为一种计划、控制和预测工具，主要用来解释行业的动态性，并通过分析来确定行业处于生命周期的哪个阶段，从中发现行业演变的规律，以指导企业的经营行为。同产品的生命周期相似，每个行业都要经历一个由成长到衰退的发展演变过程，该过程便称为行业的生命周期。行业的生命周期通常可分为四个阶段，即初创阶段、成长阶段、成熟阶段和衰退阶段。

1. 初创阶段

在行业的诞生或初步形成阶段，只有为数不多的企业进入此新兴行业，企业数量少，集中度高；技术还不成熟，产品品种单一，消费者的认同度不高，市场需求增长缓慢，行业的市场规模较小；研发费用、市场开拓费用和固定投入较高，而产品市场需求狭小，销售收入较低，行业利润微薄甚至可能出现全行业亏损。在行业初创阶段，行业发展的空间巨大，企业竞争的激烈程度较弱，各企业争相扩大规模，融资需求急剧增加，整个行业呈现高风险、低收益的特点。

2. 成长阶段

成长阶段是行业发展的黄金时期，其典型特点是技术成型、市场扩大、销售收入和利润稳定增长、企业并购频繁，行业领导者开始出现，行业整体呈高收益、高风险的特征。在成长阶段，新行业的产品通过各种渠道以其自身的特点赢得大众的认可，市场需求逐渐上升，销售收入不断增加，拥有一定市场营销和财务力量的企业逐渐主导市场。由于市场前景看好，投资于新行业的厂商大量增加，产品也逐步从单一化、低质化和同质化向多样化、优质化和差异化方向发展，行业竞争开始加剧，有竞争力的企业逐步占领较多的市场，而更多的企业则在竞争中被淘汰。

3. 成熟阶段

行业的成熟阶段表现为技术成熟、生产工艺成熟、产品成熟，市场竞争有序，市场结构稳定，行业增长缓慢，行业整体收益稳定、风险较小，这可能是行业生命周期最长的部分。在这一阶段，在竞争中生存下来的少数大厂商垄断了整个行业的市场，每个厂商都占有一定比例的市场份额。行业的利润由于一定程度的垄断达到了很高的水平，行业的进入壁垒很高，新企业难以进入。在行业的成熟阶段，虽然市场需求仍在增长，但增长速度明显减缓，产品的差异化程度开始变小，厂商之间的竞争从价格手段转向各种非价格手段，如提高质量、改善性能和加强售后服务等。从财务角度分析，随着行业进入成熟阶段，该行业增长速度降低，行业盈利空间变小，盈利能力也随之下降。石油化工、超级市场、电力等行业在我国已经进入成熟期，其发展速度、利润增长和市场扩张都相对稳定。

4. 衰退阶段

在行业的衰退阶段，替代产品开始出现，市场需求逐渐萎缩，销售收入和利润开始下降，行业增长速度低于整体经济的增长速度，甚至出现负增长。行业在经历了较长的稳定阶段后，就进入了衰退阶段。这主要是因为新产品和大量替代品的出现，使原行业的市场需求减少，产品的销售量开始下降，利润降低，厂商不断地退出该行业，企业数量逐渐减少。不过，衰退阶段的到来并不意味着行业一定会消亡。在我国，钟表、自行车等行业已经或正在经历其生命周期中的衰退阶段。

了解行业在生命周期不同阶段的特点，可帮助投资者选择合适的投资对象。当然，上述四个阶段只是行业生命周期的一般情况，具体到某个行业，由于受行业性质、政府干预等许多因素的影响，实际周期的变化要复杂得多。行业生命周期分析并非适用所有行业，有的行业的产品是生活和生产必需品，有漫长的生命周期。但行业生命周期分析仍适用于大部分行业。

（四）行业与经济周期的关系分析

根据行业自身发展与国民经济总体周期变动之间关联的密切程度，行业可分为增长型行业、周期型行业和防守型行业。

1. 增长型行业

增长型行业的运动状态与经济活动总水平的周期及其振幅无关，主要依靠技术创新、新产品推出及更优质的服务来实现增长。增长型行业内的企业创造了需求不断扩大的新产品或业务，竞争对手相对较少，而需求随着产品和服务的不断成熟而逐渐爆发，因此增长型行业多出现在高科技领域。此外，在传统行业中，一些企业通过开创新的业务模式，也能够找到广阔的业务扩张空间，如携程旅行网在国内成熟又混乱的订票订房市场中通过互联网结合线下模式开创了新的"蓝海"。

2. 周期型行业

周期型行业的运动状态直接与经济周期相关。典型的周期型行业包括钢铁、有色金属、化工等基础大宗原材料，水泥等建筑材料，工程机械、机床、重型卡车、装备制造等资本性商品。当经济高增长时，市场对这些行业的产品需求也高涨，企业业绩改善非常明显，这些行业的公司股票受到投资者的追捧。而当经济低迷时，各行各业都不再扩大生产，对其产品的需求及企业业绩和股价都会迅速回落。此外，一些非必需消费品行业也具有鲜明的周期性特征，如轿车、高档白酒、高档服装、奢侈品等行业以及航空、酒店等行业，国民收入增长放缓及对未来收入预期的不确定都会直接减少对这类非必需商品的需求。金融服务业（保险除外）由于与工商业和居民消费密切相关，也有显著的周期性特征。投资周期型行业内公司股票的关键就是对时机的把握，如果能在周期触底反弹前介入，可以获得最为丰厚的投资收益，但如果在错误的时点，如周期到达顶端时再买入，则会遭受严重的损失。

在整个经济周期中，不同行业的周期表现还有所差异。在经济由低谷刚刚开始复苏时，石化、建筑施工、水泥、造纸等基础行业会最先受益，股价表现也会提前启动。在随后的复苏增长阶段，机械设备、周期性电子产品等资本性商品和零部件行业表现最好，投资者可以择机买入相关股票。在经济景气的最高峰，商业一片繁荣，这时的主角就是非必需的消费品，如轿车、高级服装、百货、消费电子产品和旅游等行业，换入这类股票可以享受最后的盛宴。在一轮经济周期里，配置不同阶段受益最多的行业内公司股票可以让投资收益最大化。

3. 防守型行业

防守型行业的产品需求相对稳定，并不受经济周期性波动的影响。也就是说，不管宏观经济处在经济周期的哪个阶段，行业的销售收入和利润都变化不大。有时，在经济衰退阶段，防守型行业还可能有所增长。食品业和公用事业都属于防守型行业，因为对其产品的需求收入弹性较小，所以这些行业的收入相对稳定。正是由于这个原因，对防守型行业的投资看重的是其稳定的收入而非成长性。

这三类行业的特征描述如表 5.2 所示。

表 5.2 经济周期影响下三类行业的特征

行业类型	行业特征
增长型行业	销售收入和利润独立于经济周期而超常增长
周期型行业	销售收入和利润随经济周期波动而变化
防守型行业	销售收入和利润在经济周期的各阶段都相对稳定

四、影响行业兴衰的主要因素

行业兴衰的实质是行业在整个产业体系中的地位变迁，也就是行业经历"幼稚产业—先导产业—主导产业—支柱产业—夕阳产业"的过程，是资本在某一行业领域"形成—集中—大规模聚集—分散"的过程，是新技术的"产生—推广—应用—转移—落后"的过程。

一个行业的兴衰会受到技术进步、产业政策、产业组织创新、社会习惯改变和经济全球化等因素的影响而发生变化。

（一）技术进步

当前正是科学技术日新月异的时代，不仅新兴学科不断涌现，而且理论科学向实用技术的转化过程也大大缩短，速度大大加快。技术进步对行业的影响是巨大的，它往往催生一个新的行业，同时迫使一个旧的行业加速进入衰退期。当然，新、旧行业并存是未来全球行业发展的基本规律和特点，大部分行业是国民经济不可缺少的。多数行业会在竞争中发生变化，以新的增长方式为自己找到生存的空间。例如，传统农业已经遍布全世界，未来农业还会靠技术创新获得深度增长。传统工业在通过技术创新获得深度增长的同时，还可以通过行业的国际转移，在其他相对落后的国家获得广度增长的机会。

（二）产业政策

政府对于行业的管理和调控主要是通过产业政策来实现的。产业政策是国家干预或参与经济的一种形式，是国家（政府）系统设计的有关产业发展的政策目标和政策措施的总和。一般认为，产业政策可以包括产业结构政策、产业组织政策、产业技术政策和产业布局政策等部分。其中，产业结构政策（选择行业发展重点的优先顺序的政策措施）与产业组织政策（调整市场结构和规范市场行为的政策）是产业政策的核心。

产业政策通过以下作用对投资活动产生直接的影响：一是促进和维护一国幼稚产业的发展；二是加快资源配置的优化过程，促使资本向有利于国民经济的产业流动；三是促进市场机制和市场结构的完善；四是给企业提供一个透明度较高的发展环境；五是使产业结构能不断适应世界科学技术的新发展等。产业政策的突出特点是有区别地对待不同行业，因此，了解国家不同时期产业政策的特点对于证券投资的决策有重要作用。对于国家积极鼓励发展的产业，由于受政府各种优惠政策的扶持，一定会前途光明，投资者从长远角度考虑，应该向这些产业投资；对于国家限制发展的产业，其前景是暗淡的，故投资者在向这些产业投资时应十分慎重。

（三）产业组织创新

产业组织是指同一产业内企业的组织形态和企业间的关系，包括市场结构、市场行为、市场绩效三方面。因此，所谓产业组织创新，是指同一产业内企业的组织形态和企业间关系的创新。产业组织的创新过程（活动）实际上是对影响产业组织绩效的要素进行整合优化的过程，是使产业组织重新获取竞争优势的过程。

从作用的效果来看，产业政策的调控与产业组织的创新都有优化产业组织的功能，但产业政策在产业组织合理化过程中的作用是一种经济过程中的被组织力量，而产业组织创新则往往是产业及产业内企业的自组织过程。

实践证明，产业组织创新的直接效应包括实现规模经济、专业化分工与协作、提高产业集中度、促进技术进步和有效竞争等；间接影响包括创造产业增长机会、促进产业增长实现、构筑产业赶超效应、适应产业经济增长等多项功效。产业组织创新能在一定程度上引起产业（或行业）生命周期运行轨迹或生命周期阶段持续时间的变化。

（四）社会习惯改变

随着人们生活水平和受教育程度的提高，消费心理、消费习惯、文明程度和社会责任感逐渐改变，这使得某些商品的需求发生变化并进一步影响行业的兴衰。在解决基本温饱之后，人们更注重生活的质量，不受污染的天然食品备受人们青睐；对健康投资从注重保健品转向健身器材；在物质生活丰富后，注重智力投资和丰富的精神生活；快节奏的现代生活使人们更偏好便捷的交通和通信工具；高度工业化和生活现代化又使人们认识到保护生存环境免受污染的重要性。发达国家的工业部门每年都要花费几十亿美元的经费来研制和生产与环境保护有关的各种设备，以便使工业排放的废渣、废水和废气能够符合规定的标准。所有这些社会观念、社会习惯、社会趋势的变化对企业的经营活动、生产成本和收益等方面都会产生一定的影响，足以在使一些不再适应社会需要的行业衰退的同时激发新兴行业的发展。

需求变化是未来优势产业的发展导向，并在相当程度上影响行业的兴衰。在收入相对比较低的时候，由于恩格尔定律的作用，人们对生活用品有较大需求。提供生活消费品的如可口可乐、宝洁、强生公司和满足这些需求的销售渠道如沃尔玛公司，均是在不断满足这些消费需求的过程中发展起来的。随着收入水平的提高，生活消费品支出占消费总支出的比例逐渐下降，人们需要更多的服务消费和金融投资，从而使金融、旅游、教育、医疗、保险、体育、文化等行业从中获得快速增长的动力。

（五）经济全球化

所谓经济全球化，是指商品、服务、生产要素与信息跨国界流动的规模与形式不断增加，通过国际分工，在世界市场范围内提高资源配置效率，从而使各国经济相互依赖程度有日益加深的趋势。它是全球生产力发展的结果，其推动力是追求利润和取得竞争优势。经济全球化导致产业的全球性转移，选择性发展将是未来各国形成优势行业的重要途径。

五、行业特征与证券投资选择

在进行证券投资分析时，应该结合影响行业兴衰的各种因素，考察行业的各种特征，在此基础上建立基本的投资原则。

（一）顺应产业结构的演进趋势，选择有潜力的行业投资

产业结构是国民经济体系中众多产业之间形成的相互联系和比例关系，产业结构包含很多内容，如三大产业之间的关系、重工业与轻工业之间的关系、传统产业与新兴产业之间的关系、原材料工业和加工工业之间的关系、资本密集型和技术密集型以及劳动密集型产业之间的关系等。由于行业生命周期的存在，各行业的此起彼伏必然使产业结构处于不断演进的动态过程中。产业结构总的演进方向是产业结构的高度化，表现在三方面：一是在整个产业结构中，由第一产业占优势比重向第二产业、第三产业占优势比重演进；二是产业结构中由劳动密集型产业占优势比重逐渐向资本密集型产业、技术知识密集型产业占优势比重演进；三是产业结构中由制造初级产品的产业占优势比重逐渐向制造中间产品、最终产品的产业占优势比重演进。

在经济全球化的过程中，发展中国家的产业结构演进路径与发达国家经历过的产业结构演进路径会表现出差异，在发达国家产业结构高度化的同时，发展中国家产业结构高度化的进程常常受到抑制。这样，一些按照产业结构演进的一般规律应该迅速发展的产业在发展中国家却发展迟缓，而一些应当限制发展的产业却在发展中国家快速发展，一些原本是夕阳行业的却成为朝阳行业。

产业结构演进所引起的产业升级是极为难得的投资机会,产业结构演进的趋势也会在证券市场中表现出来。例如在美国,计算机业在20世纪70年代末80年代初和90年代成为市场的主流,通信业在20世纪80年代末开始为市场所追捧,电子商务至今仍然是市场追捧的热点。站在全球的角度来认识产业结构的演进,注意到产业的国际比较优势和劣势,把握产业结构演进的总趋势,才能有效地把握证券市场的投资主流。

(二) 对不同阶段的行业、不同的投资者、不同性质的资金应有不同的处理

由于行业生命周期各阶段的风险与收益特征不同,以及实际投资过程中投资者资金的来源、资金的使用期限和投资者承担风险的能力以及投资者投资理念的差异,不同投资者对所投行业的选择应该符合自身的实际情况。对处于初创阶段的行业,由于其风险大、收益小,普通投资者不宜介入,只有那些有能力且愿意承担风险的投资者才可以选择这些行业;对于成长阶段的行业,投资的关键是发掘那些能够成为行业领袖的企业,这些企业会随着行业规模的扩大而迅速成长,给投资者带来巨额收益;对于成熟阶段的行业,那些追求稳定收益且风险承担能力较低的投资者,投资该行业的企业将是不错的选择;对于衰退阶段的行业,除非该行业的企业已经在进行新产品的开发或进行多元化经营策略,否则投资者不宜贸然介入。

(三) 顺应经济周期变化,提前布局投资行业

增长型行业是值得投资者发掘的投资标的,一旦确定某个行业属于增长型行业,选择其中的优良企业则可带来较高的投资收益。投资者在选择行业的时候,既要了解每个行业目前所处的生命周期阶段,还要配合整体经济景气情况来进行投资判断,提前布局。例如,预计经济景气将要衰退的时候,周期型行业的表现肯定会随着整体经济而变差,投资者应该提前撤出,而此时防守型行业将是相对较好的选择。

(四) 结合行业竞争结构,发掘具有竞争优势的企业

进入壁垒越高,进入难度越大,竞争激烈程度越低,行业的整体获利能力将越强,投资收益越稳定。而其中有竞争优势的企业,将为投资者带来更多的惊喜。

(五) 准确理解国家的产业政策,把握投资机会

国家对某一行业的扶持或抑制,常常意味着该行业有更多、更快的投资机会,或者被封杀了发展的空间。而且国家的产业政策往往是在对产业结构发展的方向和各产业发展规律的深刻认识的基础上做出并实施的,因而具有显著的导向作用。在把握产业结构演进的基础上准确理解国家的产业政策,有助于提高投资收益。

第四节 公司分析

公司分析主要是通过对公司基本素质和财务报告的分析,找出那些内在价值低于其现行价格且财务状况、经营成果俱佳的公司,作为投资的目标。公司分析是基础分析的核心。因为投资者进行证券投资分析的目的是找出具有投资价值的股票,公司是股票的载体,对公司

进行分析可以在很大程度上确定这个公司的股票是否具有投资价值，而宏观经济分析和行业分析只是为了更确切地把握公司的发展现状和发展前景。对公司的分析可以分为基本素质分析和财务分析两部分。基本素质的分析着重考察公司的竞争能力和经营管理能力，财务分析则通过分析公司的财务指标考察其偿债能力和盈利能力等。

一、公司基本素质分析

对公司基本素质的分析，可以从以下几个方面着手。

（一）公司行业地位分析

行业地位分析的目的是判断公司在所处行业中的竞争地位，如是否为领导企业，在价格上是否具有影响力，是否有竞争优势等。衡量公司行业竞争地位的主要指标是行业综合排序和产品的市场占有率。行业中的优势企业由于处于领导地位，对产品价格有很强的影响力，从而拥有高于行业平均水平的盈利能力。

行业分析和公司分析是相辅相成的。一方面，上市公司的投资价值可能会因为所处行业的不同而有差异；另一方面，同一行业内的上市公司也会千差万别。判断一家上市公司的行业地位，主要从四个指标进行分析：市场占有率、技术领先度、生产规模、管理团队的水平。

1. 市场占有率

上市公司的竞争力最终体现在较高的市场占有率上，优异的经营管理和亮丽的财务指标必定与市场占有率相辅相成。

2. 技术领先度

技术领先度，尤其是行业核心技术领先度，决定了上市公司的行业地位。无论是传统行业还是新兴的高科技产业，技术上的领先和创新是其价值增长的主要驱动因素。

3. 生产规模

一般而言，处于行业领先地位的上市公司规模较大，但是生产规模大并不必然成为行业领先。生产规模的扩大可能会产生积极的规模效应，但同时也要注意管理失控和费用增加等问题，尤其要关注通过并购实现快速扩张所带来的现金流压力和企业整合问题。

4. 管理团队的水平

良好的管理团队和规范的公司治理结构意味着生产效率的提高和对成本费用的有力控制以及为股东创造价值的经营理念。

（二）公司区位分析

对上市公司进行区位分析，就是将上市公司的价值分析与区位经济的发展联系起来，以便分析上市公司未来发展的前景，确定上市公司的投资价值。具体来讲，可以通过以下几个方面进行上市公司的区位分析。

1. 区位内的自然条件与基础条件

自然条件和基础条件包括矿产资源、水资源、能源、交通、通信设施等，它们在区位经济发展中起重要作用，也对区位内上市公司的发展起重要的限制或促进作用。分析区位内的自然条件和基础条件，有利于分析该区位内上市公司的发展前景。如果上市公司所从事的行业与当地的自然和基础条件不符，公司的发展可能会受到很大的制约。

2. 区位内政府的产业政策

为了促进区位经济的发展，当地政府一般会制定相应的经济发展战略规划，提出相应的产业政策，确定区位优先发展和扶植的产业，并给予相应的财政、信贷及税收等诸多方面的优惠措施。这些措施有利于引导和推动相应产业的发展，相关产业内的公司将因此受益。如果区位内上市公司的主营业务符合当地政府的产业政策，一般会获得诸多政策支持，对上市公司的进一步发展有利。

3. 区位内的经济特色

所谓经济特色，是指区位内经济与区位外经济的联系和互补性、龙头作用及其发展活力与潜力的比较优势。它包括区位的经济发展环境、条件与水平、经济发展现状等有别于其他区位的特色。比如，某区位在电脑软件或硬件方面，或在汽车工业方面已经形成优势和特色，那么该区位内的相关上市公司，在同等条件下比其他区位主营业务相同的上市公司具有更大的竞争优势和发展空间。

（三）公司产品分析

1. 产品的竞争能力

（1）成本优势。成本优势是指公司的产品依靠低成本获得高于同行业其他企业的盈利能力。在很多行业中，成本优势是决定竞争优势的关键因素，理想的成本优势往往成为同行业价格竞争的抑制力。一般来讲，产品的成本优势可以通过规模经济、专有技术、优惠的原材料、低廉的劳动力、科学的管理、发达的营销网络等实现。

（2）技术优势。技术优势是指公司拥有的比同行业其他竞争对手更强的技术实力及其研究与开发新产品的能力。这种能力主要体现在生产的技术水平和产品的技术含量以及公司新产品的研究与开发能力上。产品的创新包括：①通过新核心技术的研制，开发出一种新产品或提高产品的质量；②通过新工艺的研究，降低现有的生产成本，开发出一种新的生产方式；③根据细分市场进行产品细分，实行产品差别化生产；④通过研究产品组成要素的新组合，获得一种原料或半成品的新的供给来源等。而技术创新则不仅包括产品技术，而且包括人才创新。

（3）质量优势。质量优势是指公司的产品以高于其他公司同类产品的质量赢得市场，从而取得竞争优势。在与竞争对手成本相等或成本近似的情况下，具有质量优势的公司往往在该行业中占据领先地位。

2. 产品的市场占有情况

产品的市场占有情况在衡量公司产品竞争力方面占有重要地位。通常可以从两个方面进行考察。其一，公司产品销售市场的地域分布情况。从这一角度可将公司的销售市场划分为地区型、全国型和世界范围型。通过市场地域的范围，能大致估计一个公司的经营能力和实力。其二，公司产品在同类产品市场上的占有率。市场占有率是对公司实力和经营能力较精确的估计。市场占有率是指一个公司产品销售量占该类产品整个市场销售总量的比例。市场占有率越高，表示公司经营能力和竞争力越强，公司销售和利润水平越好、越稳定。

3. 产品的品牌战略

品牌是一个商品名称和商标的总称，可以用来辨别一个卖者或卖者集团的货物或劳务，以便同竞争者的产品相区别。一个品牌不仅是一种产品的标识，而且是产品质量、性能、满足消费者效用可靠程度的综合体现。品牌竞争是产品竞争的深化和延伸，当产业发展进入成熟阶段，产业竞争充分展开时，品牌就成为产品及企业竞争力的一个越来越重要的因素。品牌具有产品所不具有的开拓市场的多种功能：一是品牌具有创造市场的功能；二是品牌具有联合市场的功能；三是品牌具有巩固市场的功能。

（四）公司经营能力分析

1. 公司法人治理结构

公司法人治理结构有狭义和广义两种定义。狭义上的公司法人治理结构是指有关公司董事会的功能、结构和股东的权利等方面的制度安排；广义上的法人治理结构是指有关企业控制权和剩余索取权分配的一整套法律、文化和制度安排，包括人力资源管理、收益分配和激励机制、财务制度、内部制度和管理等。

健全的公司法人治理机制至少体现在以下七个方面。

（1）规范的股权结构。
（2）有效的股东大会制度。
（3）董事会权力的合理界定与约束。
（4）完善的独立董事制度。
（5）监事会的独立性和监督责任。
（6）优秀的职业经理层。
（7）相关利益者的共同治理。

2. 公司经理层的素质

在现代企业里，经理人员不仅担负着企业生产经营活动等各项管理职能，还要负责或参与对各类非经理人员的选择、使用与培训工作。因此，经理人员的素质是企业取得成功的一个重要因素。对经理人员的素质分析是公司分析的重要组成部分，企业的经理人员一般应该具备如下素质：一是从事管理工作的愿望；二是专业技术能力；三是良好的道德品质修养；四是人际关系协调能力。

3. 公司从业人员素质和创新能力

公司业务人员的素质也会对公司的发展起很重要的作用。作为公司的员工，公司业务人员应该具有如下素质：专业技术能力、对企业的忠诚度、责任感、团队合作精神和创新能力等。通过对员工素质的分析，可以判断该公司发展的持久力和创新力。

（五）公司成长性分析

1. 公司经营战略分析

经营战略是企业面对激烈的市场变化与严峻挑战，为求得长期生存和不断发展而进行的总体性谋划。它是企业战略思想的集中体现，是企业经营范围的科学规定，同时又是制定规划的基础。它是在符合和保证实现企业使命的条件下，在充分利用环境中存在的各种机会和创造新机会的基础上，确定企业同环境的关系，规定企业从事的经营范围、成长方向和竞争对策，合理地调整企业结构和分配企业的资源。经营战略具有全局性、长远性和纲领性的特征，从宏观上规定了公司的成长方向、成长速度及其实现方式。

2. 公司规模变动特征及扩张潜力分析

公司规模变动特征和扩张潜力一般与其所处的行业发展阶段、市场结构、经营战略密切相关，它是从微观方面具体考察公司的成长性，可以从以下几个方面进行分析。

（1）公司规模的扩张是由供给推动，还是由市场需求拉动引致；是通过公司的产品创造市场需求，还是生产产品去满足市场需求；是依靠技术进步，还是依靠其他生产要素等，由此找出企业发展的内在规律。

（2）纵向比较公司历年的销售、利润、资产规模等数据，把握公司的发展趋势。

（3）将公司销售、利润、资产规模等数据及其增长率与行业平均水平及主要竞争对手的数据进行比较，了解其行业地位的变化。

（4）分析预测公司主要产品的市场前景及公司未来的市场份额；分析公司的投资项目，并预计其销售和利润水平。

（5）分析公司的财务状况以及公司的投资潜力和筹资潜力。

二、公司财务分析

财务分析是证券投资基本分析的核心内容。财务指标分析可以分为以下五大类：偿债能力比率分析、资本结构比率分析、经营效率分析、盈利能力分析和投资收益分析。

（一）公司主要的财务报表

上市公司必须遵守财务公开的原则，定期公开自己的财务状况，提供有关财务资料，便于投资者查询。上市公司公布的财务资料中，主要是一些财务报表。在这些财务报表中，最为重要的有资产负债表、利润表和现金流量表。

1. 资产负债表

资产负债表是反映企业在某一特定日期财务状况的会计报表，它表明权益在某一特定日期所拥有或控制的经济资源、所承担的现有义务和所有者对净资产的要求权。

我国资产负债表按账户式反映，即资产负债表分为左方和右方，左方列示资产各项目，右方列示负债和所有者权益各项目。总资产等于负债加上净资产（资本、股东权益、所有者权益），即资产各项目的合计等于负债和所有者权益各项目的合计。通过账户式资产负债表，反映资产、负债和所有者权益之间的内在关系，并达到资产负债表左方和右方平衡。同时，资产负债表还提供年初数和期末数的比较资料。

2. 利润表

利润表是反映企业一定期间生产经营成果的会计报表，表明企业运用所拥有的资产进行获利的能力。利润表把一定期间的营业收入与其同一会计期间相关的营业费用进行配比，以计算企业一定时期的净利润（或净亏损）。

利润表主要反映以下七个方面的内容。

（1）构成营业收入的各项要素。营业收入由主营业务收入和其他业务收入组成。

（2）构成营业利润的各项要素。营业收入减去营业成本（主营业务成本、其他业务成本）、营业税金及附加、销售费用、管理费用、财务费用、资产减值损失，加上公允价值变动收益、投资收益，即为营业利润。

（3）构成利润总额（或亏损总额）的各项要素。在营业利润的基础上加营业外收入，减营业外支出后得到利润总额（或亏损总额）。

（4）构成净利润（或净亏损）的各项要素。在利润总额（或亏损总额）的基础上，减去本期计入损益的所得税费用后得出净利润（或净亏损）。

（5）每股收益。普通股或潜在普通股已公开交易的企业以及处于公开发行普通股或潜在普通股过程中的企业，还应在利润表中列示每股收益的信息，包括基本每股收益和稀释每股收益两项指标。

（6）其他综合收益。该项目反映企业根据企业会计准则规定未在损益中确认的各项利得和损失扣除所得税影响后的净额。

（7）综合收益总额。该项目反映企业净利润与其他综合收益的合计金额。

3. 现金流量表

现金流量表反映企业一定期间现金的流入和流出，表明企业获得现金和现金等价物的能力。现金流量表主要分经营活动、投资活动和筹资活动产生的现金流量三部分。

（二）财务报表分析方法与原则

1. 财务报表分析的方法

财务报表分析的方法有比较分析法和因素分析法两大类。财务报表的比较分析法是指对两个或几个有关的可比数据进行对比，揭示财务指标的差异和变动关系，是财务报表分析中最基本的方法。财务报表的因素分析法则是依据分析指标和影响因素的关系，从数量上确定各因素对财务指标的影响程度。

2. 财务报表分析的原则

（1）坚持全面原则。财务分析可以得出很多比率指标，每个比率指标都从某个角度、方面揭示了公司的状况，但任何一个比率都不足以为评价公司提供全面的信息；同时，某一指标的不足可以从其他方面得到补充。因此，分析财务报表要坚持全面原则，将多个指标、比率综合在一起得出对公司全面客观的评价。

（2）坚持考虑个性原则。一个行业的财务平均状况是行业内各公司的共性，但一个行业的各公司在具体经营管理活动中会采取不同的方式，这会在财务报表数据中体现出来。比如，某公司的销售方式以分期收款为主，会使其应收账款周转率表现出差异。又如，某公司本年度后期进行增资扩股，会使本公司的资产收益率、股东权益收益率指标下降，但这并不表示公司经营真正滑坡，这是由资本变动而非经营变动带来的。所以，在对公司进行财务分析时，要考虑公司的特殊性，不能简单地与同行业公司直接比较。

（三）公司财务比率分析

分析和评价公司财务状况与经营成果的财务指标包括偿债能力指标、营运能力指标、盈利能力指标和现金流量指标。

1. 偿债能力分析

偿债能力是指公司偿还到期债务的能力。偿债能力分析包括短期偿债能力分析和长期偿债能力分析。

（1）短期偿债能力分析。短期偿债能力是指公司流动资产对流动负债足额偿还的保证程度，是衡量公司当前财务能力特别是流动资产变现能力的重要标志。公司短期偿债能力分析主要采用比率分析法，指标主要有流动比率、速动比率和现金流动负债比率。

①流动比率。它是流动资产除以流动负债的比值，即：

$$流动比率 = 流动资产/流动负债$$

一般情况下，流动比率越高，公司短期偿债能力越强。从理论上讲，流动比率维持在2:1是比较合理的。

②速动比率。它是从流动资产中扣除存货部分再除以流动负债的比值，即：

$$速动比率 = （流动资产 - 存货）/流动负债$$

通常认为，正常的速动比率为1，低于1的速动比率说明短期偿债能力偏低，但因行业不同，速动比率会有很大的差别而没有统一的标准。

③现金流动负债比率。它是企业一定时期的经营现金净流量同流动负债的比率，它可以从现金流量角度来反映企业当期偿付短期负债的能力。

$$现金流动负债比率 = 年经营现金净流量/年末流动负债 \times 100\%$$

该指标从现金流入和流出的动态角度对企业的实际偿债能力进行考察，反映本期经营活动所产生的现金净流量足以抵付流动负债的倍数。

一般该指标大于1，表示企业流动负债的偿还有可靠保证。该指标越大，表明企业经营活动产生的现金净流量越多，越能保障企业按期偿还到期债务，但也并不是越大越好，该指标过大则表明企业流动资金利用不充分，盈利能力不强。

（2）长期偿债能力分析。长期偿债能力是指公司偿还长期负债的能力。它是反映公司财务状况稳定及安全程度的重要标志。其分析指标主要有以下四项。

①资产负债率。它是负债总额与资产总额的百分比，即：

$$资产负债率 = 负债总额/资产总额 \times 100\%$$

该指标反映在总资产中有多大比例是通过借债来筹资的，也可以衡量公司在清算时保护债权人利益的程度。

②产权比率。它是负债总额与股东权益总额的百分比，也称债务股权比率，即：

$$产权比率 = 负债总额/股东权益总额 \times 100\%$$

该项指标反映由债权人提供的资本与股东提供的资本的相对关系，反映公司基本财务结构是否稳定。

③有形资产净值债务率。它是公司负债总额与有形资产净值的百分比，即：

$$有形资产净值债务率 = 负债总额/有形资产净值 \times 100\%$$

④利息保障倍数。利息保障倍数又称已获利息倍数，它是公司息税前利润与利息费用的比率，即：

$$利息保障倍数 = 息税前利润/利息费用$$

该指标来衡量偿付借款利息的能力。该指标越高，说明公司支付利息费用的能力越强；该指标越低，说明公司越难以保证用经营所得来及时足额地支付负债利息。

2. 营运能力分析

营运能力分析是指通过计算企业资金周转的有关指标分析其资产利用的效率，是对企业管理层管理水平和资产运用能力的分析。反映公司营运能力的指标主要有以下内容。

（1）存货周转率和存货周转天数。存货周转率是营业成本除以平均存货得到的比率，即存货周转次数。其计算公式为：

$$存货周转率 = 营业成本/平均存货$$

$$存货周转天数 = 360\ 天/存货周转率$$

一般来说，存货周转率越高越好。存货周转率越高，表明其变现的速度越快，周转额越大，资金占用水平越低，存货周转天数越短。

（2）应收账款周转率和应收账款周转天数。其计算公式为：

$$应收账款周转率 = 主营业务收入/平均应收账款$$

$$应收账款周转天数 = 360\ 天/应收账款周转率$$

它反映年度内应收账款转为现金的平均次数，说明应收账款流动的速度。一般来说，应收账款周转率越高，平均收账期越短，说明应收账收回越快；否则，公司的营运资金会过多地滞留在应收账款上，影响资金的周转。

（3）流动资产周转率。流动资产周转率是营业收入与全部流动资产的平均余额的比值。其计算公式为：

$$流动资产周转率 = 营业收入/平均流动资产（次）$$

公式中的平均流动资产是资产负债表中的流动资产合计期初数与期末数的平均数。流动资产周转率反映流动资产的周转速度。周转速度快，会相对节约流动资产，等于相对扩大资产投入，增强公司盈利能力；而延缓周转速度，需要补充流动资产参加周转，形成资金浪费，降低公司盈利能力。

（4）总资产周转率。它是公司主营业务收入净额与资产平均总额的比率，即：

$$总资产周转率 = 主营业务收入净额/资产平均总额$$

该项指标反映资产总额的周转速度。周转越快，反映销售能力越强。公司可以通过薄利多销的方法，加速资产的周转，带来利润绝对额的增加。

3. 盈利能力分析

盈利能力就是公司资金增值的能力，它通常体现为公司收益数额的大小与水平的高低。公司对增值的不断追求是公司资金运转的源泉与直接目的。盈利能力分析指标主要有以下几项。

（1）主营业务净利率。它是企业净利润与主营业务收入净额的百分比，即：

$$主营业务净利率 = 净利润/主营业务收入净额 \times 100\%$$

该指标反映每 1 元主营业务收入所带来的净利润，表示主营业务收入的收益水平。

（2）主营业务毛利率。它是营业毛利额与营业净收入之间的百分比，即：

$$主营业务毛利率 = （主营业务收入 - 主营业务成本）/主营业务收入 \times 100\%$$

该指标表示每 1 元主营业务收入扣除主营业务成本后，有多少钱可以用于各项期间费用和形成盈利。

（3）资产净利率。它是公司净利润与平均资产总额的百分比，即：

$$资产净利率 = 净利润/平均资产总额 \times 100\%$$

该指标反映公司资产利用的综合效果。指标越高，表明资产的利用效率越高。

（4）净资产收益率。净资产收益率又称股东权益收益率，是净利润与年末净资产的百分比，即：

$$净资产收益率 = 净利润/年末净资产 \times 100\%$$

该指标反映公司所有者的投资报酬率，具有很强的综合性。

(5) 每股收益。每股收益指扣除优先股股利后的税后利润与普通股股数比率，即：

每股收益 =（净利润 - 优先股股利）/发行在外的年末普通股总数

该指标是衡量上市公司盈利能力的最重要的财务指标，它反映普通股的获利水平。

(6) 市盈率。这是指普通股每股市价与每股收益的比率，即：

市盈率 = 每股市价/每股收益

该指标反映投资者对每 1 元净利润所愿意支付的价格。

4. 现金流量分析

(1) 流动性分析。所谓流动性，是指将资产迅速转变为现金的能力，主要指标有：

现金到期债务比 = 经营现金净流量/本期到期的债务

公式中本期到期的债务是指本期到期的长期债务和本期应付的应付票据。

现金流动负债比 = 经营现金净流量/流动负债

现金债务总额比 = 经营现金净流量/债务总额

(2) 获取现金能力分析。获取现金能力是指经营现金净流入和投入资源的比值，投入资源可以是主营业务收入、总资产、营运资金、净资产或普通股股数等。主要指标有：

主营业务现金比率 = 经营现金净流量/主营业务收入

每股营业现金净流量 = 主营业务收入/普通股股数

全部资产现金回收率 = 普通股股数/资产总额

(3) 财务弹性分析。财务弹性分析指公司适应经济环境变化和利用投资机会的能力，主要指标有现金满足投资比率和现金股利保障倍数两种。

现金满足投资比率 = 近 5 年经营活动现金净流量/近 5 年资本支出、
存货增加、现金股利之和

该比率越大，说明资金自给率越高。达到 1 时，说明公司可以用经营活动获取的现金满足扩充所需资金；若小于 1，则说明公司是靠外部融资来补充。

现金股利保障倍数 = 每股营业现金净流量/每股现金股利

该比率越大，说明支付现金股利的能力越强。

(4) 收益质量分析。收益质量是指报告收益与公司业绩之间的关系。如果收益能如实反映公司业绩，则认为收益的质量好；如果收益不能很好地反映公司业绩，则认为收益的质量不好。

从现金流量表的角度来看，收益质量分析主要是分析会计收益与现金净流量的比率关系，其主要的财务比率是营运指数。

营运指数 = 经营现金净流量/经营所得现金

经营所得现金 = 经营净收益 + 非付现费用

= 净利润 - 非经营收益 + 非付现费用

小于 1 的营运指数，说明收益质量不够好。首先，营运指数小于 1，说明一部分收益尚没有取得现金，停留在实物或债权形态，而未收现的收益质量低于已收现的收益。其次，营运指数小于 1，说明营运资金增加，同样的收益代表着较差的业绩。应收账款增加和应付账款减少使收现数减少，影响到公司的收益质量。应收账款如不能收回，已经实现的收益就会落空；即使延迟收现，其收益质量也低于已收现的收益。

(5) 现金流量表的分析要点。当出现以下两种情况时，要引起重视。

①经营性现金流量为负数。经营活动产生的现金流量是公司生存和发展的基础,如果此项结果为负值,说明公司从销售商和劳务中取得的现金收入不能满足维持当期运营资本正常运行的支付。导致出现这种结果的原因有以下两种。

第一,公司正在快速成长。处于高速成长期的公司,其销售收入每年都保持着很高的增长率。经理人员预见到了市场需求的巨大潜力,就会扩大存货、公告费用和人员工资上的支出,以期在下一年度带来更大的现金流量。其直接结果就是当期销售产生的现金流入小于当期在营运资金上的支出,出现负的经营性现金流量。经营性现金流量赤字必须由投资活动或筹资活动产生的正现金流量弥补。而处于快速成长期企业的投资活动一般也为负值,其现金流量缺口必须依靠债券性或股权的融资来补偿。分析上市公司的年报可以发现,许多成长股的经营性现金流量为负值,它们迫切希望通过高价配股筹资。

第二,经营业务亏损或营运资本管理不力。因外购商品或劳务形成的成本高于公司产品和劳务的售价而形成负的现金流量就比较严重。激烈的行业内部竞争压低销售价格,高成本的企业就会面临这种困境。因销售不力而导致的产品积压同样会导致当期现金流量不足,必须通过加强管理营运资金予以解决。

负的经营性现金流量应值得分析人员注意,尤其是对处于成熟期的公司或公用事业的上市公司而言,它可能意味着公司现行的经营战略存在巨大问题。

②经营活动产生的现金流量与净收益之间有巨大差额。这种情况一般是由应收账款剧增或投资收益及营业外收入变化造成的,具体如下。

第一,应收账款剧增。净收益的计算采用权责发生制。销售行为发生后,不管有没有收到现金,都会在账面上表现为销售收入,如果产品的销售价高于成本,将直接增加净收益。现金流量则是销售收入中减去应收账款的那一部分,是公司当期收到的现金。应收账款有坏账的可能。对于一次性销售收入巨大的企业,比如房地产开发商,应收账款的变化会引起公司业绩的大幅波动。

第二,投资收益及营业外收入的变化。投资收益及营业外收入的增加直接作用于营业利润,进而增加净利润。而对经营活动产生的现金流量没有影响。出售被投资单位股权、处理固定资产以及资产评估增值等都可能导致当期净收益增加,但这种增加与公司的经营活动无关,是非持续性的一次性交易,不能改变公司经营业绩的长期发展趋势,在公司价值评估和业绩预测中,必须剔除这种因素的影响。另外,公司所受税收待遇的变化也会显著影响经营活动产生的现金流量与净收益之间的比例关系。尤其是对新上市公司的税收减免,会在减免期提高公司的净收益能力,在分析公司的长期获利能力时,也要注意此因素的影响。

第三,经营活动的现金流量小于利息支付额。利息支出是负债经营企业的一项硬性的短期现金支出,偿付利息所支付的现金被列入筹资活动的现金流出项目。一般来说,公司的利息支付应该由经营活动产生的现金流量偿还。经营活动的现金流量是否大于当期的利息支付是公司债权人判断公司偿债能力的一个重要标准,也是证券分析人员判断公司经营稳健性的一项主要指标。对于一家财务杠杆率较高的公司而言,经营活动的现金流量不足以满足利息支付的需要,将有可能导致财务危机,直接损害股权持有人的利益。

第四,投资活动的现金流量的流向是否与企业战略一致。投资活动的现金流量来源于企业收回投资、处置股东资产以及取得的债息和股息收入,现金流量的流向就是上述科目的支出。投资活动产生的现金流量与经营活动的现金流量对公司生存发展的作用是不同的,后者主要反映当期经营活动的成果，前者则对后期经营活动的现金流量有巨大的影响。当期经营活动的现金流量是前期或前几期的结果，投资活动的现金流量的流向是对企业发展战略的贯彻。例如，公司决定了以电脑生产行业为主业的战略，投资现金流量就应表现为用以建立、收购或兼并生产电脑的生产性和科技性企业的现金支出；而对其他与主业发展关系不大的企业，公司应收回投资和处理固定资产，表现为投资活动的现金流入。如果投资活动的现金流量表现得非常分散，就说明公司的投资方向不明，有可能是管理层正在试图通过投资多元化来降低收益的波动性。多元化一般带来公司成长率的下降，在预测公司未来的业绩时要考虑这个因素。

第五，投资活动的资金来源是依赖于内源融资还是外源融资。投资活动是公司成长性的保证，如果经营活动产生的现金流量为正值，说明公司经营活动产生的现金流量除了能支持营运资本的运作外，还有余力支持投资活动。如果投资活动所需资金可以完全由经营性现金流量支持，说明公司的发展依赖于内源性融资；反之，如果需要通过借债或配股筹资来支持投资活动，说明公司比较依赖于外源融资。一般来说，依赖内源融资的企业，财务状况较为稳健，对债权人和股东的要求较少，投资于这种企业增值快。依赖于外源融资会加速企业资产规模膨胀的速度，但是，这种增长依赖于债务融资，会加大企业财务危机的可能性；如果依赖于配股融资，则会降低净资产收益率，这两种情况对于公司现有的股东都是不利的。

第六，公司是否有自由现金流，如何分配自由现金流量。公司经营活动和投资活动产生的现金流量净值扣除当期还本付息的数额后，所剩余的可以用作支付红利的现金流量称作自由现金流量。自由现金流量可用于支付红利、偿还借款或回购股票。如果公司用来支付红利的数额大于当期的自由现金流量，说明公司用外部现金流量来支付红利，这种红利政策是不稳定的。

5. 投资收益分析

（1）普通股每股净收益。普通股每股净收益是本年盈余与普通股流通股数的比值。其计算公式为：

普通股每股净收益 =（净利 − 优先股股息）/发行在外的加权平均普通股股数

该指标反映普通股的获利水平，指标值越高，每一股份可得的利润越多，股东的投资效益越好；反之则越差。

（2）股息发放率。股息发放率是普通股每股股利与每股净收益的百分比。其计算公式为：

股息发放率 =（每股股利/每股净收益）×100%

该指标反映普通股股东从每股的全部净收益中分到手的部分。就单独的普通股投资人来讲，这一指标比每股净收益更直接体现当前利益。

（3）普通股获利率。普通股获利率是每股股息与每股市价的百分比。其计算公式为：

普通股获利率 =（每股股息/每股市价）×100%

获利率又称股息实得利率，是衡量普通股股东当期股息收益率的指标。这一指标在用于分析股东投资收益时，"每股市价"应采用投资者当初购买股票时支付的价格；在用于对准备投资的股票进行分析时，"每股市价"则使用当时的市价。这样既可揭示投资该股票可能获得股息的收益率，也表明出售或放弃投资这种股票的机会成本。投资者可利用股价和获利率的关系以及市场调节机制预测股价的涨跌。当预期股息不变时，股票的获利率与股票市价成反方向运动。当某股票的获利率偏低时,说明股票市价偏高;反之,若获利率偏高,则说明股价偏低,投资者会竞相购买,又会导致股价上升。

(4)本利比。本利比是每股股价与每股股息的比值。其计算公式为:

$$本利比 = 每股股价/每股股息$$

本利比是获利率的倒数,表明目前每股股票的市场价格是每股股息的几倍,以此来分析相对于股息而言,股票价格是否被高估以及股票有无投资价值。

(5)市盈率。市盈率是每股市价与每股税后净利的比率,亦称本益比。其计算公式为:

$$市盈率 = 每股市价/每股净利$$

公式中,每股市价是指每股普通股在证券市场上的买卖价格。该指标是衡量股份制企业盈利能力的重要指标,用股价与每股税后净利进行比较,反映投资者对每元净利所愿支付的价格。这一比率越高,意味着公司未来成长的潜力越大。一般说来,市盈率越高,说明公众对该股票的评价越高。但在市场过热、投机气氛浓郁时,常有被扭曲的情况,投资者应特别小心。

(6)投资收益率。投资收益率等于公司投资收益与平均投资总额的百分比。用计算公式为

$$投资收益率 = (投资收益/平均投资总额) \times 100\%$$

式中

$$平均投资总额 = (期初长、短期投资 + 期末长、短期投资)/2$$

该指标反映公司利用资金进行长、短期投资的获利能力。

(7)每股净资产。每股净资产是净资产除以发行在外的普通股股数的比值。用计算公式为:

$$每股净资产 = 净资产/发行在外的普通股股数$$

该指标净资产为资产总额与负债总额之差,即所有者权益,该指标反映每股普通股所代表的股东权益额。对投资者来讲,这一指标使他们了解每股的权益。

(8)净资产倍率。净资产倍率是每股市价与每股净值的比值。其计算公式为:

$$净资产倍率 = 每股市价/每股净值$$

净资产倍率是将每股股价与每股净值相比,表明股价以每股净值的若干倍在流通转让,评价股价相对于净值而言是否被高估。净资产倍率越小,说明股票的投资价值越高,股价的支撑越有保证;反之则投资价值越低。这一指标同样是投资者判断某股票投资价值的重要指标。

6. 盈余管理

盈余管理是指企业管理层利用会计法规、会计准则的漏洞以及会计原则,特别是计量原则的可选择性,有目的地选择会计程序和方法,对会计信息进行加工,以达到其目的的会计行为。一旦超过会计准则及制度的规定范围,则称为利润操纵。

(1)盈余管理的动因。这主要有以下几点原因。

①高层管理人员奖金等收入最大化。根据委托代理理论,委托人(即股东)与代理人(即企业管理当局)两者的目标不一致。往往通过签订管理合约使两者的目标趋同。企业收益成为衡量企业总价值变动的最适当指标。信息不对称和监督成本的存在决定了企业管理当局有能力和条件进行盈余管理。

②上市公司首发股票及上市后配股。股份有限公司申请发行新股和股票上市必须具备一

定条件，我国《证券法》规定，股份有限公司申请发行新股和股票上市必须具备一定条件，如"具有持续经营能力""最近三年财务会计报告被出具无保留意见审计报告"等。另外，由于ST制度的存在，实际亏损的上市公司为逃避陷入困境，也会进行盈余管理，调节利润，使亏损变为微利。

③债务合同中的保护性条款的履行。以会计数据定义的保护性条款，是指流动负债率、利息保障倍数、营运资本、固定资产、现金流动等方面的限制。为避免违约，贷款被收回，管理当局会进行盈余管理。即使暂时没有债务合同，出于将来为扩大生产能比较顺利地筹集到资金的目的考虑，也仍有可能采取有利于增加收益的会计。

④高层管理人员的更迭。高层管理人员即将退休时，为载誉而归，往往采用收益最大化的会计政策；同时，在其有升迁的可能性时，将采取使自己任期内收益逐年增加的盈余管理行为。企业发生经营困难，甚至面临破产时，会采取尽量提高利润，美化财务状况的盈余管理行为，以避免被解雇或被免职的命运。新上任的高层管理人员，为增加企业未来预期的盈利能力，提高自己的经营业绩，往往会注销一笔"不良资产"。

（2）盈余管理的手段。主要包括以下几种。

①会计政策选择和会计估计的应用。对于同一经济事项，会计政策一般提供几种方法供会计人员选择，会计估计则更需要企业会计人员运用职业判断。会计应计制的差别导致会计准则和会计制度具有一定的灵活性，在同一交易或事项的会计处理上可能提供多种会计处理方法。

第一，利用资产减值准备。新会计准则扩大了资产减值范围，除了应收账款、存货、短期投资、长期投资、委托贷款、固定资产、在建工程和无形资产外，增加了投资性房地产、消耗性生物资产、建造合同形成的资产、金融资产及为探明石油天然气矿区权益等资产。新准则中明确规定，存货、建造合同形成的资产、消耗性生物资产及金融资产减值准备在影响资产减值因素消失后转回，计入当期损益。其他资产已提减值损失，一经确认不得转回，只允许在资产处置时再进行会计处理。这为公司盈余管理提供了可能。

第二，利用固定资产折旧政策影响会计利润。对于企业来讲，由于固定资产金额相对较大，新准则规定，企业应当至少每年年终对固定资产的使用寿命、折旧方法和预计净残值进行复核，并可以根据实际情况调整。因此，管理人员可以根据自己的职业判断对固定资产折旧方法、使用寿命、净残值等进行判断和选择，这些判断和选择都直接影响到企业当期以及未来一定期间的利润，为公司盈余管理提供了可能。

第三，利用会计期间、时间跨度来调节利润。许多公司不按会计制度、会计准则的规定来处理会计账务，而是利用时间差，提前确认会计收入、推迟结转成本，或者提前确认成本费用、推迟确认会计收入，利用这样的方式来调节利润。

②利用关联交易操纵会计收益。利用关联方交易来操纵盈余是比较隐蔽且常用的一种方式，已成为上市公司"乐此不疲"的游戏。其主要方式如下。

第一，委托或者合作投资。如果上市公司面临投资项目周期长、风险大等因素，则可将某一部分现金转移到母公司，以母公司的名义进行投资，将投资风险全部转嫁到母公司头上，而将投资收益的回报确定为上市公司当年的利润。当上市公司发现净资产收益率难以达到配股的要求时，便倒推计算利润缺口，然后与母公司签订联合投资合同，投资回报按测算的缺口利润确定，由母公司让出一块利润。

第二，关联购销。关联交易包括虚构业务量、低价购进原材料和高价销售产品等方式。

不少上市公司与母公司存在产、供、销及其他服务方面千丝万缕的联系，上市公司从母公司或者关联公司处以低于市场价的价格购买原材料或者半成品，进行一定程度的加工和包装后，以高于市场价的价格卖给母公司或者关联公司，以实现对会计收益的控制。即使在市场不景气的情况下，母公司也会购买大量上市公司产品。

第三，资产租赁。许多上市公司的经营性资产甚至经营场所往往是采用租赁的方式从母公司租赁来的，这就为上市公司与母公司之间的交易埋下了伏笔。上市公司与母公司可以在租赁数量、租赁方式和租赁价格等方面进行调整。有时，上市公司还将从母公司处租来的资产同时租赁给母公司的其他子公司，以分别转移母公司与子公司之间的利润。

第四，承包经营或者托管经营。在我国目前的法律法规中，对承包经营或者托管经营的规定和操作规范基本是一片空白，于是就给托管（承包）经营的操作者留下了大量的操作空间，上市公司完全可以利用由承包经营或者托管经营带来的利润进行操纵。上市公司在经营管理不善和经济效益不佳的情况下，经常将不良资产承包（托管）给关联方，由关联方来承担亏损，上市公司可同时获得固定承包收益。同时，母公司将稳定的高获利能力的资产以低收益的形式委托给上市公司进行经营管理，并在委托协议中将较多的比较高的利润留在上市公司，直接增加上市公司利润，进行利润操作。

第五，资产转让置换。资产转让置换是企业为优化资产结构、完成产业调整、实现战略转移等目的而实施的资产转让或股权转让等行为，上市公司经常利用资产置换的手法来操纵利润，主要表现在两个方面。一方面，上市公司在效益不佳时，经常向母公司或者母公司控制的子公司购买经营性资产来获得经营利润。上市公司将购买母公司的优质资产的款项挂在往来账上，不计提利息或资金占用费。这样上市公司没有付出任何代价就获得了优质资产的经营收益。还有就是母公司将优质资产低价卖给上市公司，或与上市公司的不良资产（特别是长期投资的购买和置换方面）进行不等价交换，实际上上市公司把负担都转移到母公司去了。另一方面，上市公司在会计收益亏损或者处于微利的情况下，将上市公司的不良资产和等额的债务转移给母公司或者母公司控制的子公司，这样上市公司既剥离了债务，又剥离了不良资产。

③利用地方政府的支持来操纵会计收益。利用地方政府的支持来操纵会计利润主要表现为地方政府以财政手段支持、扶持地方企业。在当前的资本市场环境下，"壳资源"依然稀缺，上市公司成为一种稀缺资源，是当地的一种融资平台。当上市公司无法配股或者面临中止上市的状况时，它们会伸出"看得见的手"来对上市公司给予行政支持。政府优惠恩赐突然降临，上市公司当然就可以对会计收益进行操纵了。地方政府一般采用如下方法：直接为上市公司提供财政补贴；给予上市公司退税或者减免税，以达到降低税负的目的；地方政府利用商业银行对上市公司的利息进行减免等手段改善会计盈余。

④利用债务重组。债务重组是指在债务人发生财务困难的前提下，债权人按照其与债务人达成的协议或法院的裁定做出让步的事项。新准则着重体现于公允价值的使用和确认债务重组利得并计入当期损益，上市公司可以利用不等价交换，与其非上市的母公司之间进行利润转移。

⑤利用研发支出资本化。新准则将研究开发项目分为研究阶段和开发阶段，企业应当根据研究和开发的实际情况加以判断。企业内部研究开发项目研究阶段的支出，应当于发生时计入当期损益；开发阶段的支出，符合条件的，应确认为无形资产。但对于开发项目是否具备使用或出售的可行性、是否具备完成并使用或出售的意图、是否有足够的支持完成该项目

的费用、其后续支出能否可靠计量等，都需要会计人员的职业判断，也为公司盈余管理提供了可能。

新企业会计准则规定，符合资本化条件的资产包括固定资产和需要相当长时间的购建或者生产活动才能达到可使用或可销售状态的存货、投资性房地产等。相比旧准则，扩大了可资本化的资产范围，可资本化的借款范围也由专门借款扩大到了专门借款和一般借款。公司会在借款费用资本化和费用化之间挪移，调节当期损益，从而进行盈余管理。

（四）财务分析中应注意的问题

1. 财务报表数据的准确性、真实性与可靠性

财务报表是按会计准则编制的，它们合乎规范，但不一定反映该公司的客观实际。例如，报表数据未按通货膨胀或物价水平调整；非流动资产的余额是按历史成本减折旧或摊销计算的，不代表现行成本或变现价值；有许多项目，如科研开发支出和广告支出，从理论上看是资本支出，但发生时已列作当期费用；有些数据基本上是估计的，如无形资产摊销和开办费摊销，但这种估计未必正确；发生了非常的或偶然的事项，如财产盘盈或坏账损失，可能歪曲本期的净收益，使之不能反映盈利的正常水平。

2. 财务分析结果的预测性调整

公司的经济环境和经营条件发生变化后，原有的财务数据与新情况下的财务数据不具有直接可比性。比如，某公司由以批发销售为主转为以零售为主的经营方式，其应收账款数额会大幅下降，应收账款周转率加快，但这并不意味着公司应收账款的管理发生了突破性的改变。因此，在对公司财务指标进行比率分析后对公司的财务情况下结论时，必须预测公司经营环境可能发生的变化，对财务分析结果进行调整。如市场消费习惯改变后如果产品不转型，将会失去一大部分市场，或者由于行业的低进入壁垒，许多新兴公司加盟该行业，这些都会在现有的基础上降低公司的盈利能力。

3. 公司增资行为对财务结构的影响

公司的增资行为一般会改变负债和所有者权益在公司资本总额中的相对比重，因此，公司的资产负债率和权益负债比率会相应受到影响。

（1）股票发行增资对财务结构的影响。

①配股增资对财务结构的影响。公司通过配股融资后，由于净资产增加，而负债总额和负债结构都不会发生变化，因此公司的资产负债率和权益负债比率将降低，债权人承担的风险将减少，而股东所承担的风险将增加。

②增发新股对财务结构的影响。增发新股后，公司净资产增加，负债总额以及负债结构都不会发生变化，因此公司的资产负债率和权益负债比率都将降低。

（2）债券发行增资对财务结构的影响。发行债券后，公司的负债总额将增加，同时总资产也增加，资产负债率将提高。此外，公司发行不同期限的债券，也将影响到公司的负债结构。

（3）其他增资行为对财务结构的影响。除了股权融资和发行债券外，公司其他的增资方式还有向外借款等。如果公司向银行等金融机构以及向其他单位借款，则形成了公司的负债，公司的权益负债比率和资产负债率都将提高。

三、公司重大事项分析

(一) 公司管理层的变化

美国研究开发公司（American Research Development，ARD）的创始人、被誉为"美国风险投资之父"的杜洛特（Doriot）有一个著名的投资理念，即"我宁愿投资于第一流的人，第二流的项目；而不是第一流的项目，第二流的人"。著名投资家巴菲特在投资一家公司时，不论是否控股，都遵循同样的投资策略：寻找自己真正了解的公司；该公司需具有较长期令人满意的发展前景，由既诚实又有能力的管理人员来管理；要在有吸引力的价位上买入该公司的股票。

(二) 公司的并购重组

并购重组是资本市场的主要功能。从微观层面上讲，并购重组可以帮助上市公司以较低的成本实现快速扩张或实施多元化经营战略，提升公司的资源整合能力，提高公司的竞争力；也可以为完善公司治理结构，提高上市公司规范运作水平提供动力。并购重组市场的发展，可以对公司董事会和管理层施加强大的外部压力，增强其完善公司经营机制、努力搞好经营、提升公司业绩、追求股东价值最大化的紧迫感；同时还可以促进控股股东行为的合理化。从宏观层面上讲，并购重组可以优化资源配置，促进产业结构升级和调整，推动社会经济快速、稳定和健康发展。

公司在并购重组活动中，通常也会遇到诸多问题，如并购重组是否符合公司发展战略的需要，是否有助于提升公司的竞争力，是否符合股东价值最大化的要求，能否为股东创造价值；并购重组的价格是否合理；并购重组后的整合能否顺利进行等。并购重组事实上是一种高风险的经济活动，失败的案例比比皆是。

我国证券市场是一个新兴加转轨的市场，多年来一直存在诸多并购重组的陷阱，如为了"圈钱"而进行报表重组，为了保住上市资格而进行虚假重组，为了哄抬股价而进行题材重组等。投资者在评估公司的并购重组活动时，应该从公司并购重组的目的、价格、方式以及对公司业绩的影响等多个角度加以考察，规避其所带来的投资风险。

(三) 公司的资产重组

1. 资产重组的形式

中国证监会颁布的《上市公司重大资产重组管理办法》中将重大资产重组定义为：上市公司及其控股或者控制的公司在日常经营活动之外购买、出售资产或者通过其他方式进行资产交易达到规定的比例，导致上市公司的主营业务、资产、收入发生重大变化的资产交易行为。这一定义包括以下几个方面的含义：①重组行为应当是与他人发生法律和权利义务关系；②企业内部的资产重新配置不属于资产重组范畴；③重组行为必须达到一定量的要求。

资产重组的基本形式包括割卖和收购。割卖是将那些从公司长期战略角度来看处于外围或辅助地位的经营项目加以出售。收购主要涉及新经营项目的购入，其目的是增强公司的核心业务或主营项目。由于各上市公司为实现重组的目的不同，采用的资产重组方式也各不相同，总体可分为五大类。

（1）收购兼并。收购兼并是指上市公司出资对目标公司的产权或资产进行收购并纳入本公司的经营管理之内的行为，其主要形式包括购买资产、收购公司、收购股份等。

（2）股权转让。股权转让是根据股权转让协议受让目标公司（上市公司）的全部或部分股权，从而获得目标公司控制权的收购行为。

（3）资产置换。资产置换是我国上市公司资产重组的一种特殊形式，它指公司重组中为了使资产处于最佳状态，获取最大收益或出于其他目的而对其资产进行交换。双方通过资产置换能够获得与自己核心能力相协调的、相匹配的资产。

（4）股权投资。股权投资是指上市公司出资购买目标公司的股权，从而将目标改组为上市公司的控股子公司的行为。股权投资有两种情况：①为了控股而投资；②仅是为了多元化发展而参股投资。

（5）二级市场购并。二级市场购并是指购并公司（不一定是上市公司）通过二级市场收购上市公司的股权从而获得上市公司控制权的购并行为。二级市场购并实际上属于股权投资的一种特殊形式。

2. 资产重组对公司的影响

从理论上讲，资产重组可以促进资源的优化配置，有利于产业结构的调整，增强公司的市场竞争力，从而使一批上市公司由小变大，由弱变强。但在实践中，许多上市公司进行资产重组后，其经营和业绩并没有得到持续、显著的改善。究其原因，最关键的是重组后的整合不成功。重组后的整合主要包括企业资产的整合、人力资源配置和企业文化的融合、企业组织的重构三个方面。

不同方式的资产重组对公司业绩和经营的影响也是不一样的。

由于多方面的原因，股权投资成为我国证券市场最常见的资产重组类型。对于股权投资式的重组而言，股权投资对上市公司的影响是间接的，企业的资产、负债在账面上没有变化，上市公司股权转让本身只反映其股权结构的变化。由于控制权的变更并不代表公司的经营业务活动必然随之发生变化，因此，一般而言，控制权变更后必须进行相应的经营重组，这种方式才会对公司经营和业绩产生显著效果。

对于资产置换方式的重组而言，这是一种见效比较快的重组方式。由于资产置换多采取整体转换的方式，因而上市公司的资产质量可以迅速提高，收益也可立竿见影。但应提起注意的是，由于资产置换大多是依托大股东进行的，因此上市公司的不良资产通过置换并没有消灭，只不过是一种"搬砖"游戏，至于"搬出"的不良资产如何处理，中小股东不会关心，但对接受不良资产的大股东而言仍是一个相当棘手的问题。分析资产置换方式重组对公司业绩和经营的影响，首先须鉴别报表性重组和实质性重组。区分报表性重组和实质性重组的关键是看有没有进行大规模的资产置换或合并。实质性重组一般要将并购企业50%以上的资产与并购企业的资产进行置换，或双方资产合并；而报表性重组一般都不进行大规模的资产置换或合并。

（四）关联交易

1. 关联交易方式

所谓关联方交易，是指在关联方之间转移资源或义务的事项，而不论是否收取价款。按照这一定义，关联方交易是发生在构成关联方关系的企业之间、企业与个人之间的交易，资源或义务的转移是关联方交易的主要特征，关联方之间资源或义务的转移价格是了解关联方交易的关键。上市公司的交易行为是否属于关联交易，首先在于上市公司的交易的另一方是否属于关联人的范畴。因此，确立关联人的范围是衡量关联交易问题的基础。我国的《企业会计准则》对关联方进行了界定，在企业财务和经营决策中，属于下列情况之一的，就视为关联方：①一方控制、共同控制另一方或对另一方施加重大影响；②两方或多方同受一方控制、共同控制或重大影响。所谓控制，是指有权决定一个企业的财务和经营政策，并能据以从该企业的经营活动中获取利益，包括直接控制和间接控制两种类型。关联交易主要有以下几种形式。

（1）经营活动中的关联交易。主要有：①关联购销；②费用负担的转嫁；③资产租赁；④资金占用；⑤信用担保。

（2）资产重组中的关联交易。主要有：①资产转让和资产置换；②托管经营、承包经营。

（3）合作投资。合作投资形式的关联交易通常指的是上市公司与关联公司就某一具体项目联合出资，并按事前确定的比例分配收益。这种投资方式因关联关系的存在，达成的概率较高，但操作透明度较低，特别是分利比例的确定。

（4）相互持股。目前我国公司实务中已存在为实现特殊目的而相互持股的现象。对于相互持股的两个企业而言，相互持股会形成一系列法人实体相互渗透、依赖和监督的网络和利益共同体，但同时也产生了资本相互抵消、造成虚假资本、股份垄断及经营透明度不高等缺陷。

2. 关联交易对公司的影响

从理论上说，关联交易属于中性交易，它既不属于单纯的市场行为，也不属于内幕交易的范畴，其主要作用是降低企业的交易成本，促进生产经营渠道的畅通，提供扩张所需优质资产，有利于实现利润的最大化等。但在实际操作过程中，关联交易有它的非经济特性，与市场竞争、公开竞价的方式不同，其价格可由关联双方协商决定，特别是在我国评估和审计等中介机构尚不健全的情况下，关联交易就容易成为企业调节利润、避税和为一些部门及个人获利的途径，使中小投资者利益受损。

事实上，通过关联交易获取资产转让收益操纵上市公司利润，从而达到保值、扭亏或摘帽的目的，是近年来上市公司关联交易的主要动机之一。投资者在分析关联交易时，一方面，应广泛地收集各方面的信息资料并细心研读，对其进行细致的分析，尤其要注意关联交易可能给上市公司带来的隐患，如资金占用、信用担保、关联购销等。另一方面，对于不清楚的事项应向上市公司、会计师及有关的人士询问。此外，还可以对上市公司进行走访调研，全面了解掌握上市公司的情况。那样，才可以避免在投资上陷入误区。

（五）会计政策和税收政策的变化对公司的影响

1. 会计政策的变化及其对公司的影响

会计政策是指企业在会计确认、计量和报告中所采用的原则、基础和会计处理方法。企业基本上是在法律法规所允许的范围内选择适合本企业实际情况的会计政策。当会计制度发生变更，或企业根据实际情况认为需要变更会计政策时，其可以变更会计政策。企业的会计政策发生变更将影响公司年末的资产负债表和利润表。如果采用追溯调整法进行会计处理，则会计政策的变更将影响公司年初及以前年度的利润、净资产、未分配利润等数据。

2. 税收政策的变化对公司的影响

税收政策是一国经济政策的重要组成部分。税收政策的变更范围极其广泛，包括纳税人、课税对象、课税标准、税率、课税基础以及起征点、免税规定的调整或变动。上述任何一项变动都会对企业的利润产生影响，从而对企业的经营业绩产生影响。税收政策的变更对企业经营业绩的影响主要体现在两个方面：第一，直接影响，即直接对企业的利润和税后利润产生影响，这很容易理解；第二，间接影响，主要体现为对企业投资的促进或抑制作用，进而对企业经营业绩产生影响。除了折旧和利息，投资成本还受到税收的较大影响。

【复习思考题】

1. 证券投资基本分析法的理论基础是什么？
2. 证券投资分析的目的是什么？
3. 在我国当前证券市场中，证券投资理念有哪些？
4. 从信息发布主体和发布渠道来看，证券市场上各种信息的来源主要有哪些？
5. 证券投资分析的主要步骤有哪些？
6. 宏观经济分析的意义是什么？
7. 宏观经济分析的主要内容是什么？
8. 财政政策的手段对证券市场有什么影响？
9. 实施积极财政政策对证券市场有什么影响？
10. 分析财政政策对证券市场的影响时应注意哪些问题？
11. 货币政策对宏观经济调控作用突出表现在哪些方面？
12. 货币政策对证券市场的影响表现在哪些方面？
13. 行业分析的主要任务是什么？
14. 影响行业兴衰的主要因素有哪些？
15. 如何进行证券投资公司分析？
16. 如何进行公司基本素质的分析？
17. 如何进行公司成长性分析？
18. 财务报表分析方法与原则有哪些？
19. 财务分析时应注意哪些问题？
20. 资产重组对公司有什么影响？
21. 关联交易主要有哪几种形式？
22. 关联交易对公司有什么影响？
23. 会计政策和税收政策的变化对公司有什么影响？

【实训任务】

1. 登录相关网站，查询我国近三年的GDP、GDP增长率、国际收支状况、CPI、PPI、货币供应量等指标，据以判断当前我国经济运行的基本形势。
2. 查询相关资料，分析我国近年来的财政政策和货币政策的具体内容及其变动情况，以及这些内容及变动对股市走势的影响。
3. 查询相关资料，绘制近三年我国的GDP增长率和股指增速的对比图，并进行分析。

第六章 证券投资技术分析

第一节 技术分析概述

技术分析是基本分析之外的又一证券投资分析方法,在证券交易市场上广泛运用。目前我国证券市场上使用的主要技术分析方法都是从国外引入的,下面主要以股票市场为例,将各种技术分析方法予以系统介绍。

一、技术分析的含义

技术分析是以证券市场过去和现在的市场行为为分析对象,应用数学和逻辑的方法,探索出一些典型变化规律,并据此预测证券市场未来变化趋势的技术分析方法。技术分析对那些希望通过低买高卖、获取差价形式的投资者是有益的,但技术分析方法不强调对因果关系的探寻,不保证运用者一定获利。

二、技术分析的基本假设

作为一种投资分析工具,技术分析方法是以一定的假设条件为前提的。

(一) 市场行为涵盖一切信息

该假设是技术分析的基础,该假设认为影响证券价格变动的所有信息都会被反映在证券的市场行为(证券的价、量、时、空)中,因此可以直接通过分析证券的市场行为而不用去分析影响证券价格的所有因素,从而节省了时间与精力。但该假设的局限性在于:市场存在信息的失真现象,市场反映的信息同原始信息有一些差异。

(二) 证券价格会沿趋势移动

该假设是进行技术分析最根本、最核心的条件。其主要思想是证券价格是按一定规律进行的,有保持原来运动方向的惯性。技术分析的目的正是要试图找出股票价格的变动规律,

"顺势而为"。由于证券价格的运动方向是由供求关系决定的，供求关系一旦确定，证券价格的变化趋势就会一直持续下去。只要供求关系不发生根本改变，证券价格的走势就不会发生反转。但该假设存在局限性，价格沿趋势运动是在没有"外力"影响的理想状态下进行的，但证券市场中"外力"是随时存在的，保持趋势将不容易，如突发事件的影响。

（三）历史会重演

这条假设是从人的心理因素方面考虑的。市场中进行具体买卖的是人，由人决定最终的操作行为。这一行为必然要受到人类心理学中某些规律的制约。证券市场的某个市场行为给投资者留下的阴影或快乐是会长期存在的。因此，技术分析法认为，根据历史资料概括出来的规律已经包含了未来证券市场的一切变动趋势，所以可以根据历史预测未来。但该假设存在局限性，证券市场的市场行为是千变万化的，不可能有完全相同的情况重复出现，差异总是或多或少地存在的。

三、技术分析的要素

证券市场中，价格、成交量、时间和空间是进行分析的要素。这几个因素的具体情况和相互关系是进行正确分析的基础。

（一）价和量是市场行为最基本的表现

一般地，价增量增，价跌量减。根据这一趋势规律，当价格上升时，成交量不再增加，意味着价格得不到买方确认，价格的上升趋势就会改变；反之，当价格下跌时，成交量萎缩到一定程度就不再萎缩，意味着卖方不再认同价格继续往下降了，价格下跌趋势就会改变。成交价、成交量的这种规律关系是技术分析的合理性所在，因此，价、量是技术分析的基本要素，一切技术分析方法都是以价量关系为研究对象的，目的就是分析、预测未来的价格趋势，为投资决策提供服务。

（二）时间和空间表现市场的潜能

在技术分析中，"时间"是指完成某个过程所经过的时间长短，通常是指一个波段或一个升降周期所经过的时间，体现了市场潜能由小变大再变小的过程。而"空间"反映了价格波动的大小或"幅度"，也体现了市场潜在的上升或下降的能量大小。一般来说时间长、波动空间大的过程，对今后价格趋势的影响和预测作用也大；时间短、波动空间小的过程，对今后价格趋势的影响和预测作用也小。

四、技术分析方法的类型

在价、量历史资料基础上进行的统计、数学计算、绘制图表方法是技术分析方法的主要手段。从这个意义上讲，技术分析方法种类繁多，形式多样。一般说来，技术分析方法包括如下常用的五类。

（一）指标类

指标类是根据价、量的历史资料，通过建立一个数学模型，给出数学上的计算公式，得到一个体现证券市场的某个方面内在实质的指标值。常见的指标有相对强弱指标、随机指标、趋向指标、平滑异同移动平均线、能量潮、心理线、乖离率等。

（二）切线类

切线类是按一定方法和原则，在根据股票价格数据所绘制的图表中画出一些直线，然后根据这些直线的情况推测股票价格的未来趋势，为之后的操作行为提供参考。这些直线就叫切线。常见的切线有趋势线、轨道线、黄金分割线、甘氏线、角度线等。

（三）形态类

形态类是根据价格图表中过去一段时间走过的轨迹形态来预测股票价格未来趋势的方法。主要的形态有 M 头、W 底、头肩顶、头肩底等。

（四）K 线类

K 线类是根据若干天的 K 线组合情况，推测证券市场中多空双方力量的对比，进而判断证券市场行情的方法。

（五）波浪类

波浪类是把股价的上下变动和不同时期的持续上涨、下跌看作波浪的上下起伏，认为股票的价格运动遵循波浪起伏的规律。波浪类较之别的技术分析流派，最大的区别就是能提前很长时间预计到行情的底和顶，而别的流派往往要等到新的趋势已经确立之后才能看到。但是，波浪类又是公认的较难掌握的技术分析方法。

以上五类技术分析流派从不同的方面理解和考虑证券市场，有的有相当坚实的理论基础，有的没有很明确的理论基础。在操作上，有的注重长线，有的注重短线；有的注重价格的相对位置，有的注重绝对位置；有的注重时间，有的注重价格。尽管各类分析方法考虑的方式不同，但目的是相同的，彼此并不排斥，在使用时可相互借鉴。

五、应用技术分析注意的问题

（一）技术分析必须与基本分析结合

由于市场突发消息较频繁，人为操纵因素较多，所以仅靠过去和现在的数据、图表去预测未来是不可靠的。投资者只有将技术分析法与基本分析法结合起来进行分析，才能既保留技术分析的优点，又考虑基本因素的影响，提高预测的准确程度。

（二）注意多种技术分析方法的综合研判

切忌片面地使用某一种技术分析结果。实践证明，单独使用一种技术分析方法有相当大的局限性和盲目性。为了提高决策的准确性，应尽量多掌握一些技术分析方法。

（三）经过自己实践验证后才能使用

由于证券市场能给人们带来巨大的利益，上百年来研究股票的人层出不穷，分析的方法各异，前人和别人的结论是在一定的特殊条件和特定环境中得到的，随着环境的改变，前人和别人成功的方法自己在使用时有可能失败。

（四）决定因素是人

在运用技术分析法时，很大程度上依赖于使用者个人的选择。例如，技术指标中参数的选择，切线中线条画法的选择，波浪理论中浪的数法等，这些都是人为的，个人的偏好和习惯影响这些选择，当然也就影响技术分析的结果。这就是不同的人在使用技术分析时产生不同后果进而得到不同结论的原因之一。

第二节 技术分析基础理论

一、道氏理论

道氏理论是以美国著名的证券分析家查尔斯·道（Charles Dow）的姓命名的，它是使用最早和影响最大的一种技术分析方法。

（一）道氏理论的主要内容

1. 用股票价格平均数的波动来研究整个股票市场的变动趋势

这是道氏理论对证券市场的重大贡献。道氏理论认为收盘价是最重要的价格，并利用收盘价计算平均价格指数，平均价格指数的波动已经包含了一切的信息，不论什么因素，股市指数的升跌变化都反映了公众的心态。

2. 市场波动具有某种趋势

道氏理论认为，价格的波动尽管表现形式不同，但是，最终可以将它们分为三种趋势：主要趋势、次要趋势和短期趋势。在三种趋势中，长期投资者最关心的是股价的基本趋势，其目的是想尽可能地在多头市场上买入股票，而在空头市场形成前及时地卖出股票。投机者则对股价的修正趋势比较感兴趣，他们的目的是想从中获取短期的利润。短期趋势的重要性较小，且易受人为操纵，因而不便作为趋势分析的对象。人们一般无法操纵股价的基本趋势和修正趋势，只有国家的财政部门才有可能进行有限的调节。

3. 牛市和熊市

在主要趋势中，牛市和熊市都可各分为三个阶段。

（1）牛市。第一阶段是建仓期。在这一阶段，市场氛围通常是悲观的，交易数量是适度的，但一些有远见的投资者知道形势即将扭转，因而在此时购入股票，并逐渐抬高其出价以刺激抛售。第二阶段是一轮十分稳定的上升和增多的交易量，在这个阶段，使用技术性分析的交易者通常能够获得最大的利润。最后市场高峰出现，第三阶段，所有信息都令人乐观，股价已经上升了很长一段时间，而目前正达到更恰当地说"真是卖出的好机会"的时候了。

（2）熊市。第一阶段是出货。在这一阶段，有远见的投资者在涨势中抛出所持股票，行情开始显弱。第二阶段为恐慌阶段，该阶段来得突然，跌的趋势突然加速，股指成直线下滑，在恐慌时期结束后，会出现一轮属次级性质的反弹行情或横向的整理行情，然后开始第三阶段。第三阶段是多杀多阶段，在该阶段发动的初期，下跌的趋势并没有加速，在该阶段的中后期，股价有急跌之势，该阶段利空消息不断兑现，投资者的信心已完全丧失。至此，空头市场已经结束。

当然，没有任何两个熊市或牛市是完全相同的。有一些可能缺少三个典型阶段中的一个，一些牛市自始至终都是极快的价格上涨。一些短期熊市没有明显恐慌阶段，而另一些则以恐慌阶段结束。任何一个阶段都没有一定的时间限制。

4. 成交量在确定趋势中起很重要的作用

通常，在多头市场，价位上升，成交量增加；价位下跌，成交量减少。在空头市场，当价格滑落时，成交量增加；在反弹时，成交量减少。当然，这条规则有时也有例外。因此，只根据几天的成交量是很难得出正确结论的。

5. 盘局可以代替中级趋势

一般来说，盘局形状显示买进和卖出两者的力量是平衡，盘局的时间越久，价位越窄，它最后的突破越容易。盘局常常出现在主要趋势时的休息和整理阶段，它们取代了正式上的次级波动。很可能是一种指数正在形成盘局，而另一种却发展成典型的次级趋势。

6. 收盘价是最重要的价格

道氏理论并不注重一个交易日内的最高价和最低价，而只考虑收盘价。因为收盘价是对当天股价的最后评价，大部分人根据这个价位进行买卖的委托。

7. 在反转趋势出现之前主要趋势仍将发挥影响

这条规则告诉人们，一个旧趋势的反转可能发生在新趋势被确认后的任何时间，作为投资人，一旦做出委托，必须随时注意市场。

8. 股市波动反映了一切市场行为

股市指数的收市价和波动情况反映了一切市场行为。不论什么因素，股市指数的升跌变化都反映了群众心态，代表了群众心态、市场行为的总和。

9. 只有当出现了明确的反转信号时，才意味着一轮趋势结束

当一个新的主要趋势第一次确定后，如果不考虑短期的波动，趋势会持续下去，直到出现明确的反转信号。

（二）道氏理论的缺陷

（1）道氏理论主要目标是探讨股市的基本趋势，一旦基本趋势确立，道氏理论假设这种趋势会一路持续，直到趋势遇到外来因素破坏而改变为止。但道氏理论只推断股市的大趋势，却不能推断大趋势里的升幅或者跌幅将会到哪种程度。

（2）道氏理论每次都要两种指数互相确认，这样做已经慢了半拍，丢失了最好的入货或出货机会。

（3）道氏理论对选股没有帮助。

（4）道氏理论注重长期趋势，对中期趋势，特别是在不知是牛市还是熊市的情况下，不能带给投资者明确启示。

总之，道氏理论从来就不是用来指出应该买卖哪只股票，而是在相关收盘价的基础上确定股票市场的主要趋势，因此，道氏理论对大形势的判断有较大的作用，但对于每日每时都在发生的小波动则显得无能为力。道氏理论甚至对次要趋势的判断作用也不大。同时,道氏理论的另一个不足是它的可操作性较差。一方面,道氏理论的结论落后于价格变化,信号太迟;另一方面,理论本身存在不足,使一个很优秀的道氏理论分析师在进行行情判断时,也会因得到一些不明确的信号而产生困惑。

二、波浪理论

波浪理论的全称是艾略特波浪理论,是以美国人拉尔夫·纳尔逊·艾略特(R. N. Elliott)的名字命名的一种技术分析理论,是一种价格趋势分析工具,完全靠观察K线形态得出规律,可用以分析股市指数、价格的走势,它也是世界股市分析上运用最多,而又最难了解和精通的分析工具。

(一) 波浪理论的基本思想

艾略特最初的波浪理论是以周期为基础的。他把大的运动周期分成时间长短不同的各种周期,在一个大周期之中可能存在一些小周期,而小的周期又可以再细分成更小的周期。每个周期都是由上升(或下降)的5个过程和下降(或上升)的3个过程组成的。这8个过程完结以后,我们才能说这个周期已经结束,将进入另一个周期。新的周期仍然遵循上述的模式。以上是艾略特波浪理论最核心的内容,也是艾略特作为波浪理论奠基人最为突出的贡献。

艾略特波浪理论与道氏理论有着密切的联系。道氏理论的主要思想是:任何一种股价的移动都包括三种形式的移动,即原始移动、次级移动和日常移动。艾略特波浪理论不仅找到了这些移动,而且找到了这些移动发生的时间和位置,这是波浪理论较道氏理论更为优越的地方。道氏理论必须等到新的趋势确立以后才能发出行动的信号,而波浪理论可以明确地知道目前股价是处在上升(或下降)的尽头,或处在上升(或下降)的中途,可以更明确地指导操作。

艾略特波浪理论中所用到的数字2,3,5,8,13,21,34,…,都来自斐波那契数列。这个数列是数学上很著名的数列,它有很多特殊的性质,是艾略特波浪理论的数学基础。

(二) 波浪理论的主要原理

1. 波浪理论考虑的因素

波浪理论考虑的因素主要是三个方面:①股价走势所形成的形态;②股价走势图中各个高点和低点所处的相对位置;③完成某个形态所经历的时间长短。在这三个方面因素中,股价的形态是最重要的,它是指波浪的形状和构造,是波浪理论赖以生存的基础。高点和低点所处的相对位置是波浪理论中各个波浪的开始和结束位置。通过计算这些位置,可以弄清各个波浪之间的相互关系,确定股价的回撤点和将来股价可能达到的位置。完成某个形态的时间可以让我们预先知道某个大趋势的即将来临。波浪理论中各个波浪之间在时间上是相互联系的,用时间可以验证某个波浪形态是否已经形成。

2. 波浪理论价格走势的基本形态结构

通过多年的实践,艾略特发现,证券市场遵循一定的周期,周而复始地向前发展,股价的上下波动也是按照某种规律进行的,即每一个周期(无论是上升还是下降)可以分成八个小的过程,这八个小过程一结束,一次大的行动就结束了,紧接着的是另一次大的行动。现以上升为例说明这八个小过程,如图6.1所示。

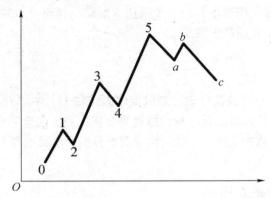

图6.1 波浪结构基本形式

整个过程由八个浪构成:0到1是第一浪,1到2是第二浪,2到3是第三浪,3到4是第四浪,4到5是第五浪。其中第一浪、第三浪和第五浪称为上升主浪,第二浪和第四浪称为对第一浪和第三浪的调整浪。上述第五浪完成后,紧接着会出现三个浪的向下调整,这三个浪是:从5到a为第a浪,从a到b为第b浪,从b到c为第c浪。

应当注意,一个完整周期有上升趋势和下降趋势;而趋势是分层次的,处于层次较低的几个浪可以合并成一个较高层次的大浪,而处于层次较高的一个浪又可以细分成几个层次较低的小浪。但无论趋势是何种规模,波浪的基本形态结构是不会变化的。在图6.1中,从0到5我们可以认为是一个大的上升趋势,而从5到c可以认为是一个大的下降趋势,c之后一定还会有上升的过程,只不过时间可能要等很长。

(三)波浪理论的基本特点

(1)股价指数的上升和下跌将会交替进行。

(2)推动浪和调整浪是价格波动两个最基本形态,而推动浪(即与大市走向一致的波浪)可以再分割成五个小浪,调整浪也可以划分成三个小浪。

(3)在上述八个波浪完毕之后,一个循环即告完成,走势将进入下一个八波浪循环。

(4)时间的长短不会改变波浪的形态,因为市场仍会依照其基本形态发展。波浪可以拉长,也可以缩细,但其基本形态永恒不变。

总之,波浪理论可以用一句话来概括,即八浪循环。

(四)波浪理论的不足

尽管从表面上看,波浪理论会给投资者带来利益,但是从波浪理论自身的构造看,它有许多不足之处,如果使用者过分机械、教条地应用波浪理论,肯定会招致失败。波浪理论的不足之处主要表现在以下几个方面。

(1)应用上的困难,这是波浪理论最大的不足。波浪理论从理论上讲是八浪结构完成一个完整的过程,但是,主浪的变形和调整浪的变形会产生复杂多变的形态,波浪所处的层次又会产生大浪套小浪、浪中有浪的多层次形态,这些都会使应用者在具体数浪时发生偏差。浪的层次的确定和浪的起始点的确认是应用波浪理论的两大难点。

（2）形态确认时的主观性太强。在使用波浪理论时，即使是面对同一个形态，不同的人也会产生不同的数法，而不同的数浪法产生的结果可能相差很大。这种现象主要是由两方面因素引起的：①价格曲线的形态通常很少按五浪加三浪的八浪简单结构进行，对于不是这种规范结构的形态，不同的人有不同的处理，主观性很强；②波浪理论中的大浪小浪是可以无限延伸的，长的可以是好多年，短的可能仅几天；上升可以无限制地上升，下跌也可以无限制地下降，因为总是可以认为目前的情况不是最后的浪。

（3）波浪理论只考虑了价格形态上的因素，而忽视了成交量方面的影响。波浪理论的这个不足给人为制造形状提供了机会。

三、量价关系理论

成交量是推动股价上涨的原动力，市场价格的有效变动必须有成交量的配合，量是价的先行指标，通过其增加或减少的速度可以推断多空斗争的规模大小和指数股价的涨跌幅度。因此，在技术分析中，研究量与价的关系占据了极重要的地位。

（一）逆时钟曲线

中国的股市指数波动非常剧烈，要归纳出系统的量价关系相当不易，而最浅显、最容易入门的理论，当属逆时钟曲线。逆时钟曲线可分为以下八个阶段，如图6.2所示。

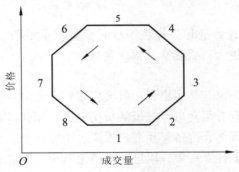

图6.2 逆时钟曲线

（1）价稳量增阶段。股价经一段跌势后，下跌幅度缩小，甚至止跌转稳，在低位盘旋；成交量明显地由萎缩而递增，表示低位接手转强。此为阳转信号。

（2）价量齐升阶段。成交量持续扩增，股价回升，量价同步走高，逆时钟方向曲线由平转上或由左下方向右转动时，进入多头位置，为最佳买进时机。

（3）价涨量稳阶段。成交量扩增至高水准，维持于高档后，不再急剧增加。但股价仍继续涨升，此时逢股价回档时，宜加码买进。

（4）价涨量缩阶段。股价继续上涨，涨势趋缓，但成交量不再扩增，走势开始有减退的迹象，此时价位已高，宜观望，不直追高抢涨。

（5）价稳量缩阶段。股价在高价区盘旋，已难再创新的高价，成交量无力扩增，甚至明显减少。此为警戒信号，心中宜有卖出的准备，应卖出部分持股。

（6）价跌量缩阶段。股价从高位滑落，成交量持续减少，量价同步下降。逆时钟方向曲线的走势由平转下或右上方朝左转动时，进入空头倾向，此时应卖出手中持股。

（7）价格快速下跌阶段。这是主跌段，股价下跌速度很快，市场上无人接盘，是空方为主的市场，持续卖出。

（8）价稳量增阶段。成交量开始递增，股价虽下跌，但跌幅缩小，表示谷底已近，此时多头不宜再往下追杀，空头也不宜放空打压，应观望，伺机回补。

逆时钟曲线简单易懂，是了解价量关系的启蒙教材，但其也有一些不足。例如，对于复杂的K线量价关系无法完全有效诠释；在股价剧烈波动时，常常发生单日反转，刻板地应用逆时针曲线，会有慢半拍之感，不易掌握良好的买卖点等。

（二）涨跌停板制度下量价关系分析

1. 基本判断

由于涨跌停板制度限制了股票一天的涨跌幅度，多空的能量得不到彻底的宣泄，容易形成单边势，且涨跌停板的幅度越小，助涨助跌现象就越明显。而大涨（涨停）和大跌（跌停）的趋势继续下去，则是以成交量大幅萎缩为条件的。由此，涨跌停板制度下的量价分析有以下基本判断。

（1）涨停量小，将继续上扬；跌停量小，将继续下跌。

（2）涨停中途被打开次数越多、时间越久、成交量越大，则反转下跌的可能性越大；同样，跌停中途被打开的次数越多、时间越久、成交量越大，则反转上升的可能性越大。

（3）涨停关门时间越早，次日上涨可能性越大；跌停关门时间越早，次日下跌可能性越大。

（4）封住涨停板的买盘数量和封住跌停板时卖盘数量说明了买卖盘力量。这个数量越大，继续当前走势的概率越大，后续涨跌幅度也越大。

2. 实战操作

在实战操作过程中，庄家若是想出货，就会先以巨量买单封住涨停板，以充分吸引市场的人气。原本想抛售的投资者则会以涨停板的价格追进，而此时此刻，庄家则会借机撤走买单，填上卖单，自然很快就将仓位转移到散户投资者手中。当盘面上的买盘消耗得差不多的时候，庄家又会在涨停板上挂上买单，以进一步诱惑散户，制造买气蜂拥的假象；当散户投资者又再度追入时，庄家则又开始撤去买单排到前面去。如此反复操作，可使筹码在不知不觉中悄悄地高位出脱，从而达到逃庄出局的目的。

与之同样的道理，庄家若是想买进筹码以达到增仓的目的，就会先以巨量的卖单封住跌停板，以充分制造空方的效应氛围，打击市场的人气，促使场外投资者出脱自己所持的筹码，待吓出大量的抛盘之后，庄家就会悄悄撤掉原先挂上去的卖单，让在后面排队的卖单排到前面来，自己则开始逐渐买进。当场外的抛单被自己吸纳将尽之时，庄家又会重新挂出巨量跌停的抛单在跌停板上。如此反复操作，进一步增大自己的持仓量。

在实践操作中，为了避免上述现象误导我们的思维，从而产生错误的行为，必须密切关注封住涨跌停板的买卖单的微妙变化，同时也必须判断出其中是否存在频繁的挂单撤单现象，涨跌停板是否经常被打开，以及每笔成交之间的细微变化和当日成交量增减状况等，因此而做出正确的判断，相应地调整自己的具体操作。

3. 跌停板时

在涨跌停板制度下，由于重大利好利空消息的突然出现，股票价格涨跌迅猛且没有成交量相伴，因而其所产生的结果是下跌时，投资者都在高位上被套牢，且被套的幅度一般较深；上涨时，持股者基本上获利，且获利的程度一般比较大。故此，踏空的投资者也都有一种懊悔的心理。因此，一旦出现连续几个跌停板之后，就有可能出现下面的几种情形。

（1）持股者因被套牢，遂抱着一种"死猪不怕开水烫"的心理。因此，市场上的卖压反而变得很轻起来，稍有利好消息，就容易出现有涨停板的强劲反弹。

（2）正因为在高位上套牢了较多的筹码，从而在开始狂跌的价位上，就会成为日后反弹行情产生后的强大阻力位，大市此时要越过这一关口十分不易，除非有重大利好消息配合，否则必然会出跌落或横盘整理，在此耗费许多时日。

（3）在一般程度上，股价跌得越惨的股票，将来回升时在此处所遇到的阻力也就越大，关口越不容易超越过去。

4. 涨停板时

同样的道理，一旦连续出现几个涨停板，就有可能出现下面的几种情形。

（1）若是大市配合，市场上人气沸腾，场外的投资者受此氛围效应的影响，一般会抱更高的获利欲望，因此股价越涨越不卖出，从而形成一种无量空涨的势态。

（2）一旦大市出现不好的因素，由于市场上的投资者此时所持的股票获利程度，基本上已经十分丰厚，因此具有很强的杀跌动力，很容易出现跌停板。

（3）股价在一般程度上，回落到涨升的启动点位时，均不是那么容易击破的支撑位，一部分前期踏空者在正常情况下，纷纷进场抄底，促使股价回升反弹。

由此可见，在一般的程度上，涨停板时的成交量小，则意味着其行情的原有趋势将继续发展；成交量一旦放大，则行情的原有趋势反转在即。但是股票成交量的大小程度，又因为股票流通盘大小的不均而各不相同，因此在实践运用时，我们一般采用判断巨量的分析方法，多以其股票某处的换手率来确定它的有效性。

四、其他理论简介

（一）随机漫步理论

一切图表走势派的存在价值，都是基于一个假设，就是股票、外汇、黄金、债券等所有投资都会受经济、政治、社会因素影响，而这些因素会像历史一样不断重演。就短线投资而言，支配一切投资的价值规律都离不开上述所说因素，只要投资人能够预测哪些因素支配着价格，他们就可以预知未来走势。但随机漫步理论却反对这种说法，认为股票市场内有成千上万的精明人士，每一个人都懂得分析，而且信息资料流入市场全部是公开的，并没有什么秘密可言。既然你也知，我也知，股票现在的价格就已经反映了供求关系。市价会围绕着内在价值而上下波动，这些波动却是随意而没有任何轨迹可循。同时该理论认为造成股价波动的原因及过程如下。

（1）新的经济、政治新闻消息是随意的，并无固定地流入市场。

（2）这些消息使基本分析人士重新估计股票的价值，而做出买卖方针，致使股票发生新变化。

（3）因为这些消息无迹可寻，是突然而来的，事前并无人能够预告估计，所以股票走势推测这回事并不成立，图表派所说的只是一派胡言。

（4）既然所有股价在市场上的价钱已经反映其基本价值，这个价值是公平地由买卖双方决定的,就不会再出现变动,除非突然有利好消息或利淡消息出现才会再次波动。但下一次的消息是利好还是利淡大家都不知道,所以股票现时是没有记忆系统的。每日与另一日之间的升跌并无相关。

(5)既然股价是没有记忆系统的,企图用股价波动找出一个原理去战胜市场,赢得大市,肯定是行不通的。因为股票价格完全没有方向,随机漫步,乱升乱跌。我们无法预知股市去向,无人一定是赢家,亦无人一定会输。

随机漫步总的观点:买方与卖方一样聪明机智,他们都能够接触同样的情报,因此在买卖双方都认为价格公平合理时,交易才会完成;股价确切地反映股票实质,股价变动基本上是随机的。

(二) 循环周期理论

1. 循环周期理论的内涵

(1)价格趋势循环周期的变化。从每一个明显的低点到下一个明显低点之间为一个循环周期,从每一个明显高点到下一个明显高点之间也为一个循环周期。

(2)低点到低点的循环周期比高点到高点的循环周期可靠。

(3)在股市运动中,存在大小不同的循环周期。大循环周期中包含着小循环周期,多个小循环周期组成一个大循环周期。

(4)以4个以上连续的明显低(高)点之间的时间间隔为基础计算出的算术平均值,即为某一级的循环周期。对于明显低点的辨别可按趋势的某一级别确定。

(5)以某个循环低(高)点为准按循环周期计算出的下一个循环低(高)点会有+/-15%的上下误差,按+/-15%确定的时间区间称为时间窗口。一般情况下,后一个循环低(高)点将在时间窗口内出现。

(6)在时间窗口内按时出现的低(高)点越多,说明计算出的循环周期越可靠和有效。

(7)循环周期不因突发事件的影响而改变其周期或时间窗口。

(8)循环低(高)点不会在同一价位水平上出现,它们是相对的低(高)点,不是绝对的低(高)点。不管循环低(高)点的绝对数值高低,一般会在时间窗口内按时出现。

(9)如果计算出的循环周期是正确的,则大部分循环低(高)点会按时出现在时间窗口内,但也会有例外现象,个别循环低(高)点提前或推后是正常的,也是不可避免的。

(10)循环周期理论并不保证未来从循环低点上涨的幅度或由循环高点下跌的幅度,这种幅度一般不相等,但可能是明显的。

2. 伯恩斯坦根据周期理论提出的买卖信号

伯恩斯坦根据周期理论提出四种买卖信号,具体如下。

(1)突破信号。当价格由向上突破向右下方斜的阻力线时,循环低点确立,可以买入。价格连续突破的阻力线越多,上升趋势持续时间越长。当价格由上向下突破向上方倾斜的支撑线时,循环高点确立,可以卖出。连续突破的支撑线越多,下降趋势持续时间越长。

(2)转向信号。按方向分为向上转向和向下转向两种,按信号强烈程度分为普通转向和特殊转向。

①向上普通转向信号。当日最低价低于前一日最低价,同时当日收盘价高于前一日收盘价,属买入信号。

②向上特殊转向信号。当日最低价低于前一日最低价并且当日最高价高于前一日最高价，同时当日收盘价高于前一日收盘价，属较强买入信号。

③向下普通转向信号。当日最高价高于前一日最高价，同时当日收盘价低于前一日收盘价，属卖出信号。

④向下特殊转向信号。当日最低价低于前一日最低价并且当日最高价高于前一日最高价，同时当日收盘价低于前一日收盘价，属较强卖出信号。

（3）高低收盘价信号。如果当日最高价与当日收盘价之差不大于当日波幅的10%，即接近最低价收盘，称为低收。如果某日收盘价低收，后一日收盘价高收，构成由低到高的转势特征，就是买入信号。如果某日收盘价高收，后一日收盘价低收，构成由高到低的转势特征，就是卖出信号。

（4）三高三低信号。如果当日收盘价高于相邻的前三个交易日的收盘价，就是三高买入信号。如果当日收盘价低于相邻的前三个交易日的收盘价，就是三低卖出信号。

总体上看，这四种买卖信号与一些常见的指标分析买卖信号原则上大同小异，都是以价格的转向或突破等变化为对顶部或底部的确认。循环周期理论强调时间因素必须与价格结合研判，循环周期不能脱离价格趋势变化，这是循环理论的核心。

（三）相反理论

1. 相反理论的内涵

相反理论的依据是投资者买卖决定全部基于群众的行为：不论股市及期货市场如何，当所有人都看好时，就是牛市开始到顶；当人人看淡时，熊市已经见底。也就是说，凡是多数人能预见到的事，其发生的概率不大。因此，与众不同是股市赢家必须具备的条件之一。

相反理论的原理是：相反理论能显示大户与小户的实力对比，如果市场参与者已经以压倒性的多数倒向市场的某一边，那么，市场上已经没有足够的买进或卖出压力来阻挡当前的趋势继续下去了。

相反理论的基本精神可概述如下。

（1）相反理论并非只是大部分人看好我们就要看淡，或大众看淡时我们便要看好。相反理论会考虑这些看好看淡比例的趋势，这是一个动态概念。

（2）相反理论并不是说大众一定是错的。大部分人看好，市场趋势会因这些看好情绪变成实质购买力而上升。这个现象有可能维持很久。直至到所有人看好情绪趋于一致时，市场趋势会发生质的变化——供求的失衡。培利尔说过：当每一个人都有相同想法时，每一个人都错。

（3）相反理论从实际市场研究中发现，赚大钱的人只占5%，95%的人是输家。要做赢家只可以和群众思想路线相背，切不可以同流。

（4）相反理论的论据就是在市场行情即将转势，由牛市转入熊市前一刻，每一个人都会看好后市，大家会尽量买入，直到想买入的人都已经买入，而后来资金却无以为继，牛市就会在大家所有人看好声中完结。相反，在熊市转入牛市时，就是市场存在一片看淡风，所有看淡的人士都想沽货，当市场上已经再无看淡的人采取行动时，市场就会在所有人都沽清货时到了谷底。

（5）在牛市最疯狂的时刻，大众媒介如报纸、电视、杂志等都尽量宣传市场的看好情绪,人人热情高涨,就是市场暴跌的先兆。相反,大众媒介懒得去报道市场消息,报纸新闻全部都是市场的坏消息时,就是市场黎明的前一刻,曙光就在前面。

2. 相反理论的运用

运用相反理论时,真正的数据通常有两个,一是好友指数(Bullish Consensus),另一个是市场情绪指标(Market Sentiment Index)。这两个指标都是一些大经纪行、专业投资机构的期货或股票部门收集的资料。以此为基础计算出看好和看淡情绪的比例。就以好友指数为例,指数由零开始,即所有人都绝对看淡,直到100%为止,即人人看好。如果好友指数在50%左右,则表示看好与看淡情绪参半。好友指数通常会在30与80之间波动。如果一面倒地看好或看淡,显示牛市或熊市已经到了尽头,行情将转向。

3. 相反理论给投资者的启示

相反理论带给投资者的讯息十分有启发性。首先,这个理论并非局限于股票或期货,其实也可以运用于地产、黄金、外汇等。它指示投资者一个时间指针,让投资者知道何时离市,何时是机会,何时市势未明朗而应该忍住。其次,相反理论更加像一个处世哲学。

(1)深思熟虑,不要被他人影响,要自己去判断。

(2)要向传统智慧挑战,群众所想所做的未必是对的;即使是投资专家所说的,也要用怀疑的态度去看待。

(3)凡事物发展,并不一定与表面一样,我们要高瞻远瞩,看得远,看得深。

(4)一定要控制个人情绪,恐惧和贪婪都会导致成事不足、败事有余。

(5)当事实和希望不相符时,要勇于承认错误。

在任何市场,相反理论都可用,因为每一个市场的人心、性格、思想、行为都是相似的。大部分人是追随者,只有那些有异于常人的眼光和决策的人才可以在投资市场中脱颖而出,成为胜利者。

(四)亚当理论

亚当理论是美国人威尔德所创立的投资理论。这一理论的要点是:跟着市势走,顺势买卖,绝不添加任何武断的推测;取得投资成功的秘诀是向市场屈服;应抛弃基本因素分析,以不受任何外界影响的心境,自行判断市场走势。在顺势操作中应做到:买入遇跌、卖出后遇涨说明自己看错市;入市买卖时应设立止蚀盘,不要轻易更改;每日买卖损失率不应超过可运用资金的10%,买卖不顺手时,应立即停止,退场休息;不要将所投入的资金进行一次性操作;不要花费精力去寻找市场的顶部和底部。

1. 亚当理论的内涵

亚当理论的内涵是指没有任何分析工具可以绝对准确地推测市势的走向,每一套分析工具都有其缺陷,市势根本不可以推测,所以,亚当理论教导投资人士要放弃所有主观的分析工具。在市场生存就要适应市势、顺势而为。市场是升市,抓逆水做沽空;市场是跌市,持相反理论去入市,将会一败涂地,因为事前无人可以预计升跌会何时完结。只要顺势而行,就能将损失风险降到最低限度。运用亚当理论时,要注意以下十点。

(1)一定要认识市场运作,认清市势,否则绝对不买卖。

(2)入市买卖时,应在落盘时立即定下止蚀价位。

(3)止蚀价位一到即要执行,不可以随便更改,调低止蚀位。

（4）入市看错，不宜一错再错，应离场，再冷静分析检讨。

（5）入市看错，只可止蚀，不可一路加注平均价位，否则可能越蚀越多。

（6）切勿看错市而不肯认输，越错越深。

（7）每一种分析工具都不完善，一样有出错机会。

（8）市升买升，市跌买跌，顺势而行。

（9）切勿妄自推测升到哪个价位或跌到哪个价位才升到尽或跌到底，浪顶浪底最难测，不如顺势而行。

（10）看错市，一旦蚀10%就一定要止蚀，重新来过。

2. 亚当理论的基本原则

（1）赔钱的部位绝不要加码，或"摊平"。如果操作的是赔钱的部位，说明在那个时点你是错的。如果你已经错了，只有两种做法使你错得比目前更离谱，其一是增加错误的部位，其二在原则（3）中说明。

（2）在开始操作或加码时，绝不能不同时设止损。因为只有在进场之前，才能做出客观的决定。你一旦处在市场之中，就不再客观，除非把止损放进市场中，否则止损就不算是止损。

（3）除非是朝操作所要的方向，否则绝不取消或移动止损。如果市场对你不利，你移动止损，那么期待之情便完全压制住你冷静且算计妥当的客观性，期待之情一旦占上风，就会使人万劫不复。

（4）绝不能让合理的小损失演变成一发不可收拾的大损失。情况不对，立即退场。

（5）一笔操作，或任何一天，不要让自己亏掉操作资金的10%以上。

（6）别去抓头部和底部，让市场把它们抓出来。

（7）别挡在列车前面。如果市场往某个方向爆炸性发展，千万别逆市操作，除非有明确的信号，显示反转也已发生。

（8）保持弹性。记住你可能会错，亚当理论可能会错，世界上任何事情都可能偶尔出差错。

（9）操作不顺时，不妨缩手休息，让你的情绪冷静下来，等头脑变得清醒再说。

（10）问问你自己，你是不是真的想从市场中赚一笔钱，并仔细听自己的答案。

（五）黄金分割率理论

1. 黄金分割率由来

数学家法布兰斯在13世纪写了一本书，关于一些奇异数字的组合。这些奇异数字的组合是1，2，3，5，8，13，21，34，55，89，144，233，…，任何一个数字都是前面两个数字的总和：$2=1+1$，$3=2+1$，$5=3+2$，$8=5+3$，…，以此类推。

有人说这些数字是他研究金字塔后所得出的，金字塔的几何形状有五个面、八个边，总数为十三个层面。从任何一边看，都可以看到三个层面。金字塔的长度为5 813 寸[①] （5-8-13），而高度和底面百分比率是0.618，那即是上述神秘数字的任何两个连续的比率，譬如

$$55/89 \approx 0.618, \quad 89/144 \approx 0.618, \quad 144/233 \approx 0.618。$$

另外，一个金字塔的任何一边长度都等于对角线的0.618。此外，0.618的倒数是1.618，

---

① 1寸≈3.33厘米。

而 144/89≈1.618，233/144≈1.618，且 0.618×1.618 就约等于 1。

这组数字就叫作神秘数字，0.618 就叫作黄金分割率。

2. 黄金分割率的特点

黄金分割率的最基本公式，是将 1 分割为 0.618 和 0.382，它们有如下特点。

（1）数列中任一数字都由前两个数字之和构成。

（2）前一数字与后一数字之比，趋近于一固定常数，即 0.618。

（3）后一数字与前一数字之比，趋近于 1.618。

（4）1.618 与 0.618 互为倒数，其乘积约等于 1。

（5）任一数字如与后两数字相比，其值趋近于 2.618；如与前两数字相比，其值则趋近于 0.382。

理顺下来，上列奇异数字组合除能反映黄金分割的两个基本比值 0.618 和 0.382 以外，尚存在下列两组神秘比值，即：

（1）0.191，0.382，0.5，0.618，0.809；

（2）1，1.382，1.5，1.618，2，2.382，2.618。

3. 黄金分割率在投资中的运用

在股价预测中，根据该两组黄金比有两种黄金分割分析方法。

（1）以股价近期走势中重要的峰位或底位，即重要的高点或低点为计算测量未来走势的基础，当股价上涨时，以底位股价为基数，跌幅在达到某一黄金比时可能受到支撑；当行情接近尾声，股价发生急升或急跌后，其涨跌幅达到某一重要黄金比时，则可能发生转势。

（2）行情发生转势后，无论是止跌转升的反转抑或止升转跌的反转，以近期走势中重要的峰位和底位之间的涨额为计量的基数，将原涨跌幅按 0.191，0.382，0.5，0.618，0.809 分割为五个黄金点。股价在以后的走势将有可能在这些黄金点上遇到暂时的阻力或支撑。例如，下跌行情结束前，某股的最低价 10 元，那么，股价反转上升时，投资人可以预先计算出各种不同的反压价位，也就是 10 元×（1＋19.1%）＝11.9 元，10 元×（1＋38.2%）＝13.8，10 元×（1＋61.8%）＝16.2 元，10 元×（1＋80.9%）＝18.1 元，10 元×（1＋100%）＝20 元，10 元＋（1＋119.1%）＝21.9 元，然后，再依照实际股价变动情形加以斟酌。

反之，上升行情结束前，某股最高价为 30 元，那么，股价反转下跌时，投资人也可以计算出各种不同的持价位，也就是 30 元×（1－19.1%）＝24.3 元，30 元×（1－38.2%）＝18.5 元，30 元×（1－61.8%）＝11.5 元，30 元×（1－80.9%）＝5.7 元。然后，依照实际变动情形加以斟酌。

黄金分割率的神秘数字由于没有理论为依据，所以有人批评是迷信、是巧合，但自然界的确充满一些奇妙的巧合。黄金分割率为波浪理论所套用，成为世界闻名的波浪理论的骨干，广泛为投资人士所采用。黄金分割率在股市上无人不知、无人不用，作为一个投资者不能不进行此研究，只是不能太过执着。

第三节　K 线分析

K 线因形似蜡烛，又称蜡烛线、阴阳线或日式线。据说 K 线起源于日本的德川幕府时代，当时大阪的米市商人用它记录一天（一周或一月）中米市行情价格的波动变化。后来 K 线传入股市，并且经过 200 年的演进和发展，现已被人们普遍采用。

一、K 线的画法

K 线图的绘制比较简单，它由开盘价、收盘价、最高价和最低价四种价格组成。开盘价与收盘价构成了 K 线的实体，而最高价与最低价则分别组成 K 线的上影线和下影线。K 线实体的长短决定于收盘价与开盘价的价差，而最高价与最低价的高低则决定了上影线和下影线的长短。最高价离 K 线的实体愈远，则上影线愈长；最低价离实体愈远，则下影线愈长。若收盘价高于开盘价，K 线实体用白色或红色绘制；若收盘价低于开盘价，K 线实体用黑色或绿色绘制。收盘价高于开盘价的 K 线称为阳线，表示市场处于涨势；收盘价低于开盘价的 K 线称为阴线，表示市场处于跌势。K 线分为日 K 线、周 K 线、月 K 线和年 K 线几种，分别根据日资料、周资料、月资料和年资料进行绘制。K 线图的标准形状如图 6.3 所示。

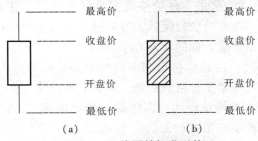

图 6.3 K 线图的标准形状
（a）有上下影线的阳线；（b）有上下影线的阴线

二、K 线图的主要形状及其市场含义

除上面的两种标准的形状外，常见的还有图 6.4 所示的十种主要形状。

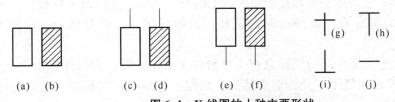

图 6.4 K 线图的十种主要形状
（a）光头光脚的阳线；（b）光头光脚的阴线；（c）光脚阳线；（d）光脚阴线；
（e）光头阳线；（f）光头阴线；（g）十字形；（h）T 字形；（i）倒 T 字形；（j）一字形

由于不同形态的 K 线图形反映了不同的市场态势，所以只有熟悉了各种形态的 K 线图形才能对市场走势进行正确的分析。

（1）光头光脚的阳线。这表示开盘价为最低价，股价呈上升趋势，收盘于最高价。阳线表示买方的力量占优势，阳线越长，这种优势越明显，如图 6.4（a）所示。

（2）光头光脚的阴线。这表示开盘价即是最高价，股价一路下跌，收盘于最低价。阴线说明卖方的力量占优势，阴线越长，这种优势越明显，如图 6.4（b）所示。

（3）光脚阳线。这种图形表示总体上买方的力量比卖方强，但是在高价位处卖方占优势。买卖双方力量的对比可以根据上影线与实体长度的对比来判断，实体越长，上影线越短,买方的优势越明显;反之,买方的优势越弱,如图 6.4(c)所示。

(4)光头阳线。这种图形表示开盘后,价格一度下探,在最低价位处得到支撑,然后一路上扬,在最高价位收盘,图形说明买方经受了抛盘的压力,开始显示出优势。双方力量的对比可以从实体与下影线的长度中看出来,实体越长,买方的优势越明显,如图 6.4(e)所示。

(5)光脚阴线。这种图形表明开盘后,价格曾经上升,在最高价位处受阻回落,在最低价位处收盘。这种形态说明卖方的力量占优势,使得买方抬高股价的努力没有成功。实体部分越长,影线越短,表示卖方力量越强,如图 6.4(d)所示。

(6)光头阴线。它表示开盘后,价格顺势下滑,在最低价位受阻后反弹上升,但收盘价仍低于开盘价。这种图形说明,开始阶段卖方的力量占优,但是在价格下跌的过程中,卖方力量逐渐削弱。在收盘前,买方力量稍稍占优,将股价向上推动。但从整个周期看,收盘价没有超过开盘价。买方的力量仍占下风,如图 6.4(f)所示。

(7)有上下影线的阳线。这是一种价格震荡上升的图形。在总体上,买方力量占优,价格有所上升。但是,买方在高价位处受到卖方的抛压形成上影线;在低价位区,卖方的力量并不占优,因而形成了下影线,如图 6.3(a)所示。

(8)有上下影线的阴线。这是价格震荡下挫的形态。虽然总体上卖方力量占优,但是买方在低价位区略占优势,遏制了价格的跌势,形成了下影线。上、下影线越长,表明买卖双方的较量越激烈,股价上下震荡较大。实体部分的比例越大,说明卖方的优势越大;反之,说明双方力量的差距较小,如图 6.3(b)所示。

(9)十字形。它表示开盘价等于收盘价,买卖双方的力量呈胶着状态,当影线较长时,说明双方对现行股价的分歧较大,因此,这种图形常常是股价变盘的预兆,如图 6.4(g)所示。

(10)T 字形。它表示交易都在开盘价以下的价位成交,并以最高价收盘,属于下跌抵抗型。说明卖方力量有限,买方力量占优势;下影线越长,优势越大,如图 6.4(h)所示。

(11)倒 T 字形。它表示交易都在开盘价以上的价位成交,并以最低价收盘,属于上升抵抗型。说明买方力量有限,卖方力量占优势;上影线越长,优势越大,如图 6.4(i)所示。

(12)一字形。它表示全部的交易只在一个价位上成交。冷门股可能会产生这种情况;或者在实行涨、跌停板制度下,开盘后直接涨、跌停,并维持到收盘时,也会出现这种情况,如图 6.4(j)所示。

三、单根 K 线的分析

单根 K 线的分析基本规则为一看阴阳,二看实体,三看影线长短。

(1)阳线看涨,阴线看跌。阳线是股市上升的基础,表示收市时买气增强;阴线是股市下跌的基础,表示收市的卖气增强。

(2)阴、阳线实体的长度代表了升跌的力度。其中,阴线实体越长,则下跌力度越大;阳线实体越长,则上升力度越大;所以大阳线一般出现在上升趋势中,表示买盘轻松,后市看好;大阴线一般表示抛盘沉重,行情下跌。

(3)阳线的上影线代表上升趋势的削弱,阴线的上影线则代表下跌趋势的增强;上影线越长,后市越被看淡,如图6.5所示。

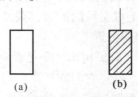

图 6.5 带上影线的 K 线
(a) 上升抵抗型;(b) 先涨后跌型

(4) 阳线的下影线代表上升趋势的增强;阴线的下影线代表下跌趋势的削弱;下影线越长,后市越被看好,如图6.6所示。

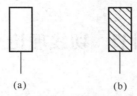

图 6.6 带下影线的 K 线
(a) 先跌后涨型;(b) 下跌抵抗型

(5) 十字形、T字形、倒T字形表明多空双方势均力敌,市场处于重要关口。

四、应用 K 线组合应注意的问题

对 K 线的判断和应用,应注意如下几个问题。

1. 分析实体的长短

阳线的实体越长,买方的力量越强;阴线的实体越长,卖方的力量越强。两根或三根 K 线组合在一起时,如果同是阳线,且后面的阳线实体与前面的阳线相比,一根比一根长,表明买方占绝对优势,股价涨势还将增强;如果后面的阳线与前面相比,渐次缩短,表明买方气势已开始减弱,股价涨幅有限。如果同是阴线则相反,两根或三根阴线,后面比前面的长,表明卖方势强,还会进一步打压股价;阴线渐次缩短,表明卖方力量开始衰退,股价下跌势头趋缓。

2. 分析上影线和下影线的长短

上影线长,说明买方将股价推高后遇空方打压,上影线越长,空方阻力越大;下影线长,说明买方在低价位有强力支撑,下影线越长,支撑力越强。

3. 两根、三根 K 线的相互关系

如果紧连的两根或三根 K 线,分别为阳线或阴线,则要注意分析它们之间的关系,着重比较收盘价的相对关系。以两根 K 线为例,如果第一根是阴线,第二根为阳线,要看第二根 K 线的收盘价是否高于第一根 K 线的收盘价、是否超过第一根 K 线实体的50%、是否高于阴线的开盘价、是否将前一日阴线全部包入。阳线收盘价位置越高,表明买方力量越强。如果第一根是阳线,第二根是阴线,则看阴线的收盘、是否低于阳线的收盘价、是否低于阳线实体的50%、是否低于阳线的开盘价,即将前一日阳线全部包入。阴线收盘价越低,卖方力量越强。三根或多根 K 线组合也可依上述办法分析。

4. 分析 K 线是否组成某一形态

多根 K 线组合分析,要注意是否已组成某一反转或盘整形态,若已组成形态,则应按形态特点分析，而不必过于拘泥于 K 线的关系。但特别要注意突破形态的 K 线，如以大阳线向上突破或大阴线向下跌破，加上成交量的配合，则是明确的信号。

5. 分析 K 线在一个较大行情中的位置

分析 K 线也要胸有全局，不能"只见树木，不见森林"。特别要注意高价圈和低价圈中出现大阳线、大阴线和十字转机线，要将它们放在整个行情走势中分析判断。

总之，应用 K 线图组合进行分析时应注意，无论是一根 K 线，还是两根及多根 K 线的组合，都是对多、空双方争斗的描述，由它们的组合得到的结论是相对的，而不是绝对的。对具体进行买卖股票的投资者来说，结论只是起一种建议的作用，也就是说，结论要涨不一定就会涨，而是指之后上涨的概率较大。

第四节 切线理论分析

一、趋势分析

首先对趋势做出划分的是查尔斯·道，他认为股价变动趋势依据时间长短可划分为三个层次：主要趋势、次要趋势和短暂趋势。其中，主要趋势是指股价长期趋势，可能持续几个月，甚至数年之后才会改变波动方向。其特色为多头市场里，一段行情的平均数最高点比前一段行情的平均数最高点为高，也就是一峰比一峰高；空头市场里，一段行情的平均数最低点比前一段行情的平均数最低点要低，也就是一谷比一谷低。次要趋势是指在进行主要趋势的过程中的调整，也即长期上涨趋势中的下跌阶段，或长期下跌趋势中的回升阶段。对于次要趋势波动的期间，道氏理论认为大约两个星期至一个月或更久，反转幅度（跌幅或涨幅）约为前面基本趋势的上涨或下跌幅度的 3/8；通常在每一个主要趋势中，总会出现两个或更多的次要趋势。短暂趋势是次要趋势的调整，也即股票价位每日的波动。其波动快则数小时，慢则几天内结束，这种波动的随机性比较强。

从图形上看，市场的变动就是一条曲折蜿蜒的折线，每个折点处形成一个峰或谷，由这些峰和谷的相对高度可以看出趋势的走向。股价运动趋势的方向一般分为三种，即上升方向、下降方向和水平方向。如果图形中每个后面的峰和谷都高于前面的峰和谷，也就是通常所说的底部逐渐抬高或者上升，则趋势就是上升方向；如果图形中每个后面的峰和谷低于前面的峰和谷，则趋势就是下降方向；若图形中每个后面的峰和谷与前面的峰和谷相比无明显高低之分，则趋势就是水平方向，如图 6.7 所示。

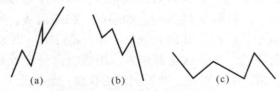

图 6.7 股价运动趋势的三个方向

(a) 上升方向；(b) 下降方向；(c) 水平方向

二、支撑线和压力线

(一) 支撑线和压力线的定义

支撑线又称抵抗线。当股价跌到某个位置的附近时,股价停止下跌,甚至有可能回升,这个阻止股价继续下跌的价格就是支撑线所在的位置。支撑线是因为多方在此买入形成的,一般前期的高点和低点以及成交密集区就是经常形成抵抗线的区域。压力线则相反。支撑线和压力线如图 6.8 所示。

图 6.8　支撑线和压力线

(二) 支撑线和压力线的确认

支撑线和压力线的作用是阻止或暂时阻止股价朝一个方向继续运动。由于股价的变动是有趋势的,要维持这种趋势,保持原来的变动方向,就必须冲破阻止其继续向前的障碍。因此支撑线和压力线迟早会被突破,如果一条支撑线被跌破,那么这一支撑线将成为压力线;同理,一条压力线被冲破,这个压力线将成为支撑线。在实际操作中,支撑及压力线可从三个方面进行确认。

(1) 股价在此区域停留时间和长短。时间越长,可能性越大。
(2) 股价在此区域伴随的成交量的大小。成交量越大,可能性越大。
(3) 这个支撑区或压力区发生的时间距当前这个时期的远近。时间越近,影响越大。

(三) 支撑线和压力线的位置

由于支撑线和压力线能阻止或暂时阻止股价朝一个方向继续运动,因此,支撑线和压力线所在的位置往往是买入和卖出的最佳价位和时机。因此,投资者有必要学会如何辨认股价运动过程中的支撑位和压力位。一般来讲,支撑位与压力位产生在以下位置。

(1) 趋势线位。上升趋势线主要对股价产生支撑作用,而下降趋势线主要对股价产生压力作用。

(2) 均线位。均线代表了一段时期内市场的平均成本与多空双方的均衡点,因此是多空双方争夺的焦点,会产生支撑和压力作用。

(3) 阶段性高低点。由于投资者心理的变化,前期股价运动所产生的阶段性高点会对目前股价的上升产生压力作用,而前期股价运动所产生的阶段性低点会对目前股价的下跌产生支撑作用。

(4) 前期成交密集区。所谓成交密集区是指伴随着大成交量的价格区域,如果股价从下方上升至此区域,可能会遭遇到大量的解套盘,从而对股价产生压力作用;相反,如果股价从上方回落至此区域,可能会遇到大量补仓盘,从而对股价产生支撑作用。

(5) 黄金分割线位。黄金分割是指运用斐波那契数列中的黄金分割率分析股价走势。

黄金分割法是依据0.618黄金分割率原理计算出的点位,这些点位在证券价格上升和下跌过程中表现出较强的支撑和压力效能。其计算方法是依据上升或下跌幅度的0.618及其黄金比率的倍率来确定支撑和压力点位。

(6) 整数关口。支撑位与压力位在很大程度上是投资者的心理压力线,在实际操作中,一些整数位往往成为支撑位和压力位,通常称为整数关口,对于股指来说如3 000点、3 100点等,对于个股来说如10元、11元等。

三、趋势线和轨道线

(一) 趋势线

趋势线,就是根据股价上下变动的趋势所画出的线路。画趋势线的目的是衡量价格的变化趋势,从趋势的方向明确地看出股价的趋势,依其脉络寻找恰当的卖点与买点。在股价运动过程中,会相继出现低点和高点,将两个低点连成一条直线,即构成上升趋势线,这条线位于相应的股价之下,如图6.9所示;将两个高点连成一条直线,就是下降趋势线,这条线位于相应的股价之上,如图6.10所示。上升趋势线起支撑作用,下降趋势线起阻力作用。

1. 确认趋势线的注意事项

一条真正起作用的趋势线,要经多方面的验证才能最终确认。对趋势线进行确认时,一般要注意以下三点。

(1) 第二个低点必须高于第一个低点,才能得出上升趋势线;第二个高点必须低于第一个高点,才能得出下降趋势线。

(2) 找出两个明显的低点,连成一条直线,这一段中的所有股价都应位于这条直线上方,这条线才能成为上升趋势线;相反,两个高点连成的直线,这一段中所有股价都应位于这条线的下方,才能形成下降趋势线。趋势线所经过的次级底部越多,越有意义;同时,趋势线不能太平或太陡,否则失去意义。

(3) 另外还需取第三点来验证趋势线的有效性,如果第三点没有有效击穿趋势线,则说明该趋势线的有效性得到验证。一般来说,趋势线和它两个底部连线形成的角度是估量有效性的标准,适当角度(30°)的趋势线有技术意义。

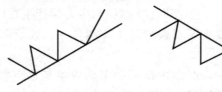

图6.9　上升趋势线　　6.10 下降趋势线

2. 趋势线的作用

一般来说,趋势线有以下两种作用。

(1) 对今后的价格变动起约束作用,使价格总保持在这条趋势线的上方(上升趋势线)或下方(下降趋势线),实际上,就是起支撑和压力作用。

(2) 趋势线被突破,就说明股价的走势将要反转。越重要、越有效的趋势线被突破,其反转的信号越强烈。趋势线被突破后,原来所起的支撑和压力作用将相互交换角色,如图6.11所示。

图 6.11　趋势线被突破

3. 趋势线被突破

那么怎样去判断趋势线被突破呢？

（1）股价穿越趋势线时，当日收盘价必须高于或低于趋势线价位，有时也可在两三天时间内完成。

（2）看成交量的变化。成交量在真正上升开始、突破某种形态时必须大增，但是下跌的突破时成交量难以揣定。通常股价跌破趋势线的第一天成交量并不显示增加，然而在下跌过程中会出现大成交量，随后开始萎缩。

（3）股价穿越趋势线后，离趋势线越远，突破越有效。

（4）股价穿越趋势线后，在趋势线的另一方停留的时间越长，突破越有效。

（二）轨道线

轨道线又称通道线或管道线，它是在趋势线确定后，通过第一个峰和谷做出的与趋势平行的线，如图 6.12 所示的虚线。

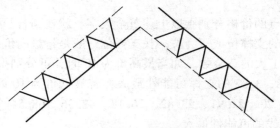

图 6.12　轨道线

两条平行线组成一个轨道，这就是常说的上升和下降轨道。轨道的作用是限制股价的变动范围，让它不变得太离谱。一个轨道一旦得到确认，那么价格将在这个通道里变动。对上面的或下面的直线的突破将意味着有一个大的变化。与突破趋势线不同，对轨道线的突破并不是趋势反转的开始，而是趋势加速的开始，即原来的趋势线的斜率将会增加，趋势线的方向将会更加陡峭，如图 6.13 所示。

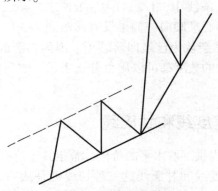

图 6.13　轨道线被突破

轨道线的另一个作用是提出趋势转向的警报。在一次波动中未触及轨道线，离得很远就开始掉头，往往是趋势将要改变的信号。这说明，市场已经没有力量继续维持原有的上升或下降的趋势了。

轨道线和趋势线是相互合作的。很显然，先有趋势线，后有轨道线，趋势线比轨道线重要得多。趋势线可以独立存在，而轨道线则不能。

四、黄金分割线和百分比线

当股价持续上涨或者持续下跌到一定程度时，肯定会遇到压力或支撑；遇到压力或支撑后，股价变动方向就可能发生改变。黄金分割线与百分比线提供了支撑线和压力线所在的几个价位，而对什么时间达到这个价位不过多关心。

（一）黄金分割线

黄金分割是一个古老的数学方法，在股票的技术分析中，人们广泛利用黄金分割线来寻找市场走势的支撑与阻力位，指导投资者的实际操作，那么如何制作黄金分割线呢？

第一步，利用一些黄金分割的特殊数字。其中，0.382、0.618、1.382、1.618 最为重要。股市极易在这四个数产生的黄金分割线处产生支撑和阻力。

第二步，找一个特殊的点。这个点是一段上升行情结束调头向下的最高点或一段下降行情结束调头向上的最低点。

第三步，用找到的点的价格分别乘以上述黄金数字，就找到若干条直线。找到的几条直线中，有可能成为价格的支撑位或压力位。找支撑位一般是将最高价乘比 1 小的黄金数，找阻力位是将最低价乘比 1 大的黄金数。如当最高价为 10 时，可分别得到 8.09、6.18、3.82、1.91 几位数，而以 6.18、3.82 的支撑可能性最大；若最低价为 10 时，可分别得到 11.91、13.82、16.18、18.09、20、21.91、23.82、26.18、42.36、68.54 等数，其中以 13.82、16.18、42.36 成为压力线的可能性最大。

（二）百分比线

百分比线考虑问题的出发点是人们的心理因素和一些整数位的分界点。以某次上涨行情开始的最低点和开始向下回撤的最高点两者之间的差，分别乘以几个特殊的百分比数，就可以得到未来支撑位可能出现的位置。常用的百分比数包括 1/8、1/4、3/8、1/2、5/8、3/4、7/8、1、1/3、2/3，在这 10 条线中，1/2、1/3、2/3 这三条线最为重要。在很大程度上，1/2、1/3、2/3 是人们的一种心理倾向。如果没有回落到 1/3 以下，就好像没有回落够；如果已经回落了 2/3，人们自然会认为已经回落够了，因为传统的定胜负的方法是三局两胜。当然，上面所列的 10 个特殊的数字都可以用百分比表示，之所以用分数表示，是为了突出整数的习惯。

五、扇形原理、速度线和甘氏线

黄金分割线和百分比线提供一些水平的价位，希望其中能有一个价位起支撑的作用。出于同样的目的，扇形线、速度线和甘氏线这三种切线则是从一点（通常是下降的低点或上升的高点）引出多条射线，希望有一条将来能起到支撑或压力的作用。

（一）扇形原理

扇形原理依据的是三次突破原则。在上升趋势中，如图6.14（a）所示，先以两个低点画出上升趋势线1，此后，如果价格回落，跌破了先前的上升趋势线，则把新出现的低点与原来的第一个低点相连接，画出第二条上升趋势线2。再往下，如果第二条上升趋势线又被向下突破，则同前面一样，将新的低点与最初的低点连接起来，画出第三条上升趋势线3。依次变得越来越平缓的这三条直线形如张开的扇子，扇形线由此而得名。下降趋势的扇形线与上升趋势的扇形线的做法类似，反向行之而已，如图6.14（b）所示。图中连续画出的三条直线一旦都被突破，它们的支撑和压力角色就会相互转换，这一点符合支撑线和压力线的普遍规律。

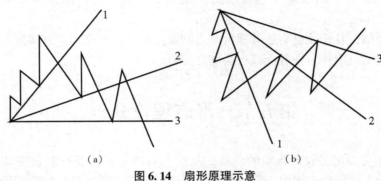

图6.14　扇形原理示意
(a) 上升趋势；(b) 下降趋势

（二）速度线

同扇形原理考虑的问题一样，速度线也是用来判断趋势是否将要反转的。速度线具有一些百分比线的思想，它将每个上升或下降的幅度分成三等份进行处理，速度线因此又称三分法。

速度线的做法如下：首先要找到一个上升或下降过程的最高点和最低点（这一点同百分比线相同）；然后，将高点和低点的垂直距离分成三等份，连接高点（在下降趋势中）与1/3和2/3分界点，或连接低点（在上升趋势中）与1/3和2/3分界点，得到的两条直线就是速度线。

与别的切线不同，速度线有可能随时变动。从速度线的画法可知，一旦股价有了新的高点或低点，速度线将随之发生变动。当新的高点和低点离原来的高点和低点很远时，速度线的变动将很大，原先的速度线将变得没有什么价值。

速度线一经突破，原来的支撑线和压力线的角色将相互转换，这也符合支撑线和压力线的一般规律。速度线最为重要的功能是判断一个趋势是被暂时突破还是长久突破（转势），其基本的思想叙述如下。

（1）在上升趋势的调整中，如果向下回落的程度突破了位于上方的2/3速度线，则股价将试探下方的1/3速度线。如果1/3速度线被突破，则股价会大幅下跌，预示着这一轮上升行情的结束，也就是转势。

（2）在下降趋势的调整中，如果向上反弹的程度突破了位于下方的2/3速度线，则股价将试探位于上方的1/3速度线。如果1/3速度线被突破，则股价会大幅飙升，预示着这一轮下跌的结束，股价进入上升趋势。

（三）甘氏线

甘氏线同扇形线和速度线类似，也是从一个高点或低点出发，依照一定的角度，引出多条直线。甘氏线分为上升甘氏线和下降甘氏线两种。甘氏线的做法如下：首先找到上升趋势的低点和下降趋势的高点，然后以此点为中心，以多个特定的角度引出直线。如果出发点是股价的高点，则应画下降甘氏线；如果出发点是股价的低点，则应画上升甘氏线。每条直线都有支撑或压力的作用，其中最重要的是45°线、63.75°线和26.25°线，这三条线往往标志着股价趋势变动的不同阶段，要突破也往往需要有较为强大的力量。其余的角度虽然在股价的波动中也能起到一定的支撑或压力作用，但都不太重要，也比较容易被突破。

同速度线相似，甘氏线也会随着股价高点和低点的变动而变动，如果刚被选中的点马上被创新的高点或低点取代，则甘氏线也会随之变更。

第五节 形态理论分析

通过K线图可以记录股价运动的轨迹，从这些轨迹中可以发现股价变动的趋势。股价运动趋势在图形上通常会表现为一定的形态。形态理论正是通过研究股价所形成的轨迹及其所表现的各种形态，分析和挖掘一些多空双方力量的对比情况，从而指导我们的行动。

一、价格移动的规律和形态类型

（一）规律

股价移动的规律是完全按照多空双方力量对比和所占优势的大小而行动的。一方的优势大，股价就向这一方移动；如果这种优势不足以摧毁另一方的抵抗，则股价不久还会回来。根据多空双方力量对比可能发生的变化可知，股价的移动应该遵循以下两个规律。

（1）股价应在多空双方取得均衡的位置上下来回波动。

（2）原有的平衡被打破后，股价将寻找新的平衡位置。可以用下面的表示方法具体描述股价移动的规律：持续整理、保持平衡→打破平衡→新的平衡→再打破平衡→……。

股价的移动就是按这一规律循环往复、不断运行的。证券市场中的胜利者往往是在原来的平衡快要被打破之前或者是在打破的过程中采取行动而获得收益的。如果在原平衡已经被打破，新的平衡已经找到时才开始行动，就已经晚了。

（二）价格形态的两种类型

证券价格的移动主要由两种过程构成，即保持平衡持续的整理和打破平衡的突破，我们把证券价格运动的形态分为两大类型。

1. 反转形态

反转形态是指趋势正在发生重要的反转的形态，即为打破平衡。这是形态技术分析中的重点，研究反转形态，最重要的是研究突破是真的还是假的，否则会造成较大的损失。使用这种形态时一定要注意以下几点。

（1）必须有趋势的存在，才存在反转的问题。

（2）某一重要的支撑线或压力线被突破，如颈线，是反转形态突破的重要依据。

（3）某个形态形成的时间越长、规模越大，则反转后带来的市场波动也越大。

（4）交易量是向上突破的重要参考因素，向下突破时，交易量的可能作用不大。

2. 整理形态

整理形态是指市场价格经过急升或急跌之后，价格出现横向伸展所形成的各种形态。该形态仅是当前趋势的暂时休整，其后的市场运动将与原来的趋势方向一致。

值得注意的是，尽管可根据一定的方法对某个具体的形态进行归类，但是这些形态中有些不易区分其完全属于哪一类，如三重顶底形态。

即使是这样，我们还是要具体来介绍一些常见的反转形态和整理形态，以及它们的特点。

二、常见的反转突破形态

（一）头肩顶和头肩底形态

头肩顶和头肩底是实际股价形态中出现最多的，是最著名的反转形态。图6.15是这种形态的简单形式，从图中可以看出，这种形态一共出现三个顶和底，也就是要出现三个局部的高点和局部低点，中间的高点（低点）比另外两个都高（低），成为"头"，左右两个相对较低（高）的高点（低点）称为"肩"，这就是"头肩形"名称的由来。下面以头肩顶为例对头肩形态进行介绍。

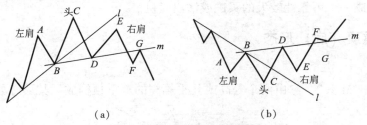

图6.15 头肩顶和头肩底形态
（a）头肩顶形态；（b）头肩底形态

1. 头肩顶形态的形成过程

头肩顶形态的形成过程大体如下。

（1）股价长期上升后，成交量大增，获利回吐压力增加，导致股价回落，成交量较大幅度下降，左肩形成。

（2）股价回升，突破左肩的顶点，成交量也可能因充分换手而创纪录，但价位过高使持股者产生恐慌心理，竞相抛售，股价回跌到前一低点水准附近，头部完成。

（3）股价第三次上升，但前段的巨额成交量不再重现，涨势也不再凶猛，价位到达头部顶点之前即告回落，形成右肩。这一次下跌时，股价急速穿过颈线，再回升时，股价也仅能达到颈线附近，然后成为下跌趋势，头肩顶形态宣告完成。

这种头肩顶反转向下的道理与支撑线和压力线的内容有密切关系。图6.15（a）中的直

线 l 和直线 m 是两条明显的支撑线。从点 C 到点 D，突破直线 l，说明上升趋势的势头已经遇到了阻力，点 E 和点 F 之间的突破则是趋势的转向。另外，点 E 的反弹高度没有超过点 C，也是上升趋势出现问题的信号。图 6.15（a）中的直线 m 是头肩顶形态中极为重要的直线——颈线。在头肩顶形态中，它是支撑线，起支撑作用。

头肩顶形态走到了点 E 并掉头向下，只能说是原有的上升趋势已经转化成横向延伸，还不能说已经反转向下。只有当走到了点 F，即股价向下突破了颈线时，才能说头肩顶反转形态已经形成。

2. 头肩顶形态的特征

头肩顶形态是一个长期趋势的转向形态，一般出现在一段升势的尽头。这一形态具有如下特征。

（1）一般来说，左肩与右肩高点大致相等，有时右肩较左肩低，即颈线向下倾斜。

（2）就成交量而言，左肩最大，头部次之，而右肩成交量最小，即呈梯状递减。

（3）突破颈线不一定需要大成交量配合，但日后继续下跌时，成交量会放大。

当颈线被突破，反转确认以后，大势将下跌。下跌的深度，可以借助头肩顶形态的预测功能进行计算，即从突破点算起，股价将至少要跌到与形态高度相等的距离。

对头肩底而言，除了在成交量方面与头肩顶有所区别外，其余可以说与头肩顶一样，只是方向正好相反。值得注意的是，头肩顶形态完成以后，向下突破颈线时，成交量不一定扩大，但日后继续下跌时，成交量会放大。头肩底向上突破颈线时，若没有较大的成交量出现，可靠性降低，或者将会跌回底部整理一段时间，积蓄买方力量上升。

股价变化经过复杂而长期的波动所形成的形态可能不只是标准的头肩型形态，会形成所谓的复合头肩形态。这种形态与头肩形态基本相似，只是左右肩部或者头部出现多于一次，形成一头双肩式、一头多肩式和多头多肩式。其形成过程也与头肩形态类似。复合头肩形态一旦完成，即构成一个可靠性较大的买进或沽出时机。

（二）双重顶（底）形态

1. 双重顶

双重顶又称"M 头"，它由两个等高或几乎等高的双重顶构成，其形态如图 6.16 所示。

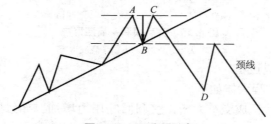

图 6.16 双重顶形态

在上升趋势过程的末期，股价急速上升到第一个高点 A 建立了新高点之后受阻回跌，在峰顶处留下大成交量。受上升趋势线的支撑，这次回档将在点 B 附近停止，成交量随股价下跌而萎缩。往后就是继续上升，股价又回至前一峰顶附近的点 C（与点 A 几乎等高），成交量再度增加，却不能达到前面的成交水准，上升遇到阻力，接着股价掉头向下，这样就形成点 A 和点 C 两个顶的形状。

"M 头"形成以后，有两种可能的前途：第一是未突破点 B 的支撑位置，股价在 A、B、

C 三点形成的狭窄范围内上下波动，演变成矩形箱形结构形式，第二是突破点 B 的支撑位置继续向下，这种情况才是双重顶反转突破形态的真正出现。前一种情况只能说是一个潜在的双重顶反转突破形态出现了。

以点 B 画点 A、点 C 连线的平行线，就得到一条非常重要的直线——颈线。点 A、点 C 连线形成趋势线，颈线是与这条趋势线对应的轨道线，在这里起支撑作用。

一个真正的双重顶反转突破形态的出现，除了必要的两个相同高度的高点以外，还应该向下突破点 B 支撑。

突破颈线就是突破轨道线、突破支撑线，所以也有突破被认可的问题。前面介绍的有关支撑线、压力线被突破的确认原则在这里都适用。双重顶反转突破形态一旦得到确认，同样具有测算功能，即从突破点算起，股价将至少要跌到与形态高度相等的距离。这里的形态高度是从顶点到颈线的垂直距离，即从点 A 或点 C 到点 B 的垂直距离。图 6.16 中间箭头所指的是股价至少要跌到的位置，在它之前的支撑都不足取。

总结起来，双重顶反转形态一般具有如下特征。

(1) 双重顶的两个高点不一定在同一水平，两者相差少于 3% 就不会影响形态的分析意义。

(2) 向下突破颈线时不一定有大成交量伴随，但日后继续下跌时成交量会扩大。

(3) 双重顶形态完成后的最小跌幅度量度方法是由颈线开始，至少会下跌从双头最高点到颈线之间的差价距离。

2. 双重底

双重底又称"W 底"，是双重顶的相反形态，如图 6.17 所示。双重底与双重顶的突破不同的地方在于，双重底在突破颈线后，必须有大成交量的配合，否则可能为无效突破。而双重顶在突破时，并不一定需要大成交量的伴随。

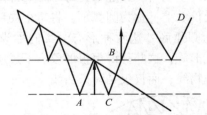

图 6.17 双重底形态

3. 应用双重顶（底）应注意的地方

应用双重顶（底）应注意的地方如下。

(1) 双重顶（底）的两个顶（底）在大多数情况下不完全相等，多少有点差异。

(2) 两个顶和底可能是复杂多个小顶和底。

(3) 成交量（突破）不同。

(4) 两个顶和底之间的距离越远，反转潜力越大。

(5) 颈线被突破之后，价格通常会有回头的情况，称为反扑，但会受到颈线的阻挡。

（三）三重顶（底）形态

三重顶（底）形态是双重顶（底）形态的扩展形式，也是头肩顶（底）形态的变形，由三个一样高或一样低的顶和底组成。与头肩顶（底）的区别是，头的价位回缩到与肩部差不多相等的位置，有时甚至低于或高于肩部一点。从这个意义上讲，三重顶（底）形态与双重顶（底）形态也有相似的地方，只是前者比后者多"折腾"了一次。

出现三重顶（底）形态的原因是没有耐心的投资者在形态未完全确定时便急于跟进或跳出，在走势不尽如人意时又急于杀出或抢进；等到大势已定，股价正式反转上升或下跌，仍照原预期方向进行时，投资者却犹豫不决，缺乏信心，结果使股价走势比较复杂。

图6.18是三重顶（底）的简单图形。它的颈线差不多是水平的，三个顶（底）也差不多是相等高度。

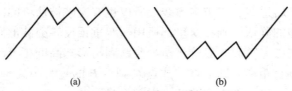

图6.18 三重顶（底）形态
(a) 三重顶；(b) 三重底

与一般头肩形态最大的区别是，三重顶（底）的颈线和顶部（底部）连线是水平的，这就使得三重顶（底）具有矩形的特征。比起头肩形态来说，三重顶（底）更容易演变成持续形态，而不是反转形态。另外，三重顶（底）的顶峰与顶峰，或谷底与谷底的间隔距离和时间在分析时不必相等。此外，如果三重顶（底）的三个顶（底）的高度从左到右依次下降（上升），则三重顶底就演变成了直角三角形态。这些都是我们在应用三重顶（底）时应该注意的地方。

（四）圆弧形态

将股价在一段时间的顶部高点用折线连起来，每一个局部的高点都考虑到，可能得到一条类似于圆弧的弧线，盖在股价之上，称为圆弧顶；将每个局部的低点连在一起也能得到一条弧线，托在股价之下，称为圆弧底。这两种形态，我们称为圆弧形态，如图6.19所示。圆弧形态又称碟形、圆形或碗形等，这些称谓都很形象。不过应该注意的是，图中的曲线不是数学意义上的圆，也不是抛物线，而仅仅是一条曲线。

图6.19 圆弧形态
(a) 圆弧顶；(b) 圆弧底

圆弧形态在实际中出现的机会较少，但一旦出现则是绝好的机会，它的反转深度和高度是不可测的。圆弧底的形成一般认为是庄家逐步建仓的过程，因为一下子不可吃得过多，圆弧顶一般是庄家逐步出货的过程。另外，形态的时间越长，反转的力度就越大。

圆弧形态具有如下特征。

（1）形态完成、股价反转后，行情多属暴发性，涨跌急速，持续时间也不长，一般是一口气走完，中间极少出现回档或反弹。因此，形态确信后应立即顺势而为，以免踏空、被套牢。

（2）在圆弧顶或圆弧底形态的形成过程中，成交量的变化都是两头多、中间少。越靠近顶或底成交量越少,到达顶或底时成交量达到最少。在突破后的一段时间,都有相当大的成交量。

(3) 圆弧形态形成所花的时间越长,反转的力度就越强,越值得人们去相信这个圆弧形。一般来说,应该与一个头肩形态形成的时间相当。

(五)"V形"形态

"V形"形态是一种比较特殊而且很难预测的价格趋势,它代表在毫无预示信号的情况下,局势骤然反转,股价迅速朝相反的方向移动,如图 6.20 所示。

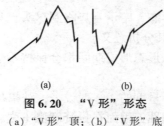

图 6.20 "V形"形态
(a)"V形"顶;(b)"V形"底

"V形"形态在其形成过程中有如下特点。

(1) 底(顶)部出现只有一次,"V形"底左边与右边的跌涨势和"V形"顶左边与右边的涨跌势十分陡峭;

(2) 转势点的时间仅两三个交易日,有时候只有一根带长上下影线的大阳(阴)线构成反转形态;

(3) 这种情形一般伴随有突发性事件发生,由于多空争斗激烈,伴随着成交量的急剧放大。

"V形"形态的操作思路是:"V形"顶和"V形"底属暴涨暴跌走势,股价在底部或顶部停留的时间极短,供投资人操作的机会仅有一次,操作难度很大,在底部抄底和在顶部逃顶的人很少。因此,投资者在操作上必须思维敏捷,决策和行动都要迅速果断,在某种程度上要敢于追涨杀跌。

(六)喇叭形、菱形与岛形

1. 喇叭形

喇叭形的正确名称应该是扩大形或增大形。因为这种形态酷似一个喇叭,故得名。一个标准的喇叭形态应该有 3 个高点、2 个低点,股票投资者应该在第三峰,如图 6.21 中的 5 处调头向下时就抛出手中的股票,这在大多数情况下是正确的。如果股价进一步跌破了第二个谷,如图 6.21 中的 4 处,则喇叭形完全得到确认,抛出股票更成为必然。

股价在喇叭形之后的下调过程中,肯定会遇到反扑,而且反扑的力度会相当大,这是喇叭形的特殊性。但是,只要反扑高度不超过下跌高度的一半,如图 6.21 中的 7 处,则股价下跌的势头还是应该继续的。

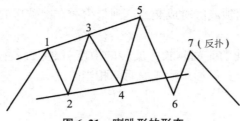

图 6.21 喇叭形的形态

喇叭形态具有如下特征。

1) 喇叭形一般是一个下跌形态，暗示升势将到尽头，只有在少数情况下股价在高成交量配合下向上突破时，才会改变其分析意义。

2) 在成交量方面，整个喇叭形态形成期间都会保持不规则的大成交量，否则难以构成该形态。

3) 喇叭形走势的跌幅是不可量度的，一般说来，跌幅都很大。

4) 喇叭形源于投资者的非理性，因而在投资意愿不强、气氛低迷的市道中，不可能形成该形态。

2. 菱形

菱形又叫钻石形，一般是头部反转形态，其实质是为喇叭形和对称三角形的结合。菱形的左边类似于一个喇叭形，菱形的右边类似于一个对称三角形，如图 6.22 所示。先是宽幅震荡，并伴随成交量的放大，显示了喇叭形特征；当价格运行到最高处时，突然振幅变窄，成交量也相应萎缩，呈现对称三角形的特征。菱形是一种较为罕见的走势形态，它一般出现在市场的顶部，并且是看跌的形态，它比起喇叭形来说，更有向下转势的愿望。

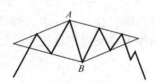

图 6.22 菱形的形态

菱形反转形态同样有预测功能。菱形反转形态的下端支撑线被有效突破后，股价最小跌幅为菱形的形态高度。

3. 缺口

缺口，通常又称跳空，是指证券价格在快速大幅波动中没有留下任何交易的一段真空区域。缺口的出现往往伴随着向某个方向运动的一种较强动力。缺口的宽度表明这种运动的强度。一般来说，缺口越宽，运动的动力越大；反之，则越小。不论向何种方向运动所形成的缺口，都将成为日后较强的支撑或阻力区域，不过这种支撑或阻力效能依不同形态的缺口而定。缺口可划分为普通缺口、突破缺口、持续性缺口和消耗性缺口四种形态。

(1) 普通缺口。普通缺口经常出现在股价整理形态中，成交量很小，支撑或阻力效能一般较弱。普通缺口的一个比较明显特征是，它一般会在 3 日内回补，这给投资者短线操作带来了机会，即在缺口上方的相对高点抛出证券，在缺口下方的相对低点买入证券；当然这种操作方法的前提是必须判明缺口是否为普通缺口，且证券价格的涨跌是否达到一定的幅度。

(2) 突破缺口。突破缺口是证券价格向某一方向急速运动，跳出原有形态所形成的缺口。它一般预示着行情走势将发生重大变化。若突破时成交量明显增大，且缺口未被封闭（至少未完全封闭），则这种突破形成的缺口是真突破缺口。若突破时成交量未明显增大，或成交量虽大，但缺口短期内很快就被封闭，则这缺口很可能是假突破缺口。在实际操作过程中，突破缺口形态确认以后，无论价位（指数）的升跌情况如何，投资者都必须立即做出买入或卖出的指令，即向上突破缺口被确认立即买入，向下突破缺口被确认立即卖出，因为突破缺口一旦形成，行情走势必将向突破方向纵深发展。

（3）持续性缺口。持续性缺口是在证券价格向某一方向有效突破之后，由于急速运动而在途中出现的缺口。在缺口产生的时候，交易量可能不会增加，但如果增加的话，则通常表明一个强烈的趋势。

持续性缺口的市场含义非常明显，它表明证券价格的变动将沿着既定的方向发展变化，并且这种变动距离大致等于突破缺口至持续性缺口之间的距离，即缺口的测量功能。持续性缺口一般不会在短期内封闭，因此，投资者可在向上运动的持续性缺口附近买入证券或者在向下运动的持续性缺口附近卖出证券，而不必担心是否会被套牢或者踏空。

（4）消耗性缺口。消耗性缺口一般发生在行情趋势的末端，表明股价变动的结束。判断消耗性缺口最简单的方法就是考察缺口是否会在短期内封闭。若缺口封闭，则消耗性缺口形态可以确立。消耗性缺口容易与持续性缺口混淆，它们的最大区别是：消耗性缺口出现在行情趋势的末端，而且伴随着大的成交量。

由于消耗性缺口形态表明行情走势已接近尾声，因此，投资者在上升行情出现消耗性缺口时应及时卖出证券，而在下跌趋势中出现消耗性缺口时买入证券。

第六节 常见的整理形态

整理形态是股价在向一个方向经过一段时间的快速运行后，不再继续原趋势，而在一定区域内上下窄幅波动，等待时机成熟后再继续前进。这种运行所留下的轨迹称为整理形态。三角形、矩形、旗形和楔形是著名的整理形态。

一、三角形整理形态

（一）对称三角形

对称三角形通常发生在一个大趋势进行的途中，它表示原有趋势暂时处于休整阶段，之后还要随着原趋势的方向继续行动。图6.23是对称三角形的一个简化图形，这里的原有趋势是上升，所以，三角形完成以后是突破向上。从图中可以看出，对称三角形有两条聚拢的直线，上面的向下倾斜，起压力作用；下面的向上倾斜，起支撑作用。两直线的交点称为顶点。正如趋势线的确认要求第三点验证一样，对称三角形一般应有六个转折点，如图6.23中的点A、点B、点C等。这样，上下两条直线的支撑压力作用才能得到验证。

对称三角形只是原有趋势运动途中的休整状态，所以持续的时间不会太长，突破上下两条直线的包围，继续原有既定方向的时间要尽量早，越靠近三角形的顶点，三角形的各种功能就越不明显，对我们投资的指导意义就越不强。根据经验，突破的位置一般应在三角形横向宽度的1/2~3/4的某个位置。三角形的横向宽度指三角形的顶点到底的高度。不过这有个大前提，必须认定股价一定要突破这个三角形。前面已经说过了，如果股价不在预定的位置突破三角形，那么这个对称三角形态可能会转化成别的形态。

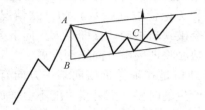

图 6.23　对称三角形的简化图形

对称三角形的突破也有真假的问题，方法与前述的类似，可采用百分比原则等确认。这里要注意的是，对称三角形的成交量因愈来愈小的股价波动而递减，而向上突破需要大成交量配合，向下突破则不必。没有成交量配合，很难判断突破的真假。

（二）上升三角形与下降三角形

上升三角形是对称三角形的变形。两类三角形的下方支撑线同是向上发展，不同的是上升三角形的上方阻力线并非是向下倾斜的，而是一条水平直线。在对称三角形中，压力和支撑都是逐步加强的，一方越压越低，另一方越撑越高，看不出谁强谁弱。在上升三角形中就不同了，压力是水平的，始终一样，没有变化，而支撑是越撑越高。由此可见，上升三角形比起对称三角形来，有更强烈的上升意识，多方比空方更为积极。通常以三角形的向上突破作为这个持续过程终止的标志。

如果股价原有的趋势是向上，遇到上升三角形后，几乎可以肯定今后是向上突破。一方面，要保持原有的趋势；另一方面，形态本身就有向上的愿望。这两方面的因素使股价逆大方向而动的可能性很小。如果原有的趋势是下降，则出现上升三角形后，前后股价的趋势判断起来有些难度。一方要继续下降，保持原有的趋势，而另一方要上涨，两方必然发生争执。如果在下降趋势处于末期时（下降趋势持续了相当一段时间），出现上升三角形还是以看涨为主。这样，上升三角形就成了反转形态的底部。

同样，上升三角形在突破顶部的阻力线时，必须有大成交量的配合，否则为假突破。突破后的升幅量度方法与对称三角形相同。图 6.24（a）是上升三角形的简单图形表示。

下降三角形同上升三角形正好反向，是看跌的形态。它的基本内容同上升三角形可以说完全相似，只是方向相反。这里要注意的是，下降三角形的成交量一直十分低沉，突破时不必有大成交量配合。另外，如果股价原有的趋势是向上的，则遇到下降三角形后，趋势的判断有一定的难度；但如果在上升趋势的末期，出现下降三角形后，可以看成是反转形态的顶部。图 6.24（b）是下降三角形的简单图形。

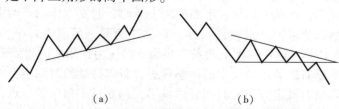

(a) 　　　　　　　　　　(b)

图 6.24　上升三角形和下降三角形的简单图形

(a) 上升三角形；(b) 下降三角形

二、矩形整理形态

矩形又叫箱形，也是一种典型的整理形态，股票价格在两条横着的水平直线之间上下波动，呈横向延伸的运动。矩形在形成之初，多空双方全力投入，各不相让。空方在价格涨到某个位置就抛压，多方在股价下跌到某个价位就买入，时间一长就形成两条明显的上下界线。随着时间的推移，双方的战斗热情会逐步减弱，成交量减少，市场趋于平淡。图 6.25 是矩形整理形态的简单图示。

矩形整理形态也分上升矩形和下降矩形，如图 6.25 所示。矩形在其形成的过程中极可能演变成三重顶（底）形态，这是我们应该注意的。正是由于矩形的判断有这么一个容易出错的可能性，在面对矩形和三重顶（底）进行操作时，一定要等到突破之后才采取行动，因为这两个形态今后的走势完全相反。一个是持续整理形态，要维持原来的趋势；一个是反转突破形态，要改变原来的趋势。

矩形的突破也有一个确认的问题。当股价向上突破时，必须有大成交量的配合方可确认，而向下突破则不必有成交量增加；当矩形突破后，其涨跌幅度通常等于矩形本身的宽度，这是矩形的测算功能。面对突破后股价的反扑，矩形的上下界线同样具有阻止反扑的作用。与别的大部分形态不同，矩形为我们提供了一些短线操作的机会。如果在矩形形成的早期能够预计到股价将进行矩形调整，那么就可以在矩形的下界线附近买入，在上界线附近抛出，来回进行几次短线的进出。如果矩形的上下界线相距较远，那么这样短线操作的收益也是相当可观的。

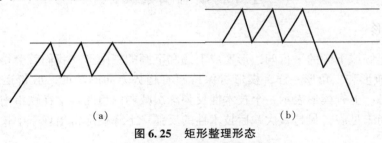

图 6.25 矩形整理形态
（a）上升矩形；（b）下降矩形

三、旗形和楔形整理形态

旗形和楔形是两个最为著名的整理形态。在股票价格的曲线图上，这两种形态出现的频率最高，一段上升或下跌行情的途中，可能出现好几次这样的图形。它们都是一个趋势的中途休整过程，休整之后，还要保持原来的趋势方向。这两个形态的特殊之处在于，它们都有明确的形态方向，如向上或向下，并且形态方向与原有的趋势方向相反。

（一）旗形

从几何学的观点看，旗形应该叫平行四边形，它的形状是上倾或下倾的平行四边形，就如同一面挂在旗杆顶上的旗帜，故得名。它又可分为上升旗形和下降旗形两种，如图 6.26 所示。旗形大多发生在市场极度活跃，股价以剧烈的、近乎直线上升或下降方式运动的情况下。这种剧烈运动的结果就是产生旗形的条件。由于上升或下降得过于迅速，市场必然会有所休整，旗形就是完成这一休整过程的主要形式之一。旗形的上下两条平行线起压力和支撑的作用，这一点有些像轨道线。这两条平行线的某一条被突破是旗形完成的标志。

旗形也有测算功能。旗形的形态高度是平行四边形左右两条边的长度。旗形被突破之后，股价至少要走到形态高度的距离，大多数情况是走到旗杆高度的距离。此外，应用旗形时，我们还应该注意以下几点。

（1）旗形出现之前，一般应有一个旗杆，这是由价格做直线运动形成的。

（2）旗形持续的时间不能太长。时间太长，它保持原有趋势的能力将下降。经验告诉我们，应该短于3周。

（3）旗形形成之前和突破之后，成交量都很大。在旗形的形成过程中，成交量从左到右逐渐减少。

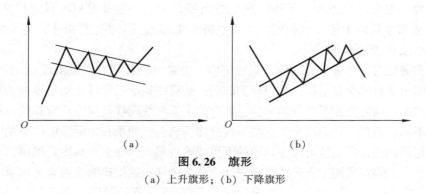

图6.26 旗形
(a) 上升旗形；(b) 下降旗形

（二）楔形

将旗形中上倾或下倾的平行四边形变成上倾和下倾的三角形，我们就会得到楔形，如图6.27所示。同旗形和三角形一样，楔形有保持原有趋势方向的功能。股价运动趋势的途中会遇到这种形态。上升楔形表示一个技术性反弹渐次减弱的市况，常在跌市中的回升阶段出现，显示股价尚未见底，只是一次跌后技术性的反弹。下降楔形常出现于中长期升市的回落调整阶段。

楔形的三角形上下两条边都朝着同一方向倾斜，具有明显的倾向，这是该形态与前面三角形整理形态的不同之处。

与旗形和三角形稍微不同的地方是，楔形偶尔也出现在顶部或底部而作为反转形态。这种情况一定是发生在一个趋势经过了很长时间、接近于尾声的时候。

在楔形形成过程中，成交量渐次减少；在楔形形成之前和突破之后，成交量一般很大。

与旗形的另一个不同是，楔形形成所花费的时间较长，一般需要两周以上的时间。

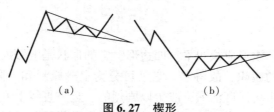

图6.27 楔形
(a) 上升楔形；(b) 下降楔形

第七节 主要技术指标

所谓技术指标法，就是应用一定的数学公式，对开盘价、最高价、最低价、收盘价、成交量和成交金额等原始数据进行处理，得出指标值，将指标值绘成图表，从定量的角度对股市进行预测的方法。技术指标种类繁多，以技术指标的功能为划分依据，可将常用的技术指标分为趋势型、超买超卖型、人气型和大势型四类。

一、趋势型指标

（一）移动平均法

1. 移动平均法的概念

移动平均法（Moving Average，MA）是指用统计分析的方法，将一定时期内的证券价格（或指数）加以平均，并把不同时期的平均值连接起来，形成一条平滑曲线，用以观察证券价格变动趋势的一种技术分析方法。由上述方法得到的曲线称移动平均线。天数就是移动平均法的参数。10日的移动平均法常简称为10日线，同理还有5日线、30日线等概念。

2. 移动平均法的特点

移动平均法最基本的思想是消除股价随机波动的影响，寻求股价波动的趋势。它具有以下几个特点。

（1）追踪趋势。移动平均法能够表示股价的波动趋势，并追随这个趋势，不轻易改变。原始数据的股价图表不具备这个保持追踪趋势的特性。

（2）滞后性。在股价原有趋势发生反转时，由于移动平均法的追踪趋势特性，移动平均法的行动往往过于迟缓，调头速度落后于大趋势，这是移动平均法一个极大的弱点。

（3）稳定性。要较大地改变移动平均法的值，无论是向上还是向下，都比较困难，当天的股价必须有很大的变动。

（4）助涨助跌性。当股价突破移动平均线时，无论是向上还是向下突破，股价都有继续向突破方向发展的愿望。

（5）支撑线和压力线的特性。由于移动平均法的上述四个特性，它在股价走势中起支撑线和压力线的作用。

移动平均法的参数变化可以调整移动平均法上述几方面的特性。参数选择得越大，上述的特性就越明显。比如，突破5日线和突破10日线的助涨助跌力度完全不同，10日线比5日线的力度大。

移动平均法在实际运用中，常引出股市中常说的死亡交叉和黄金交叉两个概念。所谓黄金交叉，指的是短期移动平均线从下方上穿中期移动平均线或长期移动平均线，或者中期移动平均线从下方上穿长期移动平均线所形成的交叉。它表明后市将出现多头排列，投资者可以买进。所谓死亡交叉，指的是短期移动平均线从上方下破中期移动平均线或长期移动平均线，或者中期移动平均线从上方下破长期移动平均线所形成的交叉。它表明后市将出现空头排列，投资者应卖出手中的股票。

3. 格兰比尔法则

格兰比尔根据200天移动平均线与每日股价平均值的关系提出了买卖股票的八条法则，如图6.28所示。

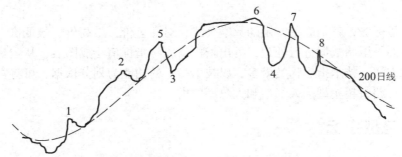

图6.28 格兰比尔买卖股票的八条法则

（1）买入法则。股票宜在以下情形出现时买入。

①平均线从下降逐渐转为水平，且有往上方抬头的趋势，而股价从平均线的下方突破平均线。

②股价趋势走在平均线之上，股价下跌而没有跌破平均线，又再度上升。

③股价跌至移动平均线下方，而平均线短期内仍为陆续上升趋势。

④股价趋势走在平均线之下时，突然暴跌，跳高平均线非常远，极有可能再超过平均线（先分必合）。

（2）卖出法则。股票宜在以下情形出现时卖出。

①股价在上升中，且走在平均线之上，却离平均线非常远。

②平均线波动从上升趋势逐渐转为水平线，而且股价从水平线下方突破平均线。

③股价趋势在平均线之下，回升时未超越平均线，平均线已有从趋于水平再度转向下移的趋势。

④股价在平均线上徘徊，而且平均线继续下跌，则宜卖出。

（二）平滑异同移动平均线

1. 平滑异同移动平均线的含义

平滑异同移动平均线（Moving Average Convergence Divergence，MACD）分析方法是由查拉尔·阿佩尔于1979年首先提出的。采用平滑异同移动平均线时，应根据每日的收市价，计算出两条不同速度的加权移动平均线，再通过测量两条平均线的差离值来判断买卖时机，是一种常用的技术分析方法。

2. 平滑异同移动平均线的计算

平滑异同移动平均线由正负差（DIF）和异同平均数（DEA）两部分组成，DIF是核心，DEA是辅助。DIF是快速平滑移动平均线与慢速平滑移动平均线的差。快速和慢速的区别是进行指数平滑时采用的参数不同，快速是短期的，慢速是长期的。以现在常用的参数12和26为例，对DIF的计算过程进行介绍。

今日 MA（12）＝2/（12＋1）×今日收盘价＋11/（12＋1）×昨日 EMA（12）

今日 MA（26）＝2/（26＋1）×今日收盘价＋25/（26＋1）×昨日 EMA（26）

DIF＝MA（12）－MA（26）

单独的 DIF 也能进行行情预测，但为了使信号更可靠，引入了另一个指标 DEA。DEA 是 DIF 的移动平均，也就是连续数日的 DIF 的算术平均。

3. 平滑异同移动平均线的应用法则

（1）以 DIF 和 DEA 的取值和这两者之间的相对取值对行情进行预测。其应用法则：① DIF 和 DEA 均为正值时，属多头市场，DIF 向上突破 DEA 是买入信号，DIF 向下跌破 DEA 只能认为是回落，获利了结；② DIF 和 DEA 均为负值时，属空头市场，DIF 向下突破 DEA 是卖出信号，DIF 向上突破 DEA 只能认为是反弹，可暂时补空。

（2）指标背离原则。如果 DIF 的走向与股价走向相背离，则此时是采取行动的信号，至于是卖出还是买入要视 DIF 的上升或下降而定。

平滑异同移动平均线的优点是去掉了移动平均法产生的频繁出现的买入卖出信号，是发出信号的要求和限制增加，避免假信号的出现，用起来比移动平均法更有把握。平滑异同移动平均线的缺点同移动平均法一样，在股市没有明显趋势而进入盘整时，失误的时候极多。另外，对未来股价的上升和下降深度不能提供有帮助的建议。

二、超买超卖型指标

（一）威廉指标

威廉指标（WMS）最早起源于期货市场，由拉瑞·威廉（Larry Williams）于 1973 年首创。威廉指标表示的是市场处于超买还是超卖状态。

1. 威廉指标的计算方法

威廉指标的计算公式如下：

$$WMS_n = [(H_n - C_t) / (H_n - L_n)] \times 100$$

式中　C_t——当天的收盘价；

　　　H_n——n 日内最高价；

　　　L_n——n 日内最低价。

由计算公式可知，威廉指标只有一个参数，那就是天数 n。n 可取 6、14、20 等，投资者视个人习惯和需要而定。威廉指标表示的含义是当天收盘价在过去一段日子的全部价格范围内所处的相对位置。如果威廉指标的值较小，则当天的价格处在相对较高的位置，要提防回落；如果威廉指标的值较大，则说明当天的价格处在相对较低的位置，要注意反弹。

2. 威廉指标的应用

威廉指标的应用有以下几条规则。

（1）在 0~100 区间内，WMS 低于 20 为相对超买，WMS 高于 80 为相对超卖。

（2）WMS=50，称作多空均衡区；WMS≤50，为多头市场；WMS≥50，为空头市场。

（3）当 WMS 从多头区回档至 50 点后接近 80 点，或当 WMS 以空头区反弹至 50 点后再接近 20 点，则有 OBOS 法则，即，6WMS≤10，为卖点；6WMS≥90，为买点；12WMS≤20，为卖点；12WMS≥80，为买点。

（4）当股价由超卖区向上攀升并升破中轴线 50，则表示市场较强，可买入；当股价由超买区回落，并下破中轴线 50，则表示市场较弱，可卖出。

（二）KDJ 指标

KDJ 指标的中文名称是随机指数，是由乔治·雷恩（George Lane）首创的。与威廉指标一样，最早也源于期货市场。

1. KDJ 指标的计算公式和理论依据

在 KDJ 以前，先产生未成熟随机值 RSV，其计算公式为：

$$RSV_n = [(C_t - L_n) / (H_n - L_n)] \times 100$$

式中，C_t、H_n、L_n 的意义同 WMS 的计算公式。

对 RSV 进行指数平滑，就得到 K 值，其计算公式为：

$$今日 K 值 = 2/3 \times 昨日 K 值 + 1/3 \times 今日 RSV$$

对 K 值进行指数平滑，就得到 D 值，其计算公式为：

$$今日 D 值 = 2/3 \times 昨日 D 值 + 1/3 \times 今日 K 值$$

式中 1/3 是平滑因子，是可以认为选择的，所以 KD 具有威廉指标的一些特性。在反映股市价格变化时，威廉指标最快，K 指标其次，D 指标最慢。K 指标反应敏捷，但容易出错；D 指标反应稍慢，但稳重可靠。

J 指标是 D 指标加上一个修正值，其计算公式为：

$$J = 3D - 2K = D + 2(D - K)$$

2. KDJ 指标的应用法则

KDJ 指标是三条曲线，在应用时主要从以下五个方面考虑。

（1）从 KD 的取值方面考虑。KD 的取值范围都是 0~100，将其划分为几个区域：80 以上为超买区，20 以下为超卖区，其余为徘徊区。

（2）从 KD 指标曲线的形态方面考虑。KD 指标在较高或较低的位置形成头肩形态和多重顶（底）时，是采取行动的信号。

（3）从 KD 指标的交叉方面考虑。K 与 D 的关系就如同股价与 MA 的关系一样，也有死亡交叉与黄金交叉的问题，不过这里交叉的应用是很复杂的，还要看别的条件。以 K 从下向上与 D 交叉为例，K 上穿 D 是黄金交叉，为买入信号，但是出现黄金交叉是否应该买入，还要看别的条件。第一个条件是交叉的位置应该比较低，是在超卖区的位置，越低越好；第二个条件是与 D 相交的次数，有时在低位 K、D 要来回交叉好几次，交叉的次数以两次为最少，越多越好；第三个条件是交叉点相对于 KD 线低点的位置，这就是常说的"右侧相交"原则。K 在 D 已经抬头向上时才同 D 相交，比 D 还在下降时与之相交要好得多。

（4）从 KD 指标的背离方面考虑。在 KD 处于高位或低位，如果出现与股价走向的背离，则是采取行动的信号。当 KD 处在高位，并形成两个依次向下的峰，而此时股价还在一股劲地上涨，这叫顶背离，是卖出的信号；与之相反，KD 处在低位，并一底比一底高，而股价还继续下跌，这构成底背离，是买入信号。

（5）从 J 指标的取值大小考虑。J 指标取值超过 100 和低于 0，都属于价格的非正常区域，大于 100 为超买，小于 0 为超卖。

（三）相对强弱指标

1. 相对强弱指标的计算

相对强弱指标（Relative Strength Index，RSI），是指以股票价格的相对涨跌幅度为依据，对股价的变动及其趋势进行预测与分析的工具。股票市场中的相对强弱指标的计算公式为：

$$RSI(n) = [A/(A+B)] \times 100$$

式中　A——n 天中股价向上波动的大小；

　　　B——n 天中股价向下波动的大小；

　　　$A+B$——股价总的波动大小。

相对强弱指标的参数是天数 n，即考虑时间的长度，一般有 5 日、9 日、14 日等。相对强弱指标实际上是表示向上波动的幅度占总的波动的百分比，如果占的比例大就是强势。相对强弱指标的取值介于 0～100。

相对强弱指标有时可采用如下计算公式：

$$相对强弱指标 = 100 - (100/1 + RS)$$

式中，RS 为相对强度，可采用如下公式：

$$RS = n \text{ 日内收盘涨数和的平均值}/n \text{ 日内收盘跌数和的平均值}$$

n 可取 6、9、14 等不同的天数，主要根据分析者的习惯和需要而定。

2. 相对强弱指标的运用原则

（1）如果相对强弱指标值小于 20，则表示市场上的卖盘多于买盘，市价下跌的幅度过大，投资者可抓紧时机买进。

（2）如果相对强弱指标值大于 80，表示市场上的买盘多于卖盘，市价上涨的幅度过大，未来下跌的可能性很大，投资者应抓紧时机卖出。

（3）如果相对强弱指标值小于 10，则表示市价已下跌到底部，接近地价，股价随时可以反弹，投资者应抓住时机买进。

（4）如果相对强弱指标值大于 90，则说明市价过高，涨得太快，接近天价，随时会跌下来。如果投资者手中持有这种股票，就应不失时机地抛出，以免高价套牢。

（5）如果相对强弱指标长期在 50 以上，则表示是多头市场；如果相对强弱指标长期在 50 以下，则表示是空头市场。

（四）乖离率

1. 乖离率的计算

乖离率（BIAS），简称 Y 值，它是以当日移动平均数为基准的，实际价格与移动平均数之间的差距，被称为乖离程度。用乖离程度除以移动平均数得到的百分比就是乖离率。也就是说，乖离率表示当日实际价格与平均价格之间的差距，从而也就可以用数字来表示股价线与移动平均线的距离了。其计算公式为：

$$BIAS(n) = [C_t - MA(n)]/MA(n) \times 100\%$$

式中　C_t——当日收盘价；

　　　$MA(n)$——n 日移动平均价。

分子为收盘价与移动平均的绝对距离，可正可负，除以分母，就是相对距离。乖离率的公式中含有参数的项只有一个，即 MA。这样乖离率的参数就是 MA 的参数，即天数 n。一般来说，参数选得越大，则允许股价远离 MA 的程度就越大。换句话说，股价远离 MA 到了一定程度，就该回头了。

2. 乖离率的应用

乖离率有正负之分。当暴涨或狂跌时，乖离率的绝对值将放大；当放大到一定程度时，乖离率就失灵了。

乖离率达到多少，投资者可借助它进行决策呢？目前，各国都有不同的标准，现以我国台湾地区证券市场为例说明应用方法。

（1）当 BIAS（10）< -4.5% 时，是买进股票的时机；BIAS（10）> 5% 时，是卖出股票的时机。

（2）当 BIAS（25）< -7% 时，是买进股票的时机；BIAS（25）> 8% 时，是卖出股票的时机。

（3）当 BIAS（73）< -11% 时，是买进股票的时机；BIAS（73）> 14% 时，是卖出股票的时机。

（4）每段行情股价与平均值间的乖离率达到最大百分比，就会向零值靠近。

三、人气型指标

（一）心理线指标

1. 心理线指标的计算

心理线指标（Psychological Line，PSY），主要是从股票投资者买卖趋向的心理方面，对多空双方的力量进行探索。

心理线指标的计算公式为：

$$PSY(n) = A/n \times 100$$

式中　n——天数，是 PSY 的参数；

　　　A——在这 n 天之中股价上涨的天数。

PSY 参数的选择是人为的，为了便于计算，一般选择参数为 10 或大于 10。参数选择越大，PSY 的取值范围越集中，越平稳。

2. 心理线指标的应用

心理线对投资者来说有一定的参考价值。PSY 的取值在 25～75，说明多空双方基本处于平衡状态；如果 PSY < 10 或 PSY > 90 这两种极端低和极端高的情况出现，就可以不考虑别的因素而单独采取买入或卖出行动。当 PSY 的取值第一次进入采取行动的区域时，往往容易出错，所以几乎每次都要求 PSY 进入高位或低位两次以上才采取行动。PSY 线一般最好同股价曲线配合使用。

（二）OBV 线

成交量指标中最常用的是 OBV 指标。OBV 的英文全称是 On Balance Volume，中文名称直译为"平衡交易量"，也称其为能量潮，用以验证当前股价走势的可靠性，并得到趋势可能反转的信号，比起单独使用成交量看得更清楚。

1. OBV 的计算方法

OBV 的计算公式很简单，假设已经知道了上一个交易日的 OBV，就可以根据今天的成交量以及今天的收盘价与上一个收盘价的比较，计算出今天的 OBV。其计算公式为：

$$今日 OBV = 昨日 OBV + sgn \times 今天的成交量$$

式中，sgn 表示正负符号，当今天的收盘价大于或等于昨天的收盘价，取正号；当今天的收盘价小于昨天的收盘价，取负号。这里的成交量指的是成交股票的手数，不是成交金额。

在第一次计算 OBV 的基准时，可以用零或前一日的成交量，有时可选定任一数量。以每日的 OBV 值为纵坐标值，交易日期为横坐标，就可以得到股票市场的 OBV 线。

OBV 的构造原理很简单，它把股市比喻成潮水，要经历潮起潮落的过程，如果多方力量大，则向上的潮就大，中途回落的潮就小。衡量潮大小的标准就是成交量，成交量大则潮水的力量就大，成交量小则潮水的力量就小。每一天的成交量可以理解成潮水，但这股潮水是向上还是向下，是保持原来的大方向还是中途回落，则由当天收盘价与昨天收盘价的大小比较而决定，如果今天的收盘价大于等于昨天收盘价，则这一潮属于多方；如果今天的收盘价小于昨天，则这一潮属于空方。

2. OBV 线的应用

（1）当 OBV 线下降，而股价上升时，是卖出信号，表示高档买盘无力，故宜卖出。

（2）OBV 线上升，但股价下跌，是买进信号。

（3）OBV 线缓慢上升时，为买进信号；OBV 线急速上升时，为卖出信号。

（4）当价格与 OBV 线背离时，表明市场趋势要反转，应警觉。

总体来说，OBV 线适用于短期分析，必须和股价曲线或其他分析工具结合起来使用。

四、大势型指标

大多数技术指标既可应用于个股，又可应用于大盘指数。而大势型指标主要对整个证券市场的多空状况进行描述，它只能用于研判证券市场整体形势，而不能应用于个股。

（一）腾落指数

1. 腾落指数的含义

腾落指数（Advance Decline Line，ADL）是反映股价趋势的常用指标。腾落指标不考虑股票发行量或成交量的权数大小，将所有股票等同对待，认为"大势"就是多数股票的共同趋势，即大多数股票上涨就是大势上涨，大多数股票下跌就是大势下跌，通过连续累计计算涨跌家数反映股票价格走向趋势。

2. 腾落指数的计算公式

$$腾落指数 = 每日股票上涨家数 - 每日股票下跌家数 + 前一日腾落指数$$

3. 腾落指数的应用

（1）加权股价指数持续下降，并创新低点，腾落指数下降，也创新低点，短期内大势继续下跌可能性大；加权股价指数持续上升，并创新高点，腾落指数上升，也创新高值，短期内大势继续上扬可能性大。

（2）通常腾落指数下降三天，反映大势涨少跌多的情况持续，而股价指数却连续上涨三天，这种不正常现象常难以持久，并且最后向下回跌一段的可能性大。此种背离现象是卖出信号，表示大势随时回档。而通常腾落指数上升三天，反映大势涨多跌少的事实，而股价指数却相反地连续下跌三天，这种不正常现象也难以持久，并且最后向上回涨一段的可能性大。此种背离现象是买进信号，表示大势随时会反弹或扬升。

（3）腾落指数走势与指数走势多数有类似效果，一般可以用趋势线研判方式来预测支撑价位。

(4) 高档形成 M 头与低档形成 W 底,是卖出与买进的信号。

(5) 股市处于多头市场时,腾落指数呈现上升趋势,其间如果出现急速下跌现象,接着又立即扭转向上,创下新高点,则表示行情可能再创新高。股市处于空头市场时,腾落指数呈现下降趋势,其间如果突然出现上升现象,接着又回头,下跌突破原先所创低点,则表示另一段新的下跌趋势产生。

(二) 涨跌比率

1. 涨跌比率的含义

涨跌比率(Advance Decline Ratio,ADR)是根据股票的上涨家数和下跌家数的比值,推断股票市场多空双方力量的对比,进而判断证券市场的实际情况。

涨跌比率的图形以 1 为中心上下波动,波动幅度取决于参数的选择。参数选择得越小,涨跌比率波动的空间就越大,曲线的起伏就越剧烈;参数选择得越大,涨跌比率波动的幅度就越小,曲线上下起伏越平稳。

2. 涨跌比率的应用

(1) 10 日涨跌比率的常态分布通常在 0.5~1.5,涨跌比率超过 1.5 时,表示股价长期上涨,已脱离常态,超买现象产生,股价容易回跌,是卖出信号;反之,低于 0.5 时,股价容易反弹,是买进信号。

(2) 除了股价进入大多头市场或展开第二段上升行情的初期,涨跌比率有机会出现 2.0 以上绝对超买数字外,其余的次级上升行情在超过 1.5 时就应卖出。

(3) 多头市场的涨跌比率值,大多数时间维持在 0.6~1.3(若是上升速度不快,只是盘升走势时),超过 1.3 时应准备卖出,而低于 0.6 时,又可逢低买进。多头市场低于 0.5 的现象极少,是极佳的买点。

(4) 对大势而言,涨跌比率具有先行的警示作用,尤其是在短期反弹或回档方面,更能比图形领先出现征兆。10 日涨跌比率的功能在于显示股市买盘力量的强弱,进而推测短期行情是否可能出现反转。

(5) 若图形与涨跌比率成背离现象,则大势即将反转。

(6) 涨跌比率如果不断下降,低于 0.75,通常显示短线买进机会已经来临,在多头市场中几乎无例外。在空头市场初期,如果降至 0.75 以下,通常暗示中级反弹即将出现。而在空头市场末期,10 日涨跌比率降至 0.5 以下,则为买进时机。

(7) 涨跌比率下降至 0.65 之后,再回升至 1.40,但无法突破 1.40,则显示上涨的气势不足。涨跌比率向上冲过 1.40 时,暗示市场行情的上涨至少具有两波的力量。

(三) 超买超卖指标

1. 超买超卖指标的含义

超买超卖指标(Overbought – Oversold Index,OBOS)是利用在一段时期内股市涨跌家数的累积差关系,来测量大盘买卖气势的强弱及未来走向,以作为研判股市呈现超买或超卖区的参考指标。

2. 超买超卖指标计算公式

一般使用 10 日 OBOS,其计算公式为:

10日OBOS值 = 10日内股票上涨累计家数 – 10日内股票下跌累计家数

3. 超买超卖指标的应用法则

超买超卖指标的研判方法主要是将指数线与OBOS线相联系再判断。与均量线的判别方法一样，如果二线同升，便是好现象；二线同降，便是坏行情；指数线上升、OBOS下降，表明许多小盘股已走下坡路，小盘股的下跌预示着股市将转为弱势，是卖出信号。同理，指数若在下降，OBOS却在上升，表明中小盘股已有起色，股市即将反转。

（1）10日OBOS值通常在600~700，呈常态分布。

（2）10日OBOS值超过700，股市呈超买现象，是卖出时机。

（3）10日OBOS值低于600，股市呈超卖现象，是买入时机。

（4）当加权指数持续上升，而OBOS值却往下走，此种背离现象显示大多数的小型股已开始走下坡，因此，市场可能会转向弱势，尤其在高价圈形成的M头，是卖出时机。

（5）假如OBOS值持续向上，代表上升的股票远超下跌的股票，而加权指数线却往下滑落，这种背离现象显示市场可能即将反转上升，尤其在低价圈形成的W底，为买进时机。

（6）超买超卖指标所计算出来的分析资料，代表某一期间投资人的决定。大多数投资人决定买进后，大多数的股票才会上涨，此种情况显示OBOS值一直向上，此时可大胆买进。

【复习思考题】

1. 简述技术分析法的主要作用、假设条件及主要分析要素。
2. 简述道氏理论的主要内容。
3. 简述技术分析方法的分类。
4. 系统阐述K线图分析法。
5. 把握支撑与压力、缺口、反转形态与整理形态的主要内容。
6. 系统论述移动平均线分析法。
7. 阐述格兰比尔法则及其与移动平均线的组合。
8. 把握不同技术指标的应用特点。
9. 选定两个你感兴趣的行业，分析它们的证券市场表现与其经营业绩水平是否一致，并分析其原因。
10. 搜集整理不同行业的上市公司的财务数据，怎样从公司财务分析中发现有投资价值的公司？

【实训任务】

1. 掌握道氏理论要点，运用道氏理论分析研判我国股市运行情况。
2. 掌握波浪理论要点，运用波浪理论分析研判我国股市运行情况。
3. 识别典型的K线及K线组合图，分析大盘近期K线走势，并预测其未来走势。
4. 根据给定K线图画出趋势及轨道线，分析突破的真伪，提出操作策略建议。
5. 根据给定股票的K线图，研判、测算其未来股价运行的支撑位与压力位。
6. 运用黄金分割的方法，预测上海综合指数和深圳综合指数的主要支撑位与压力位。
7. 辨认给定K线图的形态（反转形态或持续形态），标出其主要部分，对其进行研判，据此提出相应操作策略。

8. 在给定K线图的主要技术指标走势中，找出买入和卖出的信号，对其进行研判，分析其可靠程度。

9. 研判近期大盘K线图的主要技术指标，提出相应的操作策略，说明理由。

第七章 证券投资策略分析

第一节 证券投资者的类型

根据证券投资者的投资目的或手段,可以将其划分为各种不同类型。

一、按投资目的

按投资目的不同可分为套利型、参股型和经营型。

所谓套利型,是以套取差价利润为目的的证券投资者;所谓参股型,是以参与股息和红利分配为目的的投资者;所谓经营型,是以参与股份公司经营活动为目的的投资者。

二、按投资者对风险的态度

按投资者对风险的态度不同,可分稳健型、激进型和温和型。

稳健型投资者也称保守型投资者。这类投资者对风险采取回避的态度,以安全为首要考虑因素,因此,他们在投资选择上首先考虑国家债券、金融债券、公司债券、优先股等固定收益证券以及股息较优厚的普通股。

激进型投资者也称风险型投资者。这类投资者愿意承担较大的风险,以期获得较多的利益,其投资对象通常是市场价格波动较大的普通股以及具有成长性的股票,而对收益固定的证券(如债券)则缺乏兴趣。

温和型投资者也称中庸型投资者。这类投资者对风险采取较为适中的态度,介于稳健型和激进型之间,一方面希望能获得稳定而丰厚的投资收益,另一方面又不忽略证券市场价格的波动,在参与市场交易时,往往采取中间位切入的策略。因此,他们在投资对象的选择上通常是普通股与债券并重,兼顾投资和投机两方面的因素。

三、按投资时间长短

按投资时间长短可分为长期投资者、中期投资者和短期投资者。

长期投资者主要是指公司董事及长期持股的大股东；中期投资者主要是指参与投资的中、大户投资者；短期投资者则指以赚取差价利润为目的的短线投资者。证券投资的期限长短是相对而言的，也很难有一个绝对的标准，一般来说，几天或几个月为短期，一年以下者为中期，一年以上者为长期。

四、按投资的行为特征

按投资的行为特征可分为投资者、投机者和赌博者三种类型。

投资者是指购买证券后，准备在较长时间内持有，以获得投资增值及股利或利息收入，并具有参与投资对象经营的愿望。从事投资行为的投资者，由于其目的在于资本所得和稳定的投资收益，一般会选择质量较高的证券进行投资。所谓质量较高的证券，是指那些经济实力雄厚、经营管理好的上市公司发行的股票（如股市中的"蓝筹股"）以及收益丰厚的债券等。

投机者是指在证券市场上频繁地进行证券的买进和卖出，利用有利时机，从短期的证券价格中套取差价利润的证券买卖者。投机者在买卖证券时，通常不注重对上市公司的经济实力和经营者等方面的分析，不注重企业定期的稳定的收入，而只关注证券价格的波动可能带来的利益。必须指出，投机并不同于欺诈，在证券交易中，欺诈通常被认为是非法的。

赌博者是以运气、机遇为基础，凭借侥幸的心理来买卖证券。他们将证券买卖看成赌博的机会，往往在毫无信息资料分析的情况下，或者仅凭点滴的内幕消息便做出买卖的大胆决策，或者将所有的资金孤注一掷，进行买空、卖空，试图从中渔利；或者利用手中的资金，哄抬价格，操纵市场，以期牟取暴利；或者大胆地进行证券投机，贪得无厌，期望一夜之间成为富翁。

以上三种类型有时很难区分开，因为投资者有时也有投机行为，在时机较准时，也会买卖证券以期获得差价收益；而投机者购买证券本身就是一种投资行为，只是他们为买而卖或为卖而买，超出了正常的投资行为；赌博者的行为本身就是一种投机，只不过超出了正常的投机范围。

第二节 证券投资者的群体心理效应

一、证券投资者群体心理内涵

群体心理是指群体成员在群体的活动中共有的、有别于其他群体的价值、态度和行为方式的总和。群体心理是一种十分复杂的心理现象。

首先，群体心理是群体成员共有的价值、态度和行为方式的总和。这里，共有的心理反应是群体活动的心理基础，共有的行为方式是共有心理的外在表现。在由形形色色的投资人构成的股民群体中，人性的两极——恐惧与贪婪正是该群体所共有的心理基础，而由此引发的追涨杀跌行为就是这种心理的外在表现。但是由个体组成的群体有着个体所没有的特征，群体心理不是个体心理的简单算术之和。

其次，群体心理是群体成员在群体活动中形成的。他们在活动中相互联系、互相制约，最后形成他们共有的心理。我们所说的投资大众心理只能来源于大众的交易活动，只有通过投资人的买卖行为才能体现出来，对于那些没有实际参与买卖股票的人来说，他们是无论如何也不会有当事者那种群体性的心理反应的。

二、证券投资者群体心理效应

1. 预期心理

在古典股市理论中，心理预期被认为是股价运动大动力，它的理论基础是空中楼阁理论，其倡导者是现代经济学宗师凯恩斯。根据凯恩斯的观点，股票价格并不是由其内在价值决定的，而是由投资者心理预期决定的，故此理论被称为空中楼阁理论，以示其虚幻性。

心理预期具有不稳定性，它会受到乐观和悲观情绪的影响而聚变，从而引起股票价格的剧烈波动。当心理预期受到过分乐观情绪支配时，投资者大量抢购股票，股票求大于供，从而引发价格大幅飙升，在股市炒起一座座没有内在价值支撑的"空中楼阁"。

2. 从众效应

从众效应是群体心理中极为常见的一种心理效应，它是指居于群体中的个人往往会受到群体的影响和压力，从而表现出在知觉、判断及行为上与群体多数人一致的现象。

纵观世界股市历史，引发几次大的暴跌行情的原因虽然是多方面的，但投资大众在极度恐慌心理状态下出现一致性的抛售行为不能不说是一个重要原因，譬如，1929年10月28日，席卷纽约、伦敦、巴黎、法兰克福等世界几大金融中心的股市大暴跌；1987年10月19日，美国纽约股市的大暴跌。

3. 博傻心理

社会心理学中所说的博傻现象是一种大众激奋方式，一种令人亢奋不已的大众投入状态，也是一种几近狂热而无量性的状态，每个人购进股票都不必考虑该股票价格是否高过其价值，而只关心有没有比他更傻的傻瓜愿意以更高的价格买进。

历史上著名的17世纪荷兰郁金香狂潮，即是博傻现象的经典范例。由于证券市场所特有的投机性，也由于置身于其中的投资大众为追逐暴利而常常丧失理性，证券市场的历史发展中可以找到许多博傻现象典型事例。

4. 暗示、流言及其作用

暗示是社会影响的主要方式之一，它是指人或环境以含蓄间接的方式向他人发出某种信息，以此对他人的心理和行为产生影响。这种影响具体表现为使人不知不觉之中接受某种意见、观点，从而表现出相应的心理和行为。证券市场中出现的暗示现象，主要是一种社会暗示，它是在特定的社会环境中，通过人们之间的相互影响实现的。有时候，投资者之间不经意说过的一句话，也有可能对他人产生强烈的暗示作用。

流言对股市的波动和影响，主要是表现为两种情况，即所谓利多传言与利空传言。由于股市中信息传递具有不对称性的特点，人们获取信息的途径千差万别。某些机构主力为了行情，有时候也会故意制造一些流言，以达到操纵股市的目的。在股市层出不穷的投机风潮中，流言所扮演的作用是不容忽视的。在同一时刻，传入人们耳中的流言常常真假莫辨、亦幻亦真，除了极少数了解真相的"内幕人"之外，一般的中小投资人往往会无所适从。因此实际情况常常是，一旦利好传言得到证实，离下跌也就不远了；而一旦利空传言被大众所了解，也就孕育了上涨的机会。这就是所谓的"利好出尽等于利空，利空出尽等于利好"。

5. 感染效应

心理学上所说的感染效应是指个人情绪反应受到他人或群体影响，个体对他人或群体的某种心理状态不知不觉地遵从。感染效应在证券市场中的作用表现出以下几个特征。

（1）这种群体效应的实现并不是一定要使受感染者接受某种信息或行为模式，而是通过传播为主的情绪状态来实现的。行情看好时置身于其中的投资者也会有一种片乐观情绪，甚至一些原来并不怎么看好的投资人，在看到大家都一致看涨之时，也会改变自己的观点，而投入多方行列。尽管投资立场的转变通常也与个人的人格特征有关，但市场中的情绪感染作用不容忽视。

（2）证券市场中的情绪感染效应源于投资大众心理。在股市中，一个投资人受其他人的乐观情绪影响加入看多的行列，购进股票，而这个行为又会进一步增加市场中其他人的多头气氛，也纷纷买进股票，由此，产生相互感染、相互刺激并相互强化反应，以致多头阵营愈加强大，直至演变出一段上升行情。不过，随着证券市场的发展，投资人日趋成熟，其心理素质、风险意识逐步增强，相应地，抵御群体影响的能力也会提高，因而，对于吸引他们的某些心境或行为的钳制性也就越大，感染效应的作用就会减弱。

（3）感染效应的作用使投资大众在心理上产生一种共同感受，基于心理上的共同感受又进而诱发广泛的群众性模仿行为。对此，现代大众传媒扮演着重要作用。由于证券市场是一个对信息极度敏感的地方，有关信息通过现代传媒的渲染，传播既迅速广泛，又易于对投资大众发生影响。因此，感染效应对投资人的影响并不局限于某个地方或某个证券网点，而是对整个投资群体发挥着作用。

6. 处置效应

处置效应是一种比较典型的投资者认知偏差，表现为投资者对盈利的证券偏向于卖出以兑现收益，而对亏损的证券则倾向于继续持有以避免出现实际损失的现象。处置效应反映了投资者回避现实损失的倾向，总体上来讲，这种倾向至少是不合适的。因为在很多情况下，处置效应主要是受到投资者心理因素的影响，这会削弱投资者对投资风险和股票未来收益状况的客观判断，非理性地长期持有一些失去基本面支持的股票，使投资者盈少亏多。正因如此，不少流行的投资策略建议投资者使用止损指令来控制损失的程度，但是在实践中，投资者真正能自制和采纳这类建议的并不多。

7. 羊群效应

证券市场的羊群行为是指投资者在交易过程中存在学习与模仿现象，从而导致他们在某段时期内买卖相同的证券。在证券市场上，由于信息不对称，个体无法从有限的证券价格信息中做出合理的决定，从众就是其理性行为，虽然这种理性含有不得已的意味。所以我们可以认为，证券市场的羊群行为经常是以个体的理性开始的，通过其放大效应和传染效应，跟风者们渐渐表现出非理性的倾向，进而达到整体的非理性。我国股票市场个体投资者的羊群效应具有以下特征。

（1）在不同市场态势下，投资者都表现出显著的羊群效应，也就是无论投资者是风险偏好还是风险厌恶，都表现出显著的羊群效应。

（2）股票收益率是影响投资者羊群行为的重要因素。交易当天股票上涨时，投资者表现出更强的羊群行为。投资者买方羊群行为在交易当天股票下跌时大于上涨时，而卖方羊群行为则相反。总体上，卖方羊群行为大于买方羊群行为。

（3）股票规模是影响投资者羊群行为的另一个重要因素。随着股票流通股本规模的减小，投资者羊群行为逐步增强，这与国外学者的研究具有相同的结论。

第三节　证券投资者的个性心理弱点

一、恐惧心理

恐惧是一种复杂的心理情绪，有多种表现形式，如担忧、害怕、惊慌、恐慌等。当一个人处于恐惧之中时，常常混合着其他一些否定性的情绪，如愤恨、敌意、愤怒、报复心等，因而会形成极大的破坏力。股市中会有各种担心和畏惧的情况，就恐惧的形式而言，大致有以下几种形式。

1. 害怕亏本

投资者进入股市是为了盈利，所以，许多人特别怕亏。但股市是一个高风险高收益的市场，进入市场之前就应该有思想准备，从容应对得与失。在入市前一定要谨慎抉择，选择一种适合自己并且经济上能够承受的投资模式。

2. 害怕被套

在股市投资，总有被套的时候。被套之后最要紧的就是把心态调整好，被套既然已成事实，就不能害怕。只要保持良好心态，就能沉着应战，最终还能抓住机会扭转局面。但如果心态不稳，盲目地追涨杀跌，只会错上加错，使潜在的损失变成现实的损失，使小损失变成大损失。

3. 怕赢

在股市里，怕赢的人是很常见的。在一轮大行情中股市一涨不回头，许多股票的价格一涨再涨，但有相当多的投资者往往是刚一开始涨就将手中的股票抛出去，股价涨了一两倍而自己却只赚了20%，这就是怕赢的表现。因此，在股市大行情来临之时，要敢于入市，并且敢于持股。

4. 害怕踏空

这种现象常常发生在股票价格大幅上扬之后，如果伴随着大规模的剧烈波动而没有采取投资行为，那么，就会有错失机会的感觉，以致这种踏空的恐惧是如此强烈，常常使投资者不顾一切地投入市场。

5. 其他

恐惧还有其他一些表现形式，例如，对国家安全危机的恐惧、对消息的担忧、以及对过去失败记录的记忆等。

恐惧往往可以相互传染，从而会引起更多的恐惧。当周围的人纷纷对某个利空消息做出卖出反应时，更多的投资者可能会相信消息的可靠性，结果，我们将难以摆脱大众的恐慌情绪和看法，也不自觉地加入抛售的行列。

二、贪婪心理

贪婪是由过分自信和试图在短时期内获取大利的欲望构成的混合物。贪婪在投资市场主要表现为，在多头市场总想以更低的价格买入，而在空头市场总想以更高的价格卖出，结果往往坐失良机。具体说来，在股市中，人的贪婪心理有许多不同的表现，主要是以下几种。

1. 见好不收

股价不会毫无止境地上涨，而有些投资者总是不愿意相信稳步上升的股市会转而回落，总认为今天的趋势就是明天的事实。但价值规律总是要发挥作用的，因此必须合理控制自己的欲望。

2. 羡慕和嫉妒

有这种心理的人总是会接"最后一棒"。股市刚开始的时候，他们总是在观望，迟迟不肯入市，等到当年大胆入市的人现已获利颇丰，顿时又是羡慕，又是嫉妒，后悔当初没有跟着入市，于是凭一时的头脑发热，也不仔细研究一下股市的行情和大势便贸然入市，但一买股票就被深度套牢，从而陷入自己所挖的心理陷阱。

3. 一味贪低

有些投资者入市之前掌握了一些股票知识，也分析过我国股市当时的状况，认识到股票的价格确实已高过合理价格。但在人气煽动下，又忍不住要入市，就一心想买便宜货，总爱选择那些价格平平或变化幅度很小的股票，不敢也不愿买那些业绩优良、持续上升的优质股，从而使自己在股票投资上走到另一个极端。因此，选股时不能一味贪低。

4. 斤斤计较

投资者在买进股票时，有时会贪图一两个价位的便宜而使想买进的股票买不进，想卖出的股票又出不了手，失掉宝贵的机会。要避免这种情况出现，投资者在买进或卖出时，就必须认真分析行情走势，弄清自己的立场。如果坚决看多，完全可以在填单时多报几分，或者以当前的卖出价买进；如果坚决看空，就完全可以在填单时少报几分，或者以当前的买入价卖出。这样一般能保证成交，不会因不能成交而错过行情。

恐惧和贪婪可以说是潜伏在每一个投资人内心深处的两个心理陷阱，在进行证券投资时，一不小心就有可能坠入其中。而一旦投资人受到恐惧与贪婪的影响，客观性就无从谈起，他们也更容易遭受出乎意料的行情的冲击，并对此做出情绪化的反应。

三、过度交易的市场化行为

过度交易的市场化行为是指投资者整天泡在市场，时刻关注价格变化的行为。这种市场化行为，会使投资人相信他正运用判断，而其实只是一种猜测：投资人以为他是进行投机，其实他是在赌博。

过度交易会损害投资人的洞察力。如果投资人不断在市场中搏击、频繁进出，结果会使投资人的操作界限变得非常短，养成"跑短线"的习惯。这样一来，投资人将难以确认一个主要趋势的运动方向，往往是在经历一连串损失之后，才会明白主要的趋势已经发生了变化。其实，道氏理论早就指出，日常的价格波动是难以预测的。价格的反复无常只会使投资人产生一种心理沉醉感，不知不觉之间受到价格瞬间波动的影响，以致对市场情形和价值的看法产生歪曲。这就像照相，镜头对得太近了，反而使物体看起来变形。

四、定式心理

在心理学上，定式心理是指人们由于过去的经验作用，而在心理和行为上出现固定的倾向。在证券投资心理上,常常表现为投资人对某一类股票格外钟情,对某种操作十分偏好,即使情形发生了变化,他们仍然会利用原先的一套做法。

要克服自己不良的定式心理,必须不断进行自我反省。通常在回顾过去的交易情况时会发现导致失败的原因十分清晰,但当时却感到茫然。在这种反省中,也许失败的教训更值得汲取。虽然人们的本性似乎是更趋向于记住愉快的事情而忘记痛苦的经历。即使我们进行了一次成功的投资,但也还是需要不断地加以改进,因为在经历成功之后,投资人会有放松和降低警觉性的倾向,毕竟他们刚刚从市场获得最好的经验。

五、偏见

偏见就是一种固执的看法,它可能是缘于投资者过分的自信。其心理陷阱的表现形式有如下几个方面。

1. 过度自信

过度自信是一种过于相信自己的判断力、过高估计事件发生概率的行为。一般有两种表现形式:一是过于信任自己的能力和判断力,高估自己对事情的预测或把握;二是当事件发生后,倾向于将有利的方面归于自己的能力,而将不利的方面归于运气、环境、他人等。心理学研究表明,个体的过度自信倾向与事件类型密切相关。对于可以快速得到结论的事件,如彩票、天气预报、赌博等,人们不容易产生过度自信;而对于一些反馈很慢的事件,如疾病诊断、投资决策等,人们更容易产生过度自信。

过度自信对于股票投资者而言无疑是有害的,因为过度自信会直接导致投资者低估市场风险、频繁操作,从而导致其在进行股票市场投资时无法做到对行情进行客观冷静的分析,常常导致盲目投资行为的发生。

2. 过度反应

过度反应是指某一重大事件引起股票价格产生剧烈变动,超过预期的理论水平,超涨或者超跌,然后再以反向修正的形式回归至其应有价位上的一种现象。投资者在未出现需要采取某种行动的情况时,由于主观对信息的判断失误,采取了超过正常反应程度的投资行动,从而出现投资失误。投资者之所以存在过度反应,是因为对事件的影响和评价过度敏感,造成对价格趋势的过于乐观或过于悲观的预期。经过一段时间后,投资者再修正对事件的评价,合理调整股票的预期价格。

3. 反应不足

反应不足是由于对某一事件或者信息的不敏感而产生的,表明投资者对新信息的敏锐度和分析能力较弱。相关实证研究表明,在上涨时期,证券市场往往对利多反应过度,对利空反应不足;在下跌时期,市场往往对利多反应不足,对利空反应过度。投资者往往对模糊的、突出的、吸引眼球的信息(如突发事件、谣言等)反应较强,一般表现为过度反应;而对具体的、经常性的信息(比如会计信息)则反应不足。市场总体是反应过度还是反应不足,取决于产生心理偏差和行为偏差的投资者与理性投资者之间的博弈。

偏见在每个人身上都有不同程度的存在,要克服这个投资障碍,首先要对此有正确的认识。特别是应该对自己那些引致失败的交易活动认真地加以评价,仔细分析当时的心理状态、思想情绪等。第二步就是建立某些可以称为安全阀门的措施,以减少再次掉进同样陷阱的机会。在进行投资或交易时,我们应该问问自己,在正常情况下可能发生的最糟糕事情是什么。换句话说,在潜在的利润之前先考虑风险。这个过程可达到两个目的:第一,说明风险与利润的关系;第二,有助于投资人事先有所戒备,想到自己可能犯的错误。

六、焦躁与慌乱

焦躁与慌乱是股市中另外一组常见的心理表现。所谓焦躁就是着急和烦躁,不沉稳,总是急于求成。之所以出现这种现象,与急于致富的心态有很大的关系,在投资中,其表现就是投资者心态浮躁,不能考虑中长期的投资效果。而事实上,在股市中真正能赚到钱并享受投资成功乐趣的人,往往是那些能够认真地研判大势、在最合适的时机才入市、到最合适的时候才离场的人。

与焦躁相连的另一个心理表现就是慌乱。所谓慌乱就是对自己的行为缺乏控制能力,慌张而忙乱。在股市中出现这种心态的人,大多是散户,这些人在股市上往往稍有风吹草动,就会惊慌失措,在上升行情中,刚获利就马上抛出,而在下跌行情中更是见跌就逃,不认真考虑和评估自己行为的合理性。

其实,股市中的股价涨跌是很正常的,利多利空消息也随时可见,其中绝大多数是机构有意营造的。特别在股价急跌过程中,机构利用信息不对称的原理用股评人士的"黑嘴"制造种种谣言,助长市场的恐慌情绪,使有些散户丧失持股信心,抛出手中股票,结果是正中机构大户的下怀,趁机收集廉价的筹码;相反,在股市前景看好、股价节节攀升的过程中,机构又会频频出动,大量散布利好消息,营造市场的乐观气氛,以利于他们出货,而不知内情的散户却陶醉于浮动盈利的增长,完全忘记了风险,面对已高起的股价仍然奋不顾身地追高,盲目博傻,结果一旦行情发生转变,这些散户就会损失惨重。

七、盲从与随意

所谓盲从就是缺乏主见,不问是非地附和别人。在股市中主要表现为跟风,别人怎么做自己就怎么跟着。对新入市的投资者来说,由于缺乏系统的经济学知识,也看不懂技术指标,只能看股评、听咨询、参考股评人士的研究成果,这是必要的,但他们的意见或建议仅能作为参考,不能偏听偏信,更不能盲从,因为股市里没有放之四海而皆准的经验。何况有时有些专家向市场提供一些极其秘密的资讯情报是有一定的目的和背景的,他的企图可能是为了让投资者受其迷惑,陷入一个精心编织的陷阱。

随意是指投资者在做投资决策时,有很大的随意性,总是凭自己一时的情绪决定买进或卖出,做完交易后,连自己也不明白当时为什么买、为什么卖。这与他们把投资行为看得过于简单,以及不深入思考、没有广泛收集资料、不理性地决定自己投资行为的习惯有很大的关系。而这种随意的行为实际上是对自己的不负责。所以说在投资者打算买入某种股票时,一定要慎重,要认真地收集资料,反复地比较分析,觉得有足够的把握时,才能下决定。如果没有足够说服自己的理由,还是不要轻举妄动为好。

八、赌博与偏执

具有赌博心理的投资者,大多如赌场的赌徒般将自己的希望完全寄托于"碰运气",在投资行为上往往孤注一掷,走向极端。当股市获利后,多半会被胜利冲昏头脑,继而频频加注，直至蚀本为止；而当股市失利后，往往不惜背水一战，把全部资金都投入股市，以期把损失扳回来。这种非理智的意气用事投资行为，多数是倾家荡产的结局。

初始入市的投资者，因对证券市场的全面认识了解少，更缺乏证券投资的操作经验，往往容易形成对证券投资的片面理解，产生偏颇心理，要么只愿赚不敢赔，要么失去信心，认定只赔不赚了。实际上，证券市场价格随着时间等条件的变化而发生不同幅度的升降，是很正常的事，由于证券价格变动而导致一部分人赚钱、另一部分人赔钱是很自然的事。即使投资经验丰富、投资技巧娴熟的投资者，有时也会不可避免地蒙受损失，不可能永远只赚不赔；对于初始投资者，即使投资受损，但在正常的证券价格波动中，也存在着扭亏为盈、反败为胜的机会。因此，投资者应当树立理性的投资心理，既要有投资获利的信心，也要有必要的风险意识，培养必要的风险承受能力。这样，才能在获利时，不会只想赚而不敢赔；在受损时，不会只有沮丧而不能树立重新振作获利的信心。

第四节 证券投资的策略

一、证券投资原则

为了进行有效的证券投资，将投资风险降到最低限度，投资者一般应当遵循以下原则。

（一）效益与风险最佳组合原则

在进行证券投资时，如何妥善地处理收益与风险的矛盾至关重要。一般来说，解决这一矛盾的方法有两个：一是在风险已定的条件下，尽可能地使投资收益最大；二是在收益已定的条件下，力争使风险降到最低限度。这是证券投资的一条最基本原则，它要求投资者首先必须明确自己的目标，恰当地把握自己的投资能力，从而不断培养自己驾驭风险的能力，从心理上确立自己的出发点和应付各种情况的基本素质。

（二）量力投资原则

作为个人投资者，量力投资原则显得十分重要。量力投资包括两层含义。

（1）就广大个人投资者而言，能够从事证券投资的资金只能是家庭或个人全部货币收入中扣除必要消费的剩余部分。因为只有利用剩余资金，投资者才能采取宽松的投资行为，这是证券投资成功的必不可少的条件。

（2）证券资产是一种风险性资产，投资者在做投资决策前必须衡量自己承担风险的能力，绝对不能只想到理想的一面，而应对损失的可能性进行充分的估计和必要的准备；否则一旦损失过度，就不堪承受。

（三）理智投资原则

理智投资是指在对证券客观认识的基础上，经分析比较后采取行动，投资具有客观性、周密性和可控性等特点。理智投资强调独立思考，自主判断，稳妥决策，但这并非优柔寡断；相反，当投资者对行情进行客观的分析和科学的预测后，就应抓住适当时机，选择恰当的证券，果断地做出投资决策，并据以采取行动。这样，投资才可能获得成功。

（四）分散投资原则

分散投资原则也称投资组合原则，是依据不同证券的获利与风险程度，加之适当的选择，并按不同的比例，合理搭配投资于若干种不同风险程度的证券，建立理想的资产组合，从而将投资风险降到最低的方法。

分散投资一般包括两方面的内容。

1. 投资于多种证券

如果对多种股票或几家公司同时投资，即使其中一种或数种股票得不到股利分派，如果其他公司的收益较好，也还是可以得到一定程度的补偿，而不至于亏损。

2. 进行合理的投资组合

进行多种证券投资时，应注意投资方向，进行合理的投资组合。

证券投资的合理组合可以分为证券品种合理组合，不同企业以及不同时间、地点的分散组合等。

（1）证券品种合理组合。通常将证券投资分为进攻性投资与防御性投资两部分。在证券投资中，有种理论叫作最佳证券投资理论，就是指选择一组满足一系列假定条件的投资组合，这种投资组合能够在既定风险条件下实现最大的利润，其原则就是将收益既定的证券进行组合，使其风险降到最低限度。能够实现这种组合，就是最佳证券组合。

（2）不同企业以及不同时间、地点的分散组合。这里包括以下四个方面。第一，企业种类的分散。不宜集中购买同一行业企业的股票和债券，以免遇上行业性不景气，投资者无法逃脱重大损失。第二，企业单位的分散。不宜把全部资金集中购买某一个企业的证券，即使该企业业绩很好。第三，投资时间上的分散。投资股票前应先了解派息时间，可按派息时间岔开选择投资。按照惯例，派息前股价会升高。第四，投资区域分散。企业不可避免会受地区市场、法律、政策乃至自然条件等诸方面因素的影响，分区域投资，同样可收到分散风险之效。

（3）按风险等级和获利大小的组合投资。虽说投资风险变幻莫测，但现代证券理论越来越倾向于对风险进行定量分析，即在可能的条件下将证券风险计算出来。例如，计算本利比，便可推算不同证券不同的风险等级。本利比越低，风险等级越低，投资风险越小；本利比越大，风险等级越高，投资风险越大。另外，报酬率（收益率）也可以测算，投资债券可以很容易按公式计算出年收益率，投资股票也可以根据公司的财务报表及股价变动记录，预测每年的报酬率。最理想的组合形式，就是投资者在测定自己希望得到的投资报酬和所能承担的投资风险之间选择一个最佳组合。

（4）长、中、短线的比例组合投资。长线投资是指买进证券以后不立即转售，准备长期持有，以便享受优厚的股东收益，持有时间起码在半年以上，主要对象是目前财务良好又有发展前景的公司证券；中线投资是指将数月内暂时不用的资金投放出去，投资对象是估计几个月内即能提供良好盈利的证券；短线投资指那些价格起伏甚大，几天内可能大涨大落的证券。投资者应将资金分成三部分，分别用于长线投资、中线投资和短线投资。

二、选股的基本策略

如何正确地选择股票？100多年来人们创造出各种方法，多得使人感觉目不暇接，但是不论有多少变化，可以归纳为以下几种基本的投资策略。

1. 价值发现

价值发现是华尔街最传统的投资方法，近几年来也被我国投资者认同。价值发现方法的基本思路，是运用市盈率、市净率等基本指标来发现价值被低估的个股。该方法由于要求分析人具有相当的专业知识，对于非专业投资者具有一定的困难。该方法的理论基础是价格总会向价值回归。

2. 选择高成长股

该方法近年来在国内外越来越流行。它关注公司未来利润的高增长，而市盈率等传统价值判断标准则显得不那么重要了。采用这一价值取向选股，人们最倾心的是高科技股。

3. 基本面选股

基本面选股分析方法，就是通过对投资公司的基本情况，包括公司的经营情况、管理情况、财务状况及未来发展前景等进行分析，来确定公司股票的合理价格，进而通过比较市场价位与合理定价的差别来确定是否购买该公司股票。

4. 技术分析选股

技术分析是以技术分析方法进行选股，通常一般不必过多关注公司的经营、财务状况等基本面情况，而是运用技术分析理论或技术分析指标，通过对图表的分析来进行选股。该方法的基础是股票的价格波动性，即不管股票的价值是多少，股价总是存在周期性的波动，技术分析选股就是从中寻找超跌个股，捕捉获利机会。

5. 立足于大盘指数的投资组合（指数基金）

随着股票家数的增加，许多人发现，也许可以准确判断大势，但是要选对股票就太困难了，要想获取超过平均的收益也越来越困难，往往花费大量的人力物力，取得的效果也就和大盘差不多，甚至更差。与其这样，不如不做任何分析，而是完全参照指数的构成做一个投资组合，至少可以取得和大盘同步的投资收益。如果有一个与大盘一致的指数基金，投资者就不需要选股，只需在看好股市的时候买入该基金，在看空股市的时候卖出。

三、买卖时机

（一）买入前应先思考的问题

进行一项投资决策，通常应涉及如下这方面的考虑：对市场与个股走势的认识，对自己操作优缺点的认识，掌握必要的交易策略。因此作者认为，在决定买入前，应思考以下几个问题。

1. 大市

大市的运动方向是否向上？现有的价位是否已经是"高处不胜寒"或者正处于底部？是否有变盘的可能？

2. 个股

个股的基本情况、报表数据是否可信？技术上有无较大的上升空间或上升动力？各项技术分析指标是否开始修好，有无骗钱的可能？筑底形态是否比较清晰，有无温和放量？

3. 股价

股价是否位于底部或是高位回档？介入的时机或价位是否恰当？

4. 风险

对介入的炒作风险要有一定的认识。炒股要对介入的风险与收益有大致的估计：跌会跌到哪里，涨会涨多高；什么情形下要果断斩仓，什么情形下要追加买进，都要自己做出判断，绝不是简单地听别人的推荐就能了事的。

5. 持仓

持仓应该多重？有些投资者常听了小道消息或别人推荐后，不加分析地各买一点。结果手中的持股达十几个品种，广种薄收，顾此失彼，甚至连交易代码都记不清，根本谈不上盈利了。

6. 时机

何时何价卖出？这是最关键也是投资中最难把握的。通常公开媒体与股评分析中，只是推荐某股票可以买进，但买进后是中线持有还是短线搏反弹、什么时候卖出却很少讲。单就这一点而言，股票投资就绝对是一门靠自己独立分析判断的事，别人不会也不可能为你解决投资理财中的所有问题，除非你是委托别人代理操作。

因此，股评的推荐只是缩小了选股的范围，真正要成功投资，自己的独立思考必不可少。当然，我们可以借助一些成熟的理论与分析工具，这些是前人宝贵的投资经验总结。

（二）恰当的买卖时机

在炒股的量、价、时、空这几个重要因素中，恰当的买卖时机最重要，因为好的开始是成功的一半，介入时间选得好，就算选的股票差一些，也会有赚；但介入时机不当，即使选对股票也会被套。下面列出几点以供参考。

1. 久跌后价稳量缩

在空头市场，传媒都非常看坏后市，市场上也"阴量"杀跌；但一旦价格企稳，量也缩小时，可买入。

2. 底部量增，价放长红

盘久必动，主力吸足筹后，配合市势稍加拉抬，投资者即会加入追涨行列。放量突破后即是一段飙涨期，所以第一条长阳线处宜大胆买进，可大有收获。

3. 下跌 30% 是买进机会

在多头走势中，大幅下跌 30% 时，若基本面、技术面未明显转坏，可买入。在此位置很容易出现技术性反弹。

4. 五日 RSI 在 10 以下，BIAS 线向下偏离 0 太远时，可考虑买入

当大跌行情中，RSI 小于 10，而乖离率 BIAS 线远偏离 0 线时，风险已有限，杀跌动力已尽，可在此处待指标勾头向上、开始放量时介入，以求获利。

5. 股价跌至支撑线未穿破又回升时为买入时机

当股价跌至支撑线（平均通道线、切线、甘氏线、下轨线、重要成交密集区等）止跌回稳，可称有效支撑；若在此企稳回升，日后上升的幅度可观。

6. 底部明显突破时为买入时机

在低价区头肩底形态右肩完成后，股价突破颈线处，为买点，W 底、三重底也一样。但当价格连续推升后在相对高位时，即使有 W 底或头肩底形态，也要小心为妙；弧底形成 10% 的突破时，可大胆介入。

7. 低价区小十字星连续出现

底部连续有十字星表示股价已止跌回稳，有主动性买盘介入；若有较长的下阴线，说明中、短期底部可确认，多头居有利地位，是买入的好时机。

四、常见的几种证券买卖方法

（一）顺势投资法

对于小额股票投资者来说，由于投资能力有限，无法控制股市行情，只能跟随股价走势，采取顺势投资法。当整个股市大势向上时，宜做多头交易或买进股票持有；而当股市不振或股市大势向下时，则宜卖出手中持有的股票，以持现待机而动。

顺势投资法只有在判明涨跌形成中期趋势或长期趋势时才可实施，而在只有短期趋势时，则不宜冒险跟进。有些时候，顺势投资也不遂人意，例如，股价走势虽已明确为涨势，但已到涨势顶峰，此时若顺势买进，则可能因迅速的股市逆转而受损；当股价走势肯定为跌势，但也到了回升边缘，若这时顺势卖出，则同样可能因此而受损。因此，采用顺势投资法常常可能因看错趋势或落后于趋势而遭受损失。故此，采用这种方法有两个基本前提：一是善于判断股市涨跌趋势；二是对于这些趋势及早确认，并及时采取行动。这就需要投资者随时观察股市变化的征兆。

（二）摊平投资法

投资者在买进股票后，如遇股市行情急剧下跌，便会在价格上遭受亏损，但在卖出了结之前，还没有完全失败，只要经济发展前景仍有希望，耐心地持股等待，总会有扳回成本的时候，甚至还有可能扭亏为盈。如果投资者希望早日收回成本或赚取利润，就可运用摊平投资法。

摊平投资法就是指在投资者买进股票后，由于股价下跌，手中持股形成亏损状态，当股价再跌一段以后，投资者再低价加码买进一些以冲低成本的投资方法。摊平投资法主要有两种方式。

1. 逐次等数买进摊平法

当第一次买进股票后便被分档套牢，等股价下跌至一定程度后，分次买进与第一次数额相等的股票。使用这种方法，在第一次投资时，必须严格控制，只能投入全部资金的一部分，以便留存剩余资金作以后的等数摊平之用。如果投资者准备分三次来购买摊平，则第一次买入1/3，第二次和第三次再各买进1/3。采用这种方法，可能遇到的股市行情变化及获利机会有以下几种情况。

（1）第一次买进后行情下跌，第二次买进同等数量的股票后，行情仍下跌，就再作同等数量的股票第三次买进。其后，如果行情回到第一次买进的价位，即可获利。

（2）第一、第二、第三次买进之后，行情继续下跌，不过行情不可能永远只跌不涨，只要行情有机会回到第二次买入的价位，就可保本，略超过第二次买进价位便可获利。

2. 倍数买进摊平法

这一方式是在第一次买进后，如果行情下跌，则第二次再买进第一次倍数的股票，以便摊平。倍数买进摊平可以做两次或三次，分别称为两次加倍买进摊平和三次加倍买进摊平。

两次加倍买进摊平,即投资者把资金做好安排,在第一次买进后,如遇股价下跌,则用第一次倍数的资金进行第二次买进,即第一次买进1/3,第二次买进2/3。例如,某投资者开始以每股20元的价格买进1 000股,现价格跌落到每股14元,投资者决定在此价位买进2 000股,这时平均成本降为每股16元。等股价回升超过每股16元时,即可获利。三次加倍买进摊平的操作方法是指在第一次买进后,遇股价下跌,第二次买进第一次倍数的股票,第三次再买进第二次倍数的股票,即三次买入股票金额的分布是第一次1/7,第二次2/7,第三次4/7。采用三次加倍买进摊平法,如果在第二次买进时就回升,则只要从第二次买进的价格回升1/3即可全部保本;如果行情到第三次买进后回升,则回升到第三次买进价格时,即可获利。

(三) 拔档子投资法

拔档子投资法是多头降低成本、保持实力的操作方式之一。所谓拔档子就是投资者卖出自己持有的股票,等股票价位下降后再补回来。投资者拔档子并非对股市看跌,也不是真正有意获利了结,只是希望在价位趋高时,先行卖出,以便先赚回一部分差价。通常拔档子卖出与买回之间不会相隔太久,最短时只有一两天,最长也不过一两个月。

具体拔档子投资有两种方法:一是行情上涨一段后卖出,回降后补进,称为"挺升行进间拔档"。这是多头在推动股市行情上涨时,见价位已上涨不少,或者遇到沉重的压力区,就自行卖出,使股价略为回涨来化解上升阻力,以便于行情再度上升。二是行情下跌时,在价位仍较高时卖出,等下跌后再买回,称为"滑降间拔档子"。这是套牢的多头或多头自知实力弱于空头,在股价尚未跌底之前先行卖出,等股价跌落后再买回反攻。

(四) 金字塔投资法

金字塔投资法是证券投资,尤其是股票买卖中最常用的一种方法。其包含买和卖两方面的金字塔。

1. 金字塔式买股票

金字塔式买股票又分为股价上升时和股价下跌时的购买。

(1) 在股价上升时,采用愈买愈少的方法,即在行情刚刚发动的初始阶段大量买入股票,随着股价上扬,再逐渐递减地买入股票,价格愈高,买入的愈少,直到将资金用完。这便形成一个正金字塔式的购买。这种购买的优点在于:随着股价上升,不断投入资金,可以增加盈利机会;同时,万一判断失误,股价下跌,由于投资者在高价建仓较少,可以减少由此带来的损失。但金字塔式的购买方式没有在低位一次全部投入资金的这种办法获利丰厚。

(2) 在股价下跌时,采用愈买愈多的方法。虽然在股市中有买涨不买跌的说法,但从投资者,尤其是大笔资金投资者建仓的角度来看,可在股价下跌中先买入少量股票,随着股价不断下跌,逐渐加码购入股票,直到将仓建满。这样形成一个倒金字塔购买。这种购买的优点在于随着股价下跌,加码买进,可以不断降低成本。同时,万一行情反转上扬,可增加获利,但这样的购买方法,极容易因判断失误造成建仓太满,或全部资金被悉数套牢。

2. 金字塔式卖股票

(1) 在股价上升阶段,采用越卖越多的方式,即第一次少量地卖出股票,随着股价上涨,第二次卖出更多的股票,依此进行操作,越卖越多,直到全部抛出。这样形成"倒金字塔式"卖出。这样卖法的好处在于：随着价格上涨可以不断扩大盈利，避免一次性全部卖出而股价继续上扬造成的踏空风险。但其缺点是，一旦行情突然反转下跌，会由于持仓太重而造成较大的损失。

（2）在股价下跌阶段，采用越卖越少的方法，即第一次卖出大量股票，随着股价下跌逐渐减少股票的卖出，直到将股票卖尽。这样形成一个"正金字塔式"的卖出。这种卖出方式的优点在于，随着股价下跌，已完成大部分利润的兑现（若是亏损状态则大部分已止损）；如果行情有所反转，手中仍持有一定数量的股票。其缺点是股价的不断下跌，将造成利润不断减少或无法迅速地彻底止损。

金字塔投资法实质上是一种不论股价涨跌都努力降低风险的做法，这样不但能不断增加获利，还可避免全军覆没或踏空的危险。它是建立在股票价格不可能久涨不跌的基础上的，采用这种操作的前提是投资者能准确把握市场趋势，顺势而为。拥有大笔资金的投资者适合采用金字塔投资法。

（五）保本投资法

在经济景气不明显、股价走势脱节、行情变化难以捉摸时，投资者可采用保本投资法来避免自己的本金遭受损失。采用保本投资法时，投资者应先估计自己的"本"，即投资者心目中主观认为在最坏情况下不愿损失的那部分金额，也即处于停止损失点的资金额，而不是购买股票时所支付的投资金额。

保本投资的关键在于做出卖出的决策。在制定出售股票的决策时，首先要定出心目中的"本"，要做好充分的亏损打算，而不愿亏损的那部分即为"本"；其次是要确定卖出点，即所谓停止损失点。

确定获利卖出点是针对行情上涨所采取的保本投资策略。获利卖出点是指股票投资者在获得一定数额的投资利润时，决定卖出的那一点。这里的卖出，不一定是将所有持股全部抛出，而是卖出其欲保的"本"的那一部分，例如，某投资者在开始投资时以每股 50 元的价格买进某种股票 100 股，这时的投资总额就是 5 000 元，如果该投资者将其所要保的"本"定为总投资额的 50%，即 2 500 元，那么，在行情上升的市场上，当价格上升到使其所持有股票的总值达到投资额加上其所要保的"本"，即达到获利卖出点 7 500 元，股价是每股 75 元时，该投资者就可卖出一部分持股，只要能保证原来的"本"（即 2 500 元），这部分股数为 2 500/75 = 100/3 股，即可卖出原有持股的 1/3。保本之后的持股量为余下的 2/3，即 100×2/3 股，股价总值为 5 000（100×2/3×75）元。就是说，保本后持股数量虽然减少了，但其所持股票的价值仍与其最初投资总金额一样。实际上，投资者可将其所收回的"本" 2 500 元视为投资利润。

在第一次保本以后，投资者还可以再确定要保的第二次"本"，其比例可以按第一次保本的比例来定，也可以按另一个比例来定。一般说来，第二次保本比例可定低一些，等到价格上升到获利卖出点时，再卖出一部分。行情如果持续上升，可持续地卖出获利，以此类推。可以做多次获利卖出。

停止损失点是当行情下跌到投资者心中的"本"时，立即卖出，以保住其最起码的"本"的那一点。简言之，就是投资者在行情下跌到一定比例的时候，卖出所有持股，以免蒙受过多损失的做法。假定上例中股价不是上升而是下降了，此时的停止损失点就是

（5 000 – 2 500）/100 = 25（元），这时若把全部持股卖出，正好保住"本"，即 100 × 25 = 2 500（元）。

（六）投资三分法

稳健的投资者在对其资金进行投资安排时，最常用的方法是投资三分法。这种方法是将其资金分为三个部分：第一部分资金存于银行，等待更好的投资机会出现或者用来弥补投资的损失；第二部分资金用于购买股票、债券等有价证券，做长期投资，其中 1/3 用来购买安全性较高的债券或优先股，1/3 用于购买有发展前景的成长性股票，1/3 用于购买普通股；第三部分资金用于购置房屋、土地等不动产。投资三分法是投资组合原理的具体运用。购买债券或优先股尽管收益有限，但安全可靠。购买具有潜在增长能力的成长股，目的是获取预期丰厚的未来投资收益。购买普通股，目的是希望获得买卖差价收益。

（七）反向操作法

反向操作法的基本思想是：在正常情况下，当大多数人对股市看好时，则应该卖出；当大多数人对股市看淡时，则应该买入，这样才能获得较好的收益。这种操作法符合人们常讲的"股市中赚钱的是少数"的说法。

反向操作法依据的是钟摆原理，即在正常情况下，当大多数人在买进时，卖方的力量也将迅速增加，而买方的力量会逐渐耗尽，最终使市场发生转折；反过来，当大部分人在卖出时，买方力量也会加速增加，最终使股市逆转。由于大多数人有顺势操作的思维，看到周围人（尤其是中小散户）的买卖行为，便顺势从众。因而，当行情处于白热化、人们踊跃购买之时，也就是股市即将崩溃之时。而当人们对股票消极冷淡，远离市场，交易所门可罗雀时，也就是购入股票的最佳时机。由于大多数投资者的思维还不能立即转向，故称反向操作法。

使用反向操作法必须在股市变化持续一段时间，各种分析方法基本上发出即将转折的信号时进行比较安全。此外，还必须注意基本面的情况。反向操作法本身就带有一些逆市操作的性质，时机把握得好，可获得比一般投资方法大得多的利润，这是其优点。而时机把握得不好，则可能招致踏空或套牢。因此，在使用时必须谨慎。实际操作时，反向操作法一般所遵循的原则是：天量天价，地量地价，地价时买进，天价时卖出。其含义是当成交量创天量时应该卖出，此时显示出大多数人对股市看好，所以交易活跃。而成交量创地量时应买进，此时显示出大多数人对股市看淡，成交萎缩。天量、地量一般定义为一段行情内的相对最高量和最低量。反向操作法的使用时机是在股市变化的末期，这与其他操作法炒作的时段不同。

（八）回避风险操作法

回避风险法是指事先预测风险产生的可能程度，判断导致其实现的条件和因素，在行动中尽可能地驾驭它或改变行动的方向避开它。证券投资新手尤其应注意回避投资风险问题。具体来说，可以采取以下措施。

（1）当判断股价上升进入高价圈，随时有转向跌落可能时，应卖出手中股票，等待新的投资时机。

（2）当股价处于整理阶段，难以判断股价将向上突破还是向下突破时，不要采取投资行动，先观望。

（3）多次投资失误，难以做出冷静判断时，应暂时放弃投资活动，进行身心调整。

（4）当对某种股票的性质、特点、发行公司状况、市场供求状况没有一定了解时，不要急于购进。

（5）如果不具备较高的投资技巧，最好不要进行期货交易、期权交易等风险较大的交易。

（6）将部分投资资金作为准备金，其目的是：第一，等待更好的投资时机，当时机到来时，将准备金追加进去，以增强获利的能力；第二，作为投资失利的补充，一旦预测失误投资受损，将准备金补充进去，仍可保持一定的投资规模。

（7）不做"帽客"和短线客。"帽客"是在股市中当天买进卖出、赚取差价收益的"抢帽子"者。短线客是在几天内赚得差价收益就做了结的短线投资者。利用股价的日常波动，在很短的时间内买进卖出的做法适合于经验丰富、精通操作艺术、反应机敏的投资者，不是一般投资者能胜任的，因此一般投资者最好不要涉足。

（8）不碰过冷的股票。过分冷门的股票虽然价格低，但价格不易波动，上涨乏力，成交量小，变现困难，购入后长期持有，本身就是个损失。

（九）分段投资法

在股票长期投资中，有一种分段购买股票的操作方法，即按一定时间间隔逐次购买某种股票。具体有两种情况：一种是看准某种股票价格的上升趋势，用全部资金在上涨的不同阶段分次买进；另一种是估计某种股票可能出现下跌，则按股票价格下跌的不同阶段分次投入资金。前者当股价上升超过最后一次买入股票的价格时，就成批卖出股票，可获得较高的利润；而后者必须在价格回升超过购买价格时，才能获得好利润。因此，两者都是为了获取利润，并都是分次投资，但投入资金时的价格走向刚好相反，这就决定了两者获利的时间不一致。前者被称为买平均高投资法，后者被称为买平均低投资法。

从上述两者的投资过程可以看出，买平均高投资法在股价突然下跌时会失去获利机会；而买平均低投资法如果在股价不能回升到比原来价格更高的时候，也无法取得利润。

（十）低吸高抛与追涨杀跌

投资者涉足股市，最关心的莫过于制胜的谋略。股市的实践证明，低吸高抛永远是获利的法宝；而另一方面，追涨杀跌也是顺应时势的一种良策。两者看似矛盾，其实联系密切，有着异曲同工之妙。

低吸高抛的道理人人都懂，但要真正做到却非易事。杰出的投资者在相当长的一段时间内仅做几次大规模的买卖，而把大部分时间用来研究宏观经济、股市政策和上市公司业绩及其前景，从而正确地把握股市大势，在阶段性底部区域从容地吸纳绩优价廉的筹码，即使被套，也坚信只是暂时的现象，日后必有丰厚的回报。一旦进入阶段性头部区域，又能果断地清仓派发，将纸上富贵变成实际利润，落袋为安。错误的操作策略往往幻想日进斗金，致力于捕捉每一个交易日里的最低点与最高点，一厢情愿地希望买了就涨。而低点和高点往往是时过境迁之后才明白的。频繁进出的结果，或许是抱着低吸高抛的宗旨进，却落得高吸低抛。因为能够捕捉到短期内稍纵即逝的机遇的人毕竟是少数，而较长时间内的低点区域和高点区域则相对容易寻找。投资者如果能够将操作周期适当放宽，不去计较一时得失，则低吸高抛就不至于那么难做到了。追涨杀跌从表面上看是一种博傻行为。追涨的人总希望有更多的人步其后尘，从而达到自己"低吸"的目的；而杀跌的人则希望大家来"痛打落水狗"，那么抛得最早的人便是高抛了。其实，成功与否，同样离不开对大势的正确研判。如果不看经济发展状况，政策是否稳定，上市公司的业绩及其发展前景，一味地去搏，就可能弄巧成拙，成为高位追涨被套和低位杀跌割肉的牺牲品。其实，从本质上看，追涨是为了将来的"高抛"，杀跌则是为了日后能"低吸"。一些投资者往往忽略了其最终目的，只知追涨而没有及时高抛，或是杀跌后没有在低位补进，落得为别人作嫁衣的结果。

（十一）定额投资法

定额投资法又称定额法或固定金额计划法。这种方法是投资者将投资资金划分为攻势部分和守势部分，攻势部分用于购买某种价格易于波动的股票，守势部分用于购买价格平稳的债券。该方法将投资于股票的资金确定在一个固定的金额上，并在固定金额的基础上确定一个调整的百分比。当投资者购入的股票价格上升到这个百分比的上限时，则卖出部分股票，用所得资金购买债券；当股价跌落到这个百分比的下限时，则卖出部分债券，用所得资金购买股票，使股票的市价总额始终保持固定不变。

采用投资定额法进行投资，投资者不必顾及买卖时间，只是根据价格变化是否达到一定的幅度自动操作。在正常情况下，股票价格变动要比债券价格变动大，而以股价变动为操作内容的定额投资法，其实施过程顺应了"逢低进，逢高出"的交易原则，即股价高时卖出股票，股价低时买进股票。在如此不断循环反复的买卖中，投资者是有机会盈利的。另一方面，当股价普遍上升时，市场利率也一般会上升，从而引起债券价格的下跌，因此，这时卖出股票和买进债券还可能获得价格差额；反之，股价下跌、债券涨价时，卖出债券和买进股票同样可以获得利益。当然，如果购买的股票的行情是持续上升的，在上升过程中达到了预定的幅度时，投资者就将其部分出售，那就失去了可能以更高价格出售从而获得更多利益的机会。同样，如果股价持续下跌，投资者因不断出售债券以补进股票，也会失去股价继续下跌后有可能以更低价格购进股票的机会。所以定额投资法不适合买卖价格持续上涨或持续下跌的股票。

（十二）挂单操作法

挂单操作法适用于短线操作。其基本思路是，在正常情况，若无外部消息的刺激，某种股票价格的突升或突降，必将很快回到原来价格的附近。由于这种价格的突变幅度一般较大，只要能做到，必然有利可图。因此，当某个股发生价格突变时，必将吸引大批的买单或卖单，此时投资者（尤其是中小散户）很难在这种突变的价位上买进或卖出。这就要求投资者采用挂单技术使买卖成功，即在价格突变前，预先将预计的低价买单或高价卖单下到股市交易系统中进行等待。投资者采用挂单操作时，最好已持有一定数量的欲采用挂单法操作的股票。这样，在目前"T+1"的交易规则下，可实现"T+0"的操作，从而创造出更好、更多的收益机会。

挂单法的好处在于见效快，一天甚至几分钟内就能有所收益。尤其是在市场成交量放大、股价产生大幅振荡，或大户故意制造多头陷阱或空头陷阱时，适合采用挂单操作。但这种方法也存在缺点，当市场遇到外部突发消息的影响，行情迅速发生变化，或股市价格真的产生了有效突破，市场转势，而投资者未能及时撤掉挂单时，则成交后会立即产生亏损，包括买入后价格下跌的亏损和卖出后价格继续上涨而减少的利润。因此，使用挂单法操作时，动作要十分迅速。由于股价突变时成交的数量一般不大，所以中小散户更适于采用此法。

最后需要指出的是，上述任何一种投资方法，其效果都是有限的，都不能将其视为唯一法宝盲目使用，投资者在考虑选用这些方法时，必须结合自己的实际情况和可能条件。首先，要充分考虑自己的资金力量和来源；其次，要分析自己对收益的依赖程度和承担风险的能力；最后，要增强对证券市场的判断能力，提高判断的准确程度，这是选用某种投资方法取得成功的关键。为此，投资者应该具备一定的证券知识、投资分析能力、证券买卖实践经验和必要的时间，且不可过分盲从于某种投资方法，这样才能成为一个成功的投资者。

【复习思考题】
1. 分析不同证券投资者的类型、投资心理及其特点。
2. 证券投资心理与行为的特征可概括为哪些方面？
3. 证券投资的基本心理效应主要有哪些？
4. 贪婪在投资市场中主要表现在哪些方面？
5. 恐惧在投资市场中主要表现在哪些方面？
6. 为了进行有效的证券投资，投资者一般应遵循哪些原则？
7. 分散投资一般包括哪些方面的内容？
8. 证券交易的参与者在决定买入证券前，应思考的问题有哪些？
9. 试简要概述你熟悉且常见的证券买卖技巧。

【实训任务】
找一篇有关成功投资者经验的文章，阅读该文章，归纳其主要观点以及自己所受的启发。

参 考 文 献

一、图书

[1] 中国证券业协会. 金融市场基础知识 [M]. 成都：西南财政大学出版社，2017.

[2] 中国证券业协会. 证券市场基本法律法规 [M]. 成都：西南财政大学出版社，2017.

[3] 中国证券业协会. 证券投资分析 [M]. 北京：中国财政经济出版社，2011.

[4] 王朝晖. 证券投资学 [M]. 北京：人民邮电出版社，2016.

[5] 桂荷发，吕江林. 证券投资理论与实务 [M]. 北京：高等教育出版社，2018.

[6] 吴晓求. 证券投资学 [M]. 北京：中国人民大学出版社，2014.

二、网站

[1] 中国证券监督管理委员会网站（http：//www.csrc.gov.cn）.

[2] 百度（http：//www.Baidu.com）.

[3] 中国证券报（http：//www.cs.com.cn）.

[4] 新浪财经（http：//finance.sina.com.cn）.

[5] 搜狐财经（http：//business.Sohu.com）.

[6] 上市公司资讯网（http：//www.Cnlist.com）.

[7] 中国债券信息网（http：//www.chinabond.com.cn）.

[8] 中国基金网（http：//www.cnfund.cn）.

[9] 金融界（http：//www.jrj.com.cn）.

[10] 证券之星（http：//www.stockstar.com）.

[11] 第一理财网（http：//www.amoney.com.cn）.

[12] 世华财讯（http：//www.shihua.com.cn）.

[13] 和讯网（http：//www.hexun.com）.

[14] 全景网（http：//www.p5w.net）.

[15] 中国人民银行网站（http：//www.pbc.gov.cn）.

[16] 中国证券业协会（http：//www.sac.net.cn）.